新世纪高等学校教材

学前教育专业系列教材

（第3版）

学前儿童语言教育

XUEQIAN ERTONG YUYAN JIAOYU

祝士媛　主　编

北京师范大学出版集团
BEIJING NORMAL UNIVERSITY PUBLISHING GROUP
北京师范大学出版社

图书在版编目(CIP)数据

学前儿童语言教育/祝士媛主编．—3版．—北京：北京师范大学出版社，2019.1(2023.8重印)

新世纪高等学校教材·学前教育专业系列教材

ISBN 978-7-303-24376-1

Ⅰ．①学…　Ⅱ．①祝…　Ⅲ．①学前儿童－语言教学－幼儿师范学校－教材　Ⅳ．①G613.2

中国版本图书馆 CIP 数据核字(2018)第 267205 号

教 材 意 见 反 馈　gaozhifk@bnupg.com　010-58805079
营 销 中 心 电 话　010-58802181　58805532
编 辑 部 电 话　010-58808898

出版发行：北京师范大学出版社　www.bnupg.com
　　　　　北京市西城区新街口外大街 12-3 号
　　　　　邮政编码：100088
印　　刷：北京溢漾印刷有限公司
经　　销：全国新华书店
开　　本：730 mm×980 mm　1/16
印　　张：18.25
字　　数：318 千字
版　　次：2019 年 1 月第 3 版
印　　次：2023 年 8 月第 18 次印刷
定　　价：39.00 元

策划编辑：罗佩珍　张丽娟　　责任编辑：康　悦　梁民华
美术编辑：陈　涛　焦　丽　　装帧设计：陈　涛　焦　丽
责任校对：韩兆涛　　　　　　责任印制：马　洁

第 3 版前言

　　"教育是国之大计、党之大计。"党的十八大报告中提出要"努力办好人民满意的教育"，十九大报告中提出"必须把教育事业放在优先位置，加快教育现代化，办好人民满意的教育"，二十大报告中提出要"办好人民满意的教育""加快建设教育强国"。这是一项艰巨的任务，需要在党的教育方针的指引下，推动教育事业协调发展，深化改革创新，推进教育公平，加强教师队伍的建设等。在微观层面上，教材是育人育才的重要依托，不断提高教材的质量，也是至关重要的任务。

　　在北京师范大学出版社 1995 年出版《学前儿童语言教育》（第 1 版）后的五年中，我国学前教育在改革与科研领域取得了明显成果。教育部为进一步贯彻第三次全国教育工作会议和全国基础教育工作会议精神，落实《国务院关于基础教育改革与发展的决定》，推进幼儿园实施素质教育，全面提高幼儿园教育质量，于 2001 年印发了《幼儿园教育指导纲要（试行）》，使全国幼儿园五大领域有了统一的教育纲要。《幼儿园教育指导纲要（试行）》语言教育领域首次提出早期阅读和前识字与前书写的教育内容，肯定了改革开发以后学前教育领域在语言教育所进行的研究、获得的实验成果。以学前教育改革与发展的需要审视《学前儿童语言教育》（第 1 版），该版已不适应当前幼儿园与家庭教育的实际需要。我们于 2009 年对该书进行了全面的修改与补充，于 2010 年 7 月出版了《学前儿童语言教育》（第 2 版）。两个版本在二十几年的使用过程中，共印刷 27 次，这证明了该书具有实用性和推广价值。

2012 年教育部为深入贯彻《国家中长期教育改革和发展规划纲要（2010—2020 年）》和《国务院关于当前发展学前教育的若干意见》，促进幼儿身心全面和谐发展，制定了《3—6 岁儿童学习与发展指南》。《3—6 岁儿童学习与发展指南》与《幼儿园教育指导纲要（试行）》最大的不同是《幼儿园教育指导纲要（试行）》主要指导幼儿园内部教育的实施；而《3—6 岁儿童学习与发展指南》不仅指导幼儿园的教育工作，而且还适用于家庭及全社会的学前教育机构。《3—6 岁儿童学习与发展指南》不仅制定了幼儿园五大领域教育的总目标，而且还增添了 3～6 岁儿童年龄阶段目标。《3—6 岁儿童学习与发展指南》在语言领域的目标和内容方面，明确提出幼儿语言教育应贯穿于各个领域，也对其他领域的学习与发展有着重要影响；强调幼儿语言能力是在交流和运用过程中发展起来的，应为幼儿创设自由、宽松的语言交往环境；鼓励和支持幼儿与成人、同伴交流，让幼儿想说、敢说、喜欢说并能得到积极回应；重视阅读兴趣、能力、习惯的培养，重视在阅读中发展幼儿的想象力和创造能力；引导幼儿感受文学作品的美，体会文学作品的感染力表现力；在生活情境和阅读活动中引导幼儿自然地产生对文字的兴趣，在写写画画的过程中体验文字符号的功能，培养书写兴趣等新的内容。因此，为适应教育部对幼儿教育提出的新的目标，适于国内学前教育发展的需求，我们于 2017 年着手再次修订。

《学前儿童语言教育》（第 3 版）在书的结构上，除保留第 2 版的"第二章 3 岁前婴儿的语言教育""第七章言语和语言障碍儿童的矫治""第八章学前儿童语言教育评价"外，增加了如下新章节：①"引言"，阐述我国 20 世纪初至 40 年代末、20 世纪 50 年代初至 70 年代末、20 世纪 80 年代初至 21 世纪当代的幼儿语言教育的发展沿革。②"第六章幼儿前识字与前书写教育"，将原附录中"关于幼儿的书面语教育"内容移至此。改动较大的部分是将原书"第三章幼儿语言教育的目标与内容"合并至"第一章学前儿童语言教育概论"中；"第四章幼儿文学语言教育""第五章幼儿早期阅读"的内容都有较大的修改。

本书的第一章至第六章为北京师范大学祝士媛教授撰写，第七章为北京师范大学王雁教授撰写，第八章为南京师范大学赵寄石教授撰写。

本书在修改过程中参考了国内外诸多专家、学者的著作与研究成果。所参考的书目列入"主要参考书目"中。本书增添了幼儿园一线教师的教育活动案例。在此我们对帮助丰富本书的理论和实践的各位专家和一线的教师，表示衷心的感谢。

编者热诚希望专家、教师、家长、学生对本书不吝指正，欢迎提出批评与建议。

编 者

第 2 版前言

幼儿语言教育的实践已经证明，婴幼儿阶段是人一生中掌握语言最迅速的时期，也是最关键的时期。婴幼儿的听觉和言语器官的发育逐渐完善。正确发出全部语音的条件具备后，在及时、正确的教育下，幼儿入学前就能自如地运用口语表达自己的见闻、愿望、情感等。如果婴幼儿在发展语言的关键期没有条件学习语言，错过了学习语言的最佳时机，那么语言发展的不足是难以弥补的，严重的可能学不会人类的语言。

婴幼儿掌握语言的过程不仅要求他们有准确的听力，还要求他们掌握足够数量的词汇，学会用基本正确的语法，把词组成句子，用清楚的语言说出来，这样他们才能与周围的人进行交流。这对婴幼儿来讲，是一个复杂而漫长的过程。因此，婴幼儿期的语言教育在家庭和幼儿园中应该处于举足轻重的位置，其成果对人一生的发展有着重要的影响。但长期以来，婴幼儿的语言教育未能尽如人意。原因当然是多方面的，其中主要是家长、教师只重视婴幼儿知识的积累，对如何不断提高婴幼儿的言语能力，如何科学地进行语言教育缺少理论和实践的指导。

北京师范大学出版社 1995 年出版的《学前儿童语言教育》(第 1 版)一书，已经印刷多次，说明该书有一定的实用性。但随着幼儿教育的改革与发展，该书已不能满足当前幼儿园与家庭的实际需要。因此，本书对原作进行了较大的修改与补充，力求使家庭和幼儿园的语言教育目标明确、内容恰当、方法与途径切实可行，符合婴幼儿身心发展的规律，以促进婴幼儿语言教育质量的提高。

本次修订的特点是在原作的结构上，除保留原作的"第一章学前儿童语言教育概论"和"第二章3岁前婴儿语言教育"的题目外，其他各章均用新的题目。在内容方面，除保留原作中有理论和实践意义的内容外，还增加了学前儿童语言教育的理论阐述，如第一章增加了"儿童语言获得理论"，国际上近年流行的"全语言教育理论"，如何依据婴幼儿的生理、心理发展的特点确定语言教育的目标、内容、方法的阐述，以及幼儿文学的理论与各种文体的知识，以提高幼儿文学语言教育的质量；反映了改革开放三十年来幼儿园语言教育改革的成果，重视贯彻《幼儿园教育指导纲要（试行）》的精神，强调了创造良好、自由、宽松、适宜幼儿语言发展的环境，以及在日常生活与游戏中发展语言的重要性，引导教师改变只重视集体教育活动的倾向。此外，本次修订还增加了语言教育研究成果的章节，如"第五章幼儿早期阅读""第七章言语和语言障碍儿童的矫治""第八章学前儿童语言教育评价"，都是新的内容；附录中关于幼儿的汉字教育、关于幼儿的外语教育，是近年来幼儿教育领域的热点问题。由于这两个领域的理论与实践尚待探讨的问题较多，故本书放在附录中供研究、参考。理论联系实际亦是本书重要特点，为使幼儿教育工作者不仅能通晓幼儿语言教育的基本理论，也能知晓如何驾驭幼儿语言教育的实践活动，附录还介绍了特级教师的工作经验，介绍了故事爷爷孙敬修老师给幼儿讲故事的技能技巧等内容。

本书的第一章至第六章为祝士媛教授撰写，第七章为北京师范大学王雁教授撰写，第八章为南京师范大学赵寄石教授撰写。

本书在修改过程中参考了国内外诸多专家、学者的研究成果，所参考的书目都已列入"主要参考书目"中。在此，我们对帮助丰富本书的理论和实践的各位专家学者，表示衷心的感谢。

编者热诚希望专家、教师、家长、学生对本书不吝指正，欢迎提出批评与建议。

编　者
2010 年 6 月

目　录

引　言

　　本"引言"主要介绍了从 1903 年我国创办第一所幼稚园起，在集体教养机构中，幼儿语言教育的指导思想与目标、内容、方法的沿革，以期当代的幼儿教育工作者能从一个世纪以来幼儿语言教育的发展、变革中，吸取有益的经验，改革不科学的教育内容和方法，探索在 21 世纪科学技术快速发展的背景下，应怎样更科学、有效地促进幼儿语言表达能力的发展。

　　我国古代的幼儿教育主要是在家庭中进行的。在知识教育方面，语言教育应该启蒙于婴儿期。在古汉语中，词义在相当程度上取决于发音，即所谓"音训"。孔子强调教学必用"雅言"，即当时的普通话。颜之推在《颜氏家训·音辞》中提出，父母要培养幼儿在说话时发音正确、用词得当的能力，如有错误之处，就应视为父母的过错。继之是识字教育。古代家庭的幼儿在五六岁，甚至三四岁时就开始学习识字了，并积累了一些识字的方法。例如，用卡片识字；用同音字识字；有的专门学习《千字文》上的字，先学习单个字，然后再组句、成文。发源于西晋的对幼儿进行启蒙教育的"蒙学教材"中，宋代的"三百千"——《三字经》《百家姓》《千字文》影响最大，可谓古代最有影响的幼儿读物。

　　我国于 1903 年在湖北武昌创办第一所幼稚园，其课程内容很简单，在语言教育内容方面主要是歌谣——浅显的小诗（古代短小歌谣及五言绝句），组织幼儿谈话——保教人员与幼儿对话；要求谈话要有趣味性，可把大自然或实物作为谈话内容，以增加幼儿的知识，启发幼儿的思维。

一、20 世纪初至 40 年代末的幼儿语言教育

(一)《奏定蒙养院章程及家庭教育法章程》(1904 年清政府颁布)

《奏定蒙养院章程及家庭教育法章程》有四条保育指导要旨，没有提出专门的幼儿教育各领域的教育目标。"要旨"中，与语言教育有关的有两条。

1. 歌谣

教幼儿学习平和浅易之小诗，如古人短歌谣和古人五言绝句，使之耳目喉舌灵活并涵养其德行。

2. 谈话

指点常见之"天然物"及"人工物"与幼儿谈话，培养其观察力，并要求幼儿讲话时声音宏亮，语言连贯流畅。

《奏定蒙养院章程及家庭教育法章程》的第四条"要旨"涉及语言教育的内容，虽能体现当时对幼儿语言教育的重视，但其重视的仅为对语言教育的认识和语言教育的情感功能。

(二)《幼稚园课程标准》(1932 年由国民政府教育部公布，1936 年修正)

《幼稚园课程标准》包括七项课程，其中"故事和儿歌"体现了当时语言教育的内容。

1. 目标

(甲)引起对文学的兴趣。

(乙)发展想象。

(丙)启发思想。

(丁)练习谈话、吟唱，增进发表能力。

(戊)发展对于故事的创作能力，培养快乐、高尚和爱等的情感。

2. 内容大要

(甲)以上各种故事的欣赏演习(如口述、表演、创作等)：

(子)童话；(丑)自然故事；(寅)历史故事；(卯)生活故事；

(辰)爱国故事；(巳)民间传说；(午)笑话；(未)寓言。

(乙)各种故事画片的阅览。

（丙）各种有趣而不恶劣的儿童歌谣、谜语的欣赏、吟唱和表演。

3. 最低限度

（甲）能吟唱四则以上的儿歌、童谣或谜语，而字句很清晰。

（乙）能述说四则最简单的故事而意思很明瞭。

（丙）能创作一则最简单的故事而有明显的内容。

（丁）能参加表演故事一则。

（戊）能作简单明白的应对。

（己）能看图述说图中大意。

以上内容已表现出"故事""儿歌"的体裁有所扩大，有了明确的听、说、读的目标和最低限度要求，但尚未形成幼儿语言教育的体系。

（三）幼稚园语言教育的实施

在20世纪三四十年代，幼稚园（我国早期对幼儿教育机构的称呼，1952年改称幼儿园）在遵循"课程标准"中的目标实施教育时，大都通过"幼稚园中心制课程"（简称单元教学）来进行，采用"整个教学法"，即把各科内容打成一片，从幼儿的认识水平、兴趣、能力、经验出发，在他们直接接触的自然与社会环境中选取中心，使各科（常识、音乐、故事、图画、手工等）围绕中心选取教材，把各科内容自然地结合起来。在每个单元活动中，语言部分的内容占有重要的地位，内容与形式以故事、歌谣、说话、谜语、读法（识字）教学为主，其中故事教学最有创新。

陈鹤琴在《幼稚园的故事》一文中，详细地论述了幼稚园里为什么要讲故事，怎样给幼稚生讲故事，幼稚生爱听什么故事，每个故事都可以表演吗，等等。现仅就两个问题做简略的介绍。

第一，幼稚园里为什么要讲故事？

①使幼儿愉快。……讲故事可引起儿童愉快，引起读书的兴趣，模仿故事中的人物，改善本身的行为……都是真的兴趣，也是愉快之后发生的效力。

②学习语言。……故事里各种人物很多，各种动作也很多，形形色色，在当时儿童只觉得听了有兴趣，哪知道无意之中，就学习了许多语言。

③涵养性情。故事里形形色色人物很多，喜怒哀乐的表情又很多，儿童听了以后无形中得到许多陶冶。

④增进知识。无论自然界、社会、家庭生活等各种知识，都是故事的好

材料。

⑤引起儿童想象。倘若儿童常听故事，儿童也常常要想故事，可以把他的幻想组织起来，成功一个故事。久而久之，他的幻想成了活泼的思想了。

⑥陶冶嗜好。爱好故事是好的嗜好之一。故事中"歌""舞""找东西""爱自然界"等人物的描写，动作的叙述，都可以间接或直接培养儿童嗜好的。

⑦增进友谊。通过故事可以使儿童对更多的人和物发生感情。

⑧抑制恶感。故事可以无形中感化儿童，故事中的勇敢侠义、爱怜仁慈，可以使儿童反省，消灭种种恶劣情感。

⑨培养发表能力。儿童可以将故事用说和动作表现出来。

⑩随机应变。故事中描写人物的应对环境，一言一行，都有相当的价值。

第二，怎样给幼稚生讲故事？

①要精神同化。故事不是物质，乃是情感，充满情感，方才能够表示故事的真意义，方才能够收到故事的真价值。怎样能够充满情感呢？讲故事的人最要紧的要守两句诀语："不固执有我，处处要以儿童之心为心"，"我是故事中的人物"。

②要彻底了解。得到一个故事，要先从头到尾看一遍；熟悉人物、动作、句子、变化，彻底了解故事的内容，把故事的注重点与连贯的地方贯串起来；把原文放置一边，心领神会地温习一遍，经过这几步手续，这个故事就是你的故事了。

③要有感到十分兴趣的态度。若使讲故事获得好的效果，非要讲者加上极丰富的兴趣不可。即在未讲之前，保持自己心地的快乐，把自己变成儿童，变成故事的人物。

④要有自然的姿势与动作。

⑤用适当的言语和音调。

⑥经常练习。

在这一时期，除了统一课程标准和陈鹤琴先生的主张外，有关儿童语言教育的主张，老一代儿童教育家张雪门、王骏声的有关著述中，提出了谈话活动的教育价值，并对幼稚园的谈话活动做了如下的分类：①自由谈；②团体活动时谈话；③看图谈话；④讲述故事和其他有意义的发表；⑤事实谈；⑥历史事实谈；⑦一时兴趣谈。

二、20世纪50年代初至70年代末

1949年中华人民共和国成立后，中国的教育从理论到实践，全面学习苏联。为此教育部于1950—1956年先后聘请了两位苏联幼儿教育专家，来我国传授苏联的幼儿教育理论和方法。幼儿园的教育工作一律按苏联的《幼儿园教养员工作指南》实施。在学习苏联有关幼儿教育理论的同时，教育部于1952年制定《幼儿园暂行规程草案》，规定幼儿园语言教育的内容为谈话、讲述故事、歌谣、谜语。教育部还参考苏联的《幼儿园教养员工作指南》制定了《幼儿园暂行教学纲要》。其中幼儿语言教育的目标是：①培养幼儿运用语言的能力和大胆发言的习惯，做到口齿清楚；②培养幼儿运用新词句的习惯，以丰富词汇，发展想象力、思考力以及表达能力；③培养幼儿爱好文学的兴趣，诚实、勇敢以及五爱等优良品质。

《幼儿园暂行教学纲要》规定的教材大纲（摘要）如下。

谈话：①日常生活的谈话（小、中、大）；②观察成人劳动的谈话（小、中）；③观察事物特征的谈话（小、中）；④时间和空间观念的谈话（小、中、大）；⑤观察自然的谈话（小、中、大）；⑥看图片、傀儡戏、幻灯片方面的谈话（小、中）；⑦培养爱祖国、爱人民、爱领袖方面的谈话（小、中、大）；⑧有计划地组织座谈（中）；⑨关于讲述方面的：能讲述记忆中的故事和自己生活中所经历的事情（大）；⑩关于口头造句和联句方面的：a. 说出完整的句子，并能简单地使用形容词（大班最后一学期）；b. 给父母、小朋友和毛主席写信（教师代表）。（大）

歌谣：①民间诗歌；②儿歌、诗歌和歌谣；③朗诵诗。

故事：①听老师讲故事：童话生活故事。中班增加：自然故事、生产劳动故事、简短的国际故事、各民族的故事、人民英雄故事、民间故事。大班增加了时事方面的故事。②看图片自己讲故事。中班增加了自己讲述故事、看图讲述故事、故事表演（逐年增加）。大班增加了看较难的图片讲述故事、自己创造故事（口头的）。

幼儿园在引进了苏联的学科课程后，把"单元教学"改为"分科教学"，幼儿园的语言教育、教学发生了以下变化。

第一，强调教育、教学内容的系统性、循序渐进性。分科教学的理论认

为单元教学只注重内容的横向联系，缺少系统性，使教学内容支离破碎。分科教学要求学习的内容要有一定的逻辑顺序，使幼儿能依靠过去的知识获得新知识。在实际组织教学时，教师要把教学大纲分配到每次教育、教学活动中去。每一次使用的教材，在难度上要循序渐进，后面的教材与前面的教材之间要有联系。

第二，强调发展语言要与认识活动相结合。从语言是抽象的符号和幼儿具体形象思维出发，我们认为幼儿语言的发展和认知的发展有着密切的关系。因为幼儿语言的发展是随着他的五官、运动器官的发育，随着感知觉和动作的不断发展而发展的，即在认识周围人和物及各种动作的同时，掌握大量的名词和动词。当幼儿与环境交往日益广泛，在成人教育的影响下，逐步对事物的属性和事物之间的关系有所认识时，他们就能够对事物的形态、程度做进一步的描述，从而掌握更多的形容词和副词。因此幼儿园的课程中，设有"认识自然环境与发展语言""认识社会环境与发展语言"两个科目，突出了认识活动与发展语言的关系。

第三，强调连贯性语言的发展。单元教学阶段比较重视故事、儿歌、读法的教育、教学，而分科教学则对幼儿对话、叙述、描述、讲述（独白言语）能力的发展给予重视，这使我国幼儿园的语言教育进入了一个新的阶段。

语言教育形式方面，增加了"看图讲述"的比重，引进了"编故事结尾""根据提纲编故事""表演故事"（表演游戏），以及各种谈话活动，如观察后的谈话、总结性谈话、主题谈话等。

这一阶段的语言教育，应该说比上一阶段有所发展。但受分科教学模式的制约，幼儿园一日活动中偏重于上课，对在一日活动的各个环节中发展幼儿的语言，则重视不够。

在幼儿教育全盘苏化的阶段，我国虽然也从苏联的幼儿教育理论和实践中，学到了有利于改进我国幼儿教育的内容，但终归由于国情不同，全盘照搬外国的模式办好自己的幼儿教育是行不通的。教育部从 1954 年开始，委托北京师范大学学前教育专业，参照苏联的《幼儿园教养员工作指南》，组织全国的幼儿教育专家和幼儿园一线的教师，编写自己的《幼儿园教育工作指南》。1956 年《幼儿园教育工作指南》面世后，在全国范围内试用、征求修订意见期间，在 1958 年"教育革命"中，被当作"白旗"拔掉。1959 年，虽然经甄别，摘掉了"白旗"的帽子，但《幼儿园教育工作指南》始终未能正式出版。

所幸由于《幼儿园教育工作指南》在全国大范围内征求意见，大部分内容还是被许多幼儿园采用了。进入 20 世纪 60 年代以后，我国有许多省、市、自治区自行编写幼儿园教育大纲、教材，指导幼儿园的教育工作。但在 1966—1976 年"文化大革命"期间，这些大纲、教材，也被批判、被禁用，直至"文化大革命"结束。实施改革开放政策后，我国幼儿教育工作才恢复了正常秩序，进入了蓬勃发展的新时期。

三、20 世纪 80 年代至 21 世纪的当代

(一)《幼儿园教育纲要》(试行草案，1981 年教育部颁发，2001 年废止)

为了在幼儿教育领域有依据地拨乱反正，使全国幼儿教育工作有序、健康地发展，中华人民共和国教育部于 1980 年暑期组织全国幼儿教育工作者代表，在大连市召开了制定《幼儿园教育纲要》的会议，研制出《幼儿园教育纲要》的初稿。经过一年多的广泛征求意见修改后，教育部在 1981 年 10 月发出通知，将《幼儿园教育纲要》发至全国试行。

《幼儿园教育纲要》分为三部分：年龄特点与教育任务，教育内容与要求，教育手段与注意事项。教育内容与要求分为生活卫生习惯、思想品德、体育活动、语言、常识、计算、音乐、美术。

语言部分的总任务为：培养幼儿发音清楚、正确，学习说普通话，丰富幼儿词汇，发展幼儿思维和口头语言的表达能力；初步培养幼儿对文学作品的兴趣。

其对各年龄班规定的教育内容和要求如下。

小班：①听懂和学说普通话，学习正确发音，培养他们逐步正确发出感到困难和容易发错的音。②丰富词汇，学习运用能理解的常用词，主要是名词、动词、人称代词和形容词等。③学会听成人和同伴讲话，愿意和别人交谈，能用简短的语言表达自己的请求和愿望。④逐步学会用简单句讲出图片的主要内容。⑤喜欢听老师讲述故事和朗诵儿歌，初步懂得作品的主要内容，记住八至十首儿歌。在老师的帮助下，学习复述一、二个简单的故事。

中班：①继续学说普通话，学会正确发出感到困难和容易发错的音，并注意声调。②继续丰富词汇，能掌握运用更多的名词、动词、形容词、数量词、代词，学会使用常用副词(如现在、还、非常等)和连接词(和、跟、同等)能理

解词义。③能注意听别人讲话，大胆、清楚地回答问题和表达自己的思想。④学习用完整的语句比较连贯地讲述图片的内容，能把学到的新词运用到讲述中去。⑤理解故事、诗歌的内容，记住作品的主要情节，会朗诵八至十首诗歌，复述三、四个简短的故事。喜欢看图书和听儿童广播节目。

大班：①在日常生活中坚持说普通话，注意发音和声调的正确。②继续丰富词汇，掌握更多的实词，学会用描述事物不同程度的形容词（如大的、比较大的、最大的）；学习一些常用的虚词：介词（如在、向、从等），连接词（如因为、所以、如果等）；掌握并能运用一些同义词。③有礼貌地听别人讲话和交谈，能清楚地表达自己的要求与见闻。④比较完整地、连贯地讲述图片的内容，说话态度自然大方，逐步克服口语中某些突出的语病。⑤比较有表情地朗诵八至十首诗歌，复述三、四个故事，学习评价别人的讲述。培养幼儿喜爱看和讲述图书，听儿童广播和讲述某些内容。

《幼儿园教育纲要》强调语言教育要渗透于游戏、体育活动、上课、观察、劳动、娱乐和日常生活中。

为了保证《幼儿园教育纲要》的试行，教育部还组织编写了《体育》《语言》《常识》《计算》《音乐》《美术》《游戏》七本幼儿园教材及成套的图片。《语言》（教师用书）于 1982 年 10 月，由人民教育出版社出版。该书含有故事、诗歌、讲述、语言游戏等形式，在每篇教材后，附有教法提示、讲述内容参考和游戏玩法等。

《幼儿园教育纲要》是在拨乱反正初期出台的，它的内容基本上还是过去经验的总结，不是建立在国内外科研成果之上的。但这个不富有多少新意的《幼儿园教育纲要》，对因"文化大革命"造成的无序的幼儿园来讲，却起到了恢复正常秩序的作用，使教育工作有法可依。在执行《幼儿园教育纲要》的十几年的过程中，我国幼儿教育界并未受到束缚，在全国范围内，开展了全面的改革。通过课题实验、研究、国内外的学术交流，我国幼儿教育工作从理论到实践，都发生了很大的变化。在此基础上，教育部于进入 21 世纪以后，陆续研制出《幼儿园教育指导纲要（试行）》《3－6 岁儿童学习与发展指南》《幼儿园工作规程》（修订版）三个新的幼儿教育指导性文件，使我国的幼儿教育的改革与发展进入了一个新的阶段。

（二）《幼儿园教育指导纲要（试行）》（2001 年印发）

《幼儿园教育指导纲要（试行）》是为进一步贯彻第三次全国教育工作会议

和全国基础教育工作会议精神，落实《国务院关于基础教育改革与发展的决定》，推进幼儿园实施素质教育，全面提高幼儿园教育质量，依据《幼儿园工作规程》制定的。

《幼儿园教育指导纲要(试行)》中语言领域的目标为：

①乐意与人交谈，讲话礼貌；

②注意倾听对方讲话，能理解日常用语；

③能清楚地说出自己想说的事；

④喜欢听故事、看图书；

⑤能听懂和会说普通话。

《幼儿园教育指导纲要(试行)》的内容要点与指导要点提出了以下新的观点与主张：幼儿的语言能力是在运用过程中发展起来的，因此教师要为幼儿创设一个自由、宽松的语言交往环境，支持、鼓励幼儿与教师、同伴或其他人交谈，让幼儿体验语言交流的乐趣，学习使用适当的、礼貌的语言交往；发展幼儿语言的重要途径是通过互相渗透的各领域的教育，在丰富多彩的活动中去丰富幼儿的经验，提供促进语言发展的条件。

(三)《3－6岁儿童学习与发展指南》(2012年教育部制定)

为深入贯彻《国家中长期教育改革和发展规划纲要(2010—2020年)》和《国务院关于当前发展学前教育的若干意见》(国发〔2010〕41号)，指导幼儿园和家庭实施科学的保育和教育，促进幼儿身心全面和谐发展，教育部制定了面向幼儿园、家庭、社会全方位的《3－6儿童学习与发展指南》。《3－6岁儿童学习与发展指南》对5个领域(健康、语言、社会、科学、艺术)的目标提出共同的期望：在3～4岁、4～5岁、5～6岁年龄阶段的末期，幼儿应该知道什么，能做什么，大致可以达到什么发展水平。语言领域的目标如下。

1. 倾听与表达

目标1 认真听并能听懂常用语言。

目标2 愿意讲话并能清楚地表达。

目标3 具有文明的语言习惯。

2. 阅读与书写准备

目标1 喜欢听故事，看图书。

目标2 具有初步的阅读理解能力。

目标3 具有书面表达的愿望和初步技能。

在每一项目标下面按 3～4 岁、4～5 岁、5～6 岁不同年龄段，教育部制定了第二个层次的目标、要求，并附有教育建议。

《3—6 岁儿童学习与发展指南》开篇的说明中指出：在实施《3—6 岁儿童学习与发展指南》时，要注意把握好领域之间的渗透和整合，特别是语言既是学习对象也是学习工具的特殊性，与各个领域都存在密不可分、相互增长的关系；要尊重幼儿发展的个体差异，注意他们在发展速度到达某一水平的时间不完全相同，切忌用"一把尺子"衡量所有幼儿；要珍视游戏和一日生活在丰富、发展语言方面的特殊价值。

* *

本章小结

20 世纪初至 40 年代末，这一时期的幼儿园语言教育偏重于教师如何给幼儿讲故事、儿歌，对于幼儿语言表达能力的发展，尚未给予应有的重视。

20 世纪 50 年代学习苏联幼儿教育理论与实践期间，我国对于幼儿语言表达能力的培养已给予重视，但培养途径大都局限在语言课的范围内进行，对语言既是学习对象又是学习工具的认识不足，对如何通过幼儿一日生活中多种途径发展语言未能给予足够的重视。

21 世纪以来，教育部制定的《幼儿园教育指导纲要（试行）》《3—6 岁儿童学习与发展指南》两个指导性文件中的语言教育目标、内容，与 20 世纪的语言教育目标、内容相比，有以下的改变：重视发展幼儿运用语言表达的能力；《幼儿园教育指导纲要（试行）》中"乐意与人交谈""能清楚地说出自己想说的事"和《3—6 岁儿童学习与发展指南》中"愿意讲话并能清楚地表达"等目标，明确了幼儿阶段语言培养的核心内容。在培养途径方面，这两个文件是通过互相渗透的各领域的教育，在丰富多彩的活动中去提高幼儿的语言表达能力，丰富幼儿语言交往经验的。这两个文件的语言领域的目标，先后提出了"培养幼儿对生活中常见的简单标记和文字符号的兴趣""引发幼儿对书籍、阅读和书写的兴趣，培养前阅读和前书写技能""具有初步的阅读理解能力""具有书面表达的愿望和初步技能"的新目标，把早期阅读和早期书面语的学习正式列入了幼儿语言教育的范畴。

第一章　学前儿童语言教育概论

本章属于学前儿童语言教育的基本理论的内容，含学前儿童语言教育的意义、学前儿童语言获得良好发展的条件、学前儿童语言教育的总目标，以及学前儿童言语表达能力的培养目标与内容。

第一节　学前儿童语言教育的意义

一、语言是人类最重要的交际工具

语言是人类社会中客观存在的现象，是一种社会上约定俗成的符号系统。

语言是以语音或文字为物质外壳，以词汇为建筑材料，以语法为结构规律而构成的体系。语言作为人们交际的工具，作为社会中交流思想、互相了解的媒介，调节着人们的行为，为社会生活服务。

婴幼儿在学会说话以前，已开始用种种非语言方式与周围人交往，如用哭声表达饥饿、疼痛、疲倦等不愉快感觉或其他需要，用手、脚、身体动作及面部表情表达各种情绪……但是这些非语言方式有很大的局限性，常常不能被成人正确理解，致使婴幼儿的需要不能得到及时满足。因此，只有能准确表达各种意思的有声语言，才是简便、准确、迅速的交际工具。婴幼儿学会说话后，就可以准确地表达自己的要求和愿望。例如，最早的哭声可以表示饿、疼、渴、湿等多种情况，成人只能根据个人的经验去推测，若判断失误，他们会哭得更厉害。而婴幼儿学会说出自己的感受和愿望时，他们和周围人的交往就完全进入了一个新的境界，彼此之间的沟通就变成极为容易的事了。

语言可以使婴幼儿清楚地讲出自己的感觉、感受或需要，让成人或同伴及时地了解自己，引起别人对自己的注意；可以提高婴幼儿在交际中的地位，因为能用清楚的语言表达自己情感的婴幼儿，总是能受到周围人欢迎，受到成人或同伴喜爱的，从而使其情感得到极大的满足；可以调节婴幼儿的行为，因为成人用语言肯定或否定他们的行为时，就逐渐使他们掌握自我评价的标准，知道什么时候该怎么做，什么时候不该怎么做。例如，在婴幼儿打针前，有的成人不断地说"打针不哭的孩子最勇敢，宝宝是勇敢的孩子，打针一定不哭"这样的语言，常常成为婴幼儿克服困难的巨大力量。婴幼儿在打针时忍着不哭，打完针有时会含着眼泪说"宝宝不怕疼，没哭"。由此可以看出，恰当的语言不仅能调节婴幼儿的行为，而且还能锻炼他们的意志。

在现代社会，由于经济的发展，人们交往日益频繁，语言交际能力的重要性明显增强。科学技术越先进，语言的作用越大。这要求社会成员有较高的口语水平，能在众人面前，用清晰、简洁的语言表达自己的观点和见解；能够适应语言传递技术现代化的要求，会讲标准的普通话，以满足人机对话（口语指挥机器、语音打字机的使用等）的需要。未来的社会要求人人不仅都会说普通话，而且要具备相当水平的说话能力。这种能力必须从小培养，因此使婴幼儿尽快地从用表情、动作与周围人交往，进入用口语与周围人交往，学会用语言表达自己的思想感情，喜欢与人交际，并具有一定的交际能力，就尤为重要。

二、学前期是人类语言发展的关键期

教育的关键期是指人生学习的最佳时期。在这个年龄阶段对幼儿实施某种教育，可收到事半功倍的效果。一旦错过了这个年龄，再进行这种教育，效果就明显差多了，有时不只是事倍功半的问题，甚至终身难以弥补。幼儿心理的研究成果和长期的教育实践已经证明，婴幼儿期是人的一生中掌握语言最迅速的时期，也是最关键的时期。

婴幼儿的听觉和语言器官的发育逐渐完善，正确发出全部语音的条件已经具备，三四岁时发音机制已开始定型，以后再发别的音就容易有口音，对此进行补偿教育就困难多了。

婴幼儿在掌握词汇方面，可由 3 岁的 800～1000 个词，发展到 6 岁的 3000～4000 个词。

在掌握语法方面，由掌握简单陈述句的语法形式，发展到掌握多种句式（并列句及主从复合句等）的语法形式。

在正确教育下，幼儿入学前就能自如地运用口语表达自己的见闻、愿望、情感等。如果婴幼儿在语言发展的关键期，没有条件学习口语，以后或许就不能"真正"学会说话。众所周知，7 岁狼孩回到人类社会后，开始学习说话，经几年的训练，只记住四五个单词。这个实例说明，婴幼儿语言的发展如错过了时机是难以弥补的。学前期的语言教育在家庭和幼儿园中，应该处于举足轻重的位置，其成果对人的一生发展有着重要的影响。

三、学前期语言教育可以促进婴幼儿认识能力的发展

语言在人的认识过程中起着重要的作用。因为婴幼儿在掌握语言之前，要认识一个物体的特征，必须对该物体的各部分和各个特征逐一进行详细的感知。他们用手摸，抓起来玩弄着看，放进嘴里咬，甚至把东西拆了。而当他们掌握了语言以后，情况就不同了。成人在带领婴幼儿观察周围世界、传授知识技能、解释行为规则时，都会伴有语言。语言的参与，将使婴幼儿的认识过程发生质的变化，语言可以在以下几方面起作用。

(一)用词命名

幼儿把所认识事物的名称、形态、习性等用词叫出来。例如，带幼儿认识公鸡时，幼儿不仅能叫出公鸡(名称)，而且还能说出公鸡头上有红色鸡冠，嘴是尖尖的，身上有漂亮的羽毛，尾巴是向上翘并向下弯的，有两条长长的腿。幼儿在认识事物时，有了词的标志和解释，其对事物及其属性的感知才能成为被理解的知识，并且得到巩固。

(二)借助于词，区别类似的对象

幼儿知识经验贫乏，知觉的精确性差，在认识相似的事物时，常常发生混淆。如幼儿大都分不清狼和狗的外形特征。成人可借助于词，让幼儿对二者进行比较，可边观察边指出它们的不同：狼的嘴较大，腿较细，尾巴长，是向下拖着的；狗的嘴比较小，腿较粗，尾巴短，是向上卷起来的。当然，成人也可让幼儿在观察时自己找出它们的不同，观察不到之处，再给予启发，以培养他们比较、分析的能力。

(三)借助于词，认识事物的共同特征

找出事物之间的共同特征，要求有一定的概括能力，这对幼儿来说，有一定的难度。幼儿需在成人帮助下，逐渐学会概括。例如，区别了鸡和鸭的不同点之后，成人可启发幼儿找出鸡和鸭的相同点，并能用语言说出它们都有羽毛、翅膀、两条腿和两只脚，它们的肉可以吃，母鸡、母鸭都会生蛋等。

(四)借助于词，分出事物的主要和次要特点

幼儿受思维水平的限制，对事物的认识分不清主次。例如，颜色属事物的次要特征，而幼儿却常常把它作为事物的主要特征，常常会说出"黑色的小白兔或灰色的小白兔"之类的话。对这种情况，成人就需借助于词给予解释，让幼儿知道，兔子有好多种颜色，有白的、黑的、灰的、棕的……但不管哪种颜色，兔子都是长耳朵，短尾巴，前腿短，后腿长，走起路来一跳一跳的，让幼儿知道这些才是兔子的主要特征。

(五)从直接认识事物，过渡到间接地、概括性地认识事物

语言可以使幼儿从直接认识事物，过渡到间接地、概括性地认识事物。例如，幼儿已知山楂是酸的，下次再认识柠檬时，只要成人告诉他们"柠檬很酸"，幼儿不尝味道也能体会了。

(六)语言是抽象思维的工具

语言是同思维直接联系的，它把人的思维活动的结果、认识活动的结果用词句记载下来，储存在大脑中，经过积累构成知识系统。

不论人的头脑中产生什么样的思想，它们只有在语言材料的基础上，才能产生和存在。没有语言就无法进行思维，赤裸裸的思维是不存在的，思维

一定要在语言基础上才能发展。没有语言就不可能进行抽象的思维，在由直接的感知、表象进入分析、综合、判断、推理、概括等抽象思维的过程中，语言起着特别重要的作用。反过来，幼儿认识范围的扩大，认识内容的加深，这也就丰富了幼儿的语言。语言发展的过程，往往也是认识丰富和深化的过程，这就说明语言与认识的密切联系和互相制约的关系。只有很好地掌握了语言，智力才能得到充分的发展。

四、学前期语言教育可以为学习书面语打好基础

听、说是读、写的基础，是入学后顺利过渡到正式学习的重要条件。我国中小学语文教学研究成果证明，写作能力低的学生，大多是独白语言能力低、不怎么会说话的，因此写起文章自然杂乱无章。而独白语言能力强、比较会说的学生，说起话来有条有理，生动自然，写出的文章一般都不错。这是因为书面语是以口语为基础的。幼儿在入学以前，如果能学会普通话的准确语音，掌握大量的词汇，有一定的口语表达能力，入学后学习认字、读书和作文时，主要是把看到的字形和相应的语音联系起来，理解文字内容和用文字表达意思就比较容易了。在学前阶段，成人如能在日常生活、游戏中有意识地引导幼儿口头组词、组句，让幼儿现想现说，有条有理地说，就可以促进幼儿思维的敏捷性、灵活性和逻辑性的发展。此外，成人还可以进行一些非正规的阅读准备，培养幼儿对图书及图形、字形认读、书写的兴趣、能力和习惯。以上这些因素，均可为幼儿入学后学习书面语打下基础。

北京市东华门幼儿园毕业的幼儿，入学后作文水平普遍较好。在北京景山学校三年级一次作文比赛中，获一等奖的有 3 人，均为该园毕业生，下面择其一篇。

案例

暑假的一日

暑假里，我跟爸爸到青岛去度假，每天下午，我都跟爸爸和五姑夫去海水浴场游泳。我爱大海，爱它那庄严的蓝色，爱它那巨大的波涛。天气晴朗的时候，海上的天空总是碧蓝如洗，偶尔飘过几片淡淡的白云，骄阳照在海上、沙滩上，把金黄色的细沙晒得滚烫。海水也是碧蓝碧蓝的，暖洋洋的，

下了海，你会觉得有一只温暖的手在托着你。但是，天阴的时候，大海却是苍暗的、无情的。它掀起层层大浪，使胆小的人们不敢接近它，但勇敢的人，仍然在与狂风搏斗。

有一天是阴天，还下着蒙蒙细雨，但五姑父还要去游泳，我也跟去了，同去的还有米晶哥哥和一个名叫张晔的少女。

我一进浴场，便吓了一跳，海浪像要吃人似地向岸边扑来，只有几个人在海里游泳。我套起救生圈，下了海，大浪凶猛地向我扑来，我害怕极了，紧紧抓着张晔的手。张晔把我带到深的地方，她一面挣扎，一面尽力呼救："米晶！快来！"可是米晶哥哥却听不见。张晔只好说："我到那边去叫他，你等着。"说完，她游走了。我害怕这巨浪滔天的景象，便闭上了眼睛。突然，一个巨浪扑在我身上，海水一下子淹没了我，浪过去后，我猛地站起来。啊！真险。这时米晶哥哥终于过来保护我了。

在回家的路上，我想：在风浪中锻炼多有趣呀！

第二节　学前儿童语言获得良好发展的条件

在家庭或幼儿园中，我们不难看到，幼儿语言水平有明显的差别。有的5岁左右的幼儿，可以连贯地、生动地讲故事，叙述一件事情的过程。在讲述过程中，有的幼儿还能表现出丰富的想象力和创造性。但有的幼儿则不行，常常是问一句，说一句，甚至有时问了也不说，即使说了话，也是不完整、不连贯的，表达水平较低。幼儿的语言发展为什么会有这样明显的差距呢？是什么原因使一些幼儿说话完整、流畅，能清楚地叙述自己的见闻，能富有表情地、绘声绘色地转述故事呢？是什么原因使一些幼儿说话结结巴巴，不能完整、连贯地叙述清楚一件事情呢？又是什么原因使一些幼儿成了聋哑人，终生处在"寂静"的情境中呢？这些是家长、幼儿教师们十分关心的问题。这些问题的答案是：婴幼儿的语言能否获得良好发展是有条件的，这些条件主要体现在以下几个方面。

一、生理条件

人之所以能说话，是因为有能说话的基础——语言的发音器官。这个器官包括肺、支气管、喉头、声带、口腔、鼻腔和咽腔。人说话就是在大脑的语言运动分析器指挥下，由发音器官几部分的协调活动来完成的。人说话时口腔共鸣器和咽喉共鸣器的活动是由听觉来监督的。人的发音器官、听觉器官和大脑语言运动分析器的健康和完善，是人语言活动的先决条件，其中任何部位发育不完善或受到损伤，都会直接影响到人的语言能力。如声带受到损伤，人的外部语言就无从表现。当听觉减弱或完全丧失时，人就不会有语言或完全失去语言能力。由此可知，大脑和语言器官发育是否完善和保持健康，是幼儿能否说好话的关键。

(一)大脑神经中枢的成熟

幼儿出生时脑的重量平均为 390 克，3 岁时为 1101 克，7 岁时可达 1280克，接近成人脑的重量(1400 克)。1 岁半以后，大脑细胞的增长基本结束。大脑的生长表现为脑细胞体积的增加，神经纤维迅速髓鞘化，使神经传导的数量增多，速度加快，内在联系复杂化。这是对词的全面理解，加工词语形成概念的物质基础。因为词的概念的形成，依赖于大脑吸收和整合词所代表的事物或现象的全部信息，只有神经网络才能将这些信息相互沟通，进行同时性的加工，对词做出全面的理解。如果大脑发育迟缓或不正常，必然影响幼儿语言的发展。

(二)发音器官的成熟

人的发音器官分三大部分。

1. 呼吸器官

从口腔、鼻腔，通过咽喉和气管到达肺脏的一连串管道，主要部分是肺支气管和气管。人发音靠呼吸时所产生的气流，而肺是呼出吸入气流的总机关。语音一般都是在气流呼出时发生的。

2. 声带和喉头

在人的语言活动中，声带是主要发声体。喉头是由四块软骨组成的一个圆筒形的筋肉小室。小室的中央是声带。声带是由两片附着在喉头上的黏膜构成的。两片声带之间有狭缝，叫声门。构成喉头的几块软骨，由于肌肉的运动，可以互相移动，从而调节声带，使它变成开闭或松紧的状态。人在说话时，声带与喉头要协调活动。幼儿的喉头和声带是在不断的成熟、发展之中的。幼儿的声带比成人的短，所以幼儿的声音比成人的高。

3. 口腔、鼻腔和咽腔

人的口腔、鼻腔和咽腔是音色的三个共鸣器。

鼻腔是固定的形式，口腔中的舌、小舌、软舌等部位可以自由活动，使共鸣器的容积和形状发生种种变化，使声音产生不同的高度、强度、速度和音色。语音中以口腔共鸣的音占大多数，鼻腔共鸣的音则较少。口腔、鼻腔和咽腔不仅是人类发音的共鸣器，也是不同声音的制造厂。声音的高低取决于声带的长短和松紧程度，语音的强度受空气压力的制约，声音节奏的快慢和清晰程度受口腔中舌、小舌、软腭等部位活动程度的制约。幼儿的这些部位如果发育不健全，就会影响其发音质量。

(三)听觉器官的成熟

人的听觉器官主要包括外耳、中耳和内耳。幼儿耳的构造与成人有许多不同之处。例如，外耳道比较狭窄，鼓膜较厚。5岁时外耳道壁还未完全骨化和愈合，这一过程要到10岁左右才能完成。幼儿咽鼓管较成人粗，近水平位。鼻咽腔受到感染时，能引起中耳炎，鼓室内的脓液也容易流到鼻腔和咽腔去。内耳的耳蜗是听觉的重要部分。幼儿时期基膜纤维的感受能力较成人强，所以幼儿的听觉较成人敏锐。幼儿听觉器官发育完善，是语言获得良好发展的重要条件。

生理因素是幼儿语言发展的物质基础，使其获得语言的发展有了可能性。这些与生俱来的生理因素，需要幼儿的家长和教师精心地保护，以促进其发育完善和保持健康。为此，家长和教师应注意以下两方面。

1. 要优生

生活中，我们不难看到，不少婴幼儿是带着病来到人世间的，如痴呆、先天性聋哑、兔唇、腭裂等，它们都会严重影响幼儿的语言发展。这些由遗传带来的疾病，有的是因父母患有遗传病传给婴幼儿的；有的是因父母近亲结合所致的；有的则是母亲怀孕期间用药不慎，如链霉素、卡那霉素、庆大霉素能损伤第八对脑神经，导致耳聋。年轻的父母欲使自己孕育的下一代是发育健全的，就要按优生的原则养育子女。

2. 要保护好婴幼儿大脑及语言器官

婴幼儿的大脑及语言器官尚未发育完善，都很娇嫩，易受损害，因此成人必须保护好这些器官的健康和卫生。

①要有合理的生活制度。为保护婴幼儿的大脑、神经系统及语言器官，家庭和幼儿园应该每天保证幼儿有足够的睡眠，动静活动交替，不使他们的脑力活动负担过重。

②注意不要让幼儿的头部受伤，特别要注意对大脑语言运动区的保护。

③培养幼儿良好的卫生习惯。因为幼儿的发音器官正处在发育时期，所以成人一定要注意保持幼儿鼻腔、口腔、咽腔的卫生，以免影响幼儿发音的准确度；要求幼儿不用手挖鼻孔，以免损伤鼻腔稚嫩的黏膜；保持幼儿口腔、牙齿的清洁。

④注意锻炼幼儿的身体，增强体质，积极预防病毒性感冒和传染病，万一患病要小心护理，不使他们并发脑炎和中耳炎。

⑤婴幼儿用药要十分小心。婴幼儿患病后用药不慎，或对某些药物过敏，也可能使听力减弱或丧失听力，尤其是在注射链霉素或卡那霉素后，要随时观察婴幼儿的听力反应，如发现听觉出现迟钝现象，应及时采取措施，避免造成对听觉的损坏。

⑥要保护好幼儿的声带，注意幼儿说话、朗读及唱歌时声带的保护。教师应选择适合幼儿声域特点的歌曲和朗读材料，过高或过低的音调都容易使声带疲劳；要教育幼儿唱歌时声音不要过大，说话不要大声喊叫，以免拉伤声带。

⑦成人对幼儿讲话时声音不要过大，不要带婴幼儿到噪声很大的地方去玩，因为婴幼儿经常受噪声的刺激，听力会有所减弱，长期、严重的噪声刺激，会损坏婴幼儿的听力。

总之，健康完善的生理条件是婴幼儿语言获得良好发展的决定因素，家长和教师要精心保护和训练大脑和语言器官。

二、良好的语言环境

2001 年教育部颁布的《幼儿园教育指导纲要（试行）》在语言领域的指导要点中提出："语言能力是在运用的过程中发展起来的，发展幼儿语言的关键是创设一个能使他们想说、敢说、喜欢说、有机会说并能得到积极应答的环境。"2012年教育部制定的《3—6岁儿童学习与发展指南》又提出："幼儿的语言能力是在交流和运用的过程中发展起来的。应为幼儿创设自由、宽松的语言交往环境，鼓励和支持幼儿与成人、同伴交流……"

婴儿出生后，都具有能说话的物质条件，这是语言发展的内在因素。语言发展的外在因素，是正常的语言环境。婴儿的大脑机器加工材料是在与养育者之间的"听—说"联系中得到的。如果他们从来没有听到过人类的语言，没有模仿的对象，没有良好的语言环境，也是永远不会说话的。因此，成人的语言范例，幼儿所处的温馨、丰富、真实的语言环境，是幼儿掌握语言的关键。

(一)成人的语言范例

幼儿学习语言的重要方法是模仿，从发音、用词到掌握语法规则无不如此。因此，成人的语言质量就在一定程度上决定着幼儿语言的发展水平。家长和幼儿园教师的语言就是幼儿直接学习的榜样。

成人的语言范例表现为发音正确，用词、用句恰当，表达清楚明确，富于表现力；讲话的语调要使幼儿感到亲切；讲话的速度和声音大小以幼儿能听清为准。从内容到形式，成人的语言榜样对幼儿的语言智能吸收有相当大的影响。

成人的语言在表达方法上，要符合幼儿的接受水平，应以幼儿能理解，或经解释能够理解为原则，但不能错误地认为要注意幼儿的特点，就去讲"小儿语"。有的小班幼儿管汽车叫"笛笛"，管糖叫"甜甜"，成人也随着叫就不合适了。成人的责任应是不断地扩充幼儿的新词，告诉他们事物的正确名称，逐步使他们能听懂成人的语言。

为了以正确的语言影响幼儿，成人应十分注意自己的语言，多看些文学作品，多听电视、广播中的朗诵、讲述，更重要的是自己多练，特别是方音较重或有语病的成人更要如此，以不断提高个人的语言修养。

(二)丰富的生活内容

《幼儿园教育指导纲要(试行)》语言领域的指导要点提出："幼儿语言发展与其情感、经验、思维、社会交往能力等其他方面的发展密切相关，因此，发展幼儿语言的重要途径是通过互相渗透的各领域的教育，在丰富多彩的活动中去扩展幼儿的经验，提供促进语言发展的条件。"《3－6 岁儿童学习与发展指南》又提出："幼儿的语言学习需要相应的社会经验支持，应通过多种活动扩展幼儿的生活经验，丰富语言的内容，增强理解和表达能力。"

丰富的生活内容之所以有利于幼儿语言交际能力的发展，是因为语言不是空洞的声音，总是反映一定的思想或生活内容的，只有具有活跃的思想、丰富的情感时，才有表达的要求。而思想和情感不是凭空而来的，是对客观世界的反映。人们有了丰富的生活内容，才能有丰富的思想和情感。幼儿也不例外。幼儿的生活范围狭窄，知识经验贫乏，这是幼儿语言发展的不利条件。要解决这个问题，成人就必须创造条件，使他们多接触社会生活，丰富他们的生活内容。有了被反映的内容，幼儿自然也就有了反映的需要。如果幼儿有一个丰富多彩、轻松愉快而又有教育意义的生活环境，那么幼儿必然思想活跃、性格开朗，愿意与成人和同伴交往，谈论他们的感受和见闻。在这个过程中，幼儿经常会产生交际需要和表达能力之间的矛盾，这一矛盾便成为他们学习语言的动力。当幼儿需要有更多的词去命名事物和现象，需要有更强的表达能力来表达自己的认识和体验，但又说不好时，他们就会注意倾听别人的讲话，就会积极主动地模仿别人的语言，这样就能促进幼儿语言的发展。

因此，成人应非常重视幼儿生活内容的安排，使他们的生活内容尽量丰富多彩。生活内容的丰富并不单纯指新内容的增加，也包括变换方式去复习、巩固旧的内容，以形成深刻的印象。这样，语言表达才能有基础，语言质量的提高才有了前提。丰富幼儿生活的方法是多种多样的，除了每天的日常生活内容应有所变化外，成人还可以带幼儿外出参观，回来后一起回忆、讨论参观的内容；组织好节日活动；听广播，看电视（或多媒体）；看图书，表演故事或木偶戏等。总之，成人要尽可能增加幼儿直接或间接接触自然和社会生活的机会。

(三)多为幼儿提供自由交谈的机会和条件

《幼儿园教育指导纲要（试行）》语言领域的指导要点提出："幼儿的语言学习具有个别化的特点，教师与幼儿的个别交流、幼儿之间的自由交谈等，对幼儿语言发展具有特殊意义。"因此，在幼儿园日常生活中，教师应把"不许说话"限制在最小的范围，如睡觉、吃东西时等，其他时间，不应过多地限制幼儿自由交谈，应创设条件启发他们自发的交际愿望，使其多听、多说、多实践，以丰富他们在不同情境中的交际经验。因为经验是使幼儿语言发展的重要条件，所以要使幼儿的语言发展达到预定的教育目标，成人就需要有目的地为他们提供一定的条件和情境，使他们在这些条件和情境的交互作用中，获得丰富的语言经验，具备理解语言和表述问题的能力。

另外，幼儿园的活动室应设有幼儿语言活动区（角），因地制宜地安排图书、图片、木偶，表演故事用的头饰、服装或自制道具的材料，幼儿能自行听故事用的录音机和光盘……为幼儿在游戏或自由活动时间能主动、积极地练习听说、表演提供物质条件。

三、成人有目的、有计划的培养

(一)成人要随时随地指导幼儿的语言

在日常生活中，成人与幼儿和幼儿之间的自由交谈，是幼儿学习语言的最佳环境。幼儿不仅可以从成人和同伴那里学习用词、造句和表达的技能，而且在自己表达有困难时，可以得到及时的帮助。在幼儿园的环境中，自由交谈有利于教师了解幼儿的语言发展水平，有针对性地进行个别指导。特别是对那些在集体活动中沉默寡言的幼儿，教师更要帮助他们。另外，幼儿语言中的消极面最易在日常生活中暴露出来，如骂人、讲粗话、乱用词、语法错误和语病等。成人需要及时指出与纠正，若放任自流，就会使错误的东西巩固下来而难以改正。游戏时，幼儿可以自由组合进行各种活动。商量怎么玩，定什么规则等，都要通过他们在游戏过程中相互交谈来解决。有时幼儿还把语言教育活动中学过的内容，在游戏时间内表演、复述、朗诵出来。这些活动不仅能使幼儿从多方面提高语言技能，而且还便于教师在提高语言质量方面做具体细致的指导。

(二)成人要组织好语言教育活动

语言教育活动是指幼儿园内，教师有目的、有计划地发展幼儿语言的教育形式。语言教育活动与其他形式的教育活动的不同之处在于语言是从发展幼儿语言能力的角度考虑教育目的和方法的，是有目标、有计划、有步骤进行的教育活动。

幼儿的语言教育活动不需要严格分科，教师没有必要刻意地进行单纯的语言教育，因为语言以外领域的教育活动都离不开语言。语言是幼儿获得各领域知识和经验的工具。教师在组织各种活动时，要有意识地发展幼儿的语言，对他们的语言质量提出明确要求，发现语言上的缺点要及时指正。

语言教育活动虽然大部分是以教师为主导策划的活动，但也需要教师和幼儿一起讨论、拟定有兴趣的主题，共同制订活动计划，研究所需要的材料，促进幼儿真正成为活动的主体。在共同策划的活动中，教师要尽量倾听、尊重、采纳幼儿的意见，有意识地使自己不是决策者，而是扮演支持者、协助者的角色。主题活动结束后，教师要让幼儿自己展示活动的成果，评论活动的情况，以此来不断提高幼儿的各方面的能力。

第三节　学前儿童语言教育的总目标

一、确定学前儿童语言教育目标的依据

(一)口语表达过程的需要

学前阶段是掌握口语的关键阶段，培养幼儿迅速正确地掌握口语，就要了解口语表达过程需要幼儿具备哪些方面的能力。因为口语表达的过程是一个复杂的心理和生理活动的过程，这个过程是人们将自己的内部语言(思维)借助于词语，按一定句式快速转换为外部语言(有声语言)的过程。心理语言学家把人与人之间的语言交际理解为信息传递的过程，即说话人发出信息，听话人接收信息的过程。这个过程分为以下五个环节。

1. 编码

说话人把想表达的意思组成相应的语言，发出信息，这时就要找适当的词，按语法把它们组成句子，组成一定的语言形式，这就是编码。编码过程是在脑内进行的，说话人要编得清楚、明确，避免失误(用词不当、语法错乱)。发生编码失误就会使听话人译码失误，听不懂说话人所表达的意思。这时说话人就要重新编码，组成新的语句。口语编码是现想现说，要求思维敏捷、灵活和条理化。编码过程是否顺利，编码效果如何，取决于说话人掌握语言符号系统的熟练程度。

23

2. 发送

说话人利用发音器官把编好的码，准确、清晰地发出去。这个过程几乎与编码同时进行。发送如产生误差，同样会造成译码失误。

3. 传递

说话人的声波通过空气振动传递到听话人的耳中。要保证传递无误，就要注意克服周围环境中无关刺激的干扰，以保持发出语音的基本特征。

4. 接收

听话人听觉器官开始活动，要求耳朵能正确辨认说话人发出的音，听不准就会发生接收误差，影响译码。

5. 译码

听话人把接收到的语言形式还原为语言内容，即不仅能感知、识别和理解单词的声音和意义，还要弄清句和句之间的关系。只有译码正确，才能正确理解说话人表达的意思。

以上五个环节是在很短的时间内完成的。在这个过程中，从思维(内部语言)到快速选词造句到口头语言(外部语言)，几乎是闪电般地快的，如果中途任何一个环节出了故障，都会影响说话的效率。如果思路不清，内部语言混乱，说出的话必定含糊其词，让人听了不知所云。如选词造句不当，发音不清便会直接影响表达。由此可以看出，思维、词语句式的选择和组织，语音的运用，应当作为口语训练的重点。这个重点也就是幼儿语言教育的主要内容。

(二)口语本身的特点

口语表达形式与书面语相比，有许多特殊的语言结构形式和语法现象。发展幼儿的口语表达能力，需要熟悉口语本身的特点。

①短句多，自然句多(结构比较松散的、自由的句子)。

②省略句多。口语的对象确定，常常就在眼前，又有着特定的语言环境，因此可以省略一些语言成分。

③易位现象多。主语和谓语，状语和中心语，定语和宾语等，常常把要强调的部分前置，先传递给别人听，如"甜不甜，这桃"。

④口语的声调富有弹性。口语可以借助音高、音长、音强表达思想情感，这是与书面语言显著不同的地方。

鉴于口头语言的特殊性，在训练幼儿口语时，教师应培养他们学会讲规范化的口语，而不是讲书面语形式的语言；讲话音调要富有弹性，富有表现力。

(三)学前儿童语言发展的水平

由于出生至 6 岁是人的语言发展最迅速的阶段，每年都有明显的量与质的变化，因此，确定婴幼儿语言发展的目标时，不仅要照顾到学前期语言发展的总趋势，而且还要照顾到每一年龄阶段语言发展的特点。

3～4 岁幼儿语言器官尚未得到充分的发展，发音不清、词汇贫乏等仍然存在。语音和词汇方面的教育应是这阶段语言发展的重点。

4～5 岁是幼儿词汇大量积累的阶段，不仅词的数量大量增加，词的质量也明显提高。成人引导幼儿将消极词汇转变为积极词汇，提高口语表达能力应是这阶段语言发展的重点。

5～6 岁幼儿发音已基本没有问题，亦积累了相当的词汇。连贯性语言的培养应是这个阶段语言发展的重点。

确定语言教育的目标时，除考虑幼儿语言发展的一般特点外，还要照顾到本地区、本园幼儿的实际水平。例如，某些方言地区的发音与普通话发音差别较大，6 岁幼儿可能还需要有训练正确发音的内容，这就需要教师灵活掌握。

(四)学前儿童社会性发展的需要

幼儿的语言是在一定社会文化环境当中发展起来的，幼儿语言的获得是和社会环境中的语言和非语言因素相互作用的结果。发展幼儿语言的核心目标是培养幼儿运用语言进行交际的基本能力。教师在制定幼儿语言教育目标时，必须注意到幼儿在人际交往方面的语言要求。例如，礼貌用语，日常行为规则用语，理解和执行各种指令性语言，对长辈(含幼儿园工作人员)讲话的用词和态度，请求别人帮助时的语言，与同伴合作游戏时的商量口吻等。

二、学前儿童语言教育的终期目标

《幼儿园教育指导纲要(试行)》中语言领域的目标如下。

①乐意与人交谈，讲话礼貌。

②注意倾听对方讲话，能理解日常用语。

③能清楚地说出自己想说的事。

④喜欢听故事，看图书。

⑤能听懂和会说普通话。

《3－6岁儿童学习与发展指南》中语言领域的目标如下。

(一)倾听与表达

目标1　认真听并能听懂常用语言

3～4岁	4～5岁	5～6岁
1. 别人对自己说话时能注意听并做出回应。 2. 能听懂日常会话。	1. 在群体中能有意识地听与自己有关的信息。 2. 能结合情境感受到不同语气、语调所表达的不同意思。 3. 方言地区和少数民族幼儿能基本听懂普通话。	1. 在集体中能注意听教师或其他人讲话。 2. 听不懂或有疑问时能主动提问。 3. 能结合情境理解一些表示因果、假设等相对复杂的句子。

目标2　愿意讲话并能清楚地表达

3～4岁	4～5岁	5～6岁
1. 愿意在熟悉的人面前说话，能大方地与人打招呼。 2. 基本会说本民族或本地区的语言。 3. 愿意表达自己的需要和想法，必要时能配以手势动作。 4. 能口齿清楚地说儿歌、童谣或复述简短的故事。	1. 愿意与他人交谈，喜欢谈论自己感兴趣的话题。 2. 会说本民族或本地区的语言，基本会说普通话。少数民族聚居地区幼儿会用普通话进行日常会话。 3. 能基本完整地讲述自己的所见所闻和经历的事情。 4. 讲述比较连贯。	1. 愿意与他人讨论问题，敢在众人面前说话。 2. 会说本民族或本地区的语言和普通话，发音正确清晰。少数民族聚居地幼儿基本会说普通话。 3. 能有序、连贯、清楚地讲述一件事情。 4. 讲述时能使用常见的形容词、同义词等，语言比较生动。

目标3　具有文明的语言习惯

3～4岁	4～5岁	5～6岁
1. 与别人讲话时知道眼睛要看着对方。 2. 说话自然，声音大小适中。 3. 能在成人的提醒下使用恰当的礼貌用语。	1. 别人对自己讲话时能回应。 2. 能根据场合调节自己说话声音的大小。 3. 能主动使用礼貌用语，不说脏话、粗话。	1. 别人讲话时能积极主动地回应。 2. 能根据谈话对象和需要，调整说话的语气。 3. 懂得按次序轮流讲话，不随意打断别人。 4. 能依据所处情境使用恰当的语言，如别人难过时会用恰当的语言表示安慰。

(二)阅读与书写准备
目标 1　喜欢听故事，看图书

3~4 岁	4~5 岁	5~6 岁
1. 主动要求成人讲故事、读图书。 2. 喜欢跟读韵律感强的儿歌、童谣。 3. 爱护图书，不乱撕、乱扔。	1. 反复看自己喜欢的图书。 2. 喜欢把听过的故事或看过的图书讲给别人听。 3. 对生活中常见的标识、符号感兴趣，知道它们表示一定的意义。	1. 专注地阅读图书。 2. 喜欢与他人一起谈论图书和故事的有关内容。 3. 对图书和生活情境中的文字符号感兴趣，知道文字表示一定的意义。

目标 2　具有初步的阅读理解能力

3~4 岁	4~5 岁	5~6 岁
1. 能听懂短小的儿歌或故事。 2. 会看画面，能根据画面说出图中有什么，发生了什么事等。 3. 能理解图书上的文字是和画面对应的，是用来表达画面意义的。	1. 能大体讲出所听故事的主要内容。 2. 能根据连续画面提供的信息，大致说出故事的情节。 3. 能随着作品的展开产生喜悦、担忧等相应的情绪反应，体会作品所表达的情绪情感。	1. 能说出所阅读的幼儿文学作品的主要内容。 2. 能根据故事的部分情节或图书画面的线索猜想故事情节的发展，或续编、创编故事。 3. 对看过的图书、听过的故事能说出自己的看法。 4. 能初步感受文学语言的美。

目标 3　具有书面表达的愿望和初步技能

3~4 岁	4~5 岁	5~6 岁
喜欢用涂涂画画表达一定的意思。	1. 愿意用图画和符号表达自己的愿望和想法。 2. 在成人提醒下，写写画画时姿势正确。	1. 愿意用图画和符号表现事物或故事。 2. 会正确书写自己的名字。 3. 写画时姿势正确。

　　《幼儿园教育指导纲要(试行)》和《3—6 岁儿童学习与发展指南》两个指导性文件中的语言领域的目标，与 20 世纪的语言教育目标相比，有以下变化。

1. 重视发展、提高学前儿童语言表达的能力

《幼儿园教育指导纲要（试行）》中的"乐意与人交谈""能清楚地说出自己想说的事"，《3－6岁儿童学习与发展指南》中的"愿意讲话并能清楚地表达"等目标，明确了培养与提高幼儿语言表达能力是幼儿年龄阶段语言培养的核心内容。

2. 把早期阅读、前识字与前书写的培养目标正式列入学前儿童语言教育的领域范畴

《幼儿园教育指导纲要（试行）》与《3－6岁儿童学习与发展指南》的培养目标先后提出了"培养幼儿对生活中常见的简单标记和文字符号的兴趣""引发幼儿对书籍、阅读和书写的兴趣，培养前阅读和前书写技能""具有初步的阅读理解能力""具有书面表达的愿望和初步技能"等新目标。

3. 提倡通过多种途径发展学前儿童语言表达能力

《3－6岁儿童学习与发展指南》特别强调幼儿发展是一个整体，要关注各个领域，日常生活、游戏、户外活动等丰富多彩的活动要能提高幼儿的语言表达能力，丰富幼儿语言交往的经验。

4. 尊重学前儿童语言发展的"个体差异"

《3－6岁儿童学习与发展指南》提出"幼儿的发展是一个持续、渐进的过程""每个儿童在沿着相似进程发展的过程中，各自发展的速度和到达某一水平的时间不完全相同"。这一特点在语言领域发展方面尤为突出，所以《3－6岁儿童学习与发展指南》嘱托教师"切忌用一把尺子"衡量所有幼儿。

第四节 学前儿童言语表达能力的培养目标与内容

发展幼儿的言语表达能力，是幼儿语言教育的核心目标。因为培养幼儿准确的倾听能力是帮助幼儿掌握语言的物质外壳，丰富他们的词汇是让他们掌握语言的建筑材料。只有教会幼儿按照一定的语法规则排列词，用口语表达出来，才能使语言真正成为幼儿的交际工具。

一、培养倾听能力的目标和内容

注意倾听是发展幼儿言语表达能力的基本条件。幼儿学习语音、词汇、语法规则，都是通过听来感知的，听是说的前提，这是幼儿掌握语言的规律。婴儿期能听懂的话，远远超过了会说的话，即使在他们不会说话时，他们也早已能把对他们说的话与相应的动作或物体联系起来，然后逐渐学会说他能听懂的话。"听"的能力总是先于"说"的能力而发展的。因此，发展幼儿听的能力是语言教育中重要的内容，只有教会他们听，听得准确，幼儿才有条件正确地模仿，才能不断地去掌握高一级水平的语言。

幼儿的听觉发展较早，出生后不久即有听觉反应。婴儿对人类发音器官发出的各种声音，很早就产生特殊的敏感性，特别是对母亲的声音，比对陌生人的声音更为敏感。婴儿辨别语音的细微差异速度很快，这就为其学习语言提供了条件。

听觉是重要的信息通道，倾听是幼儿感知和理解语言行为表现。对幼儿倾听行为的培养，应重点放在对语音、语调的感知和对语义内容的理解上。

(一)培养幼儿的倾听能力

幼儿只有掌握了懂得倾听、乐于倾听和善于倾听的能力，才能真正理解语言的内容、语言的形式和语言的运用，掌握与人进行语言交流的技巧。但由于有意注意的时间较短，对于倾听的价值不清楚，因此幼儿在早期言语交流中，常常不注意倾听或没有进行有效的倾听。因此，要使幼儿认识到倾听的价值，就需要教师经常提醒幼儿，让他们知道注意倾听可以学到新的知识，可以知道什么时间应该做什么，同时，还可用实例让幼儿体验注意倾听和不注意倾听的不同结果。

①从认知角度要求，培养幼儿的倾听能力是培养幼儿听得懂别人对自己说的话，能听懂主要内容的能力。

②从情感、态度角度要求，培养幼儿的倾听能力是培养幼儿喜欢听并积极有礼貌地听别人对自己说的话的能力。

③从能力与技能的角度要求，培养幼儿的倾听能力是培养幼儿能集中、有礼貌、安静地倾听，能听懂普通话，分辨不同的声音和语调，迅速掌握别人说话的主要内容，理解并执行指令性语言，准确把握和传递有细微区别的

信息的能力。

(二)对不同年龄幼儿听力的培养内容

1.3～4岁幼儿听力的培养内容

3～4岁的幼儿，还不善于有意识地听成人讲话。入园后，教师面对全班讲话，还不能被他们很好地理解。因此，培养幼儿学会听成人和同伴讲话，不仅是学话的重要条件，而且也是他们习惯集体生活、接受集体教育的重要条件。

学会听的具体要求：一是要让幼儿明确教师对集体讲话时，就包括对自己讲话，应该安静地听，不能漫不经心；二是要让幼儿听懂教师说的是什么，并按照教师说的要求去做，在同伴回答问题时，也要同样要求。

2.4～5岁幼儿听力的培养内容

对4～5岁的幼儿，教师要逐渐培养他们能够注意听，即要求幼儿能安静地、有目的地、耐心地倾听教师和同伴讲话，能听得准，不弄错别人的意思，并能记住讲话的内容。

3.5～6岁幼儿听力的培养内容

对5～6岁的幼儿，教师要培养他们能主动、积极专注地倾听别人谈话，迅速掌握别人谈话的主要内容，并从中获得有用的信息；在教师或同伴讲话时，不中途插嘴，能有礼貌地听别人讲话，有问题要待别人讲完话再提；能抓住别人讲话的主要内容，听出有错误或不完全的部分并进行纠正或补充。

二、培养正确说普通话的目标和内容

教幼儿正确说普通话，属于语音教育。语音是口语的物质载体，是由人的发音器官发出的表达一定语义的声音。让人能直接听到语音，语言才能被人们感知，人与人之间的交流才能更直接和便利。人们听到某个词或词组的声音，就能立即与所指物体或某一事物联系起来，叫出它的名称，说出它的用途。能迅速地做出这样的反应，就需要对语音有精确的辨别力，因为任何一个词在发音上的微小差别，都会影响词与代表的事物、现象的正确联系。因此，只有正确理解和发出语音，才能正确地运用语言顺利地与人进行交流。

随着大脑与语言器官发育逐渐完善，在良好语言环境和教育的影响下，

3岁以上的幼儿大都能掌握本民族的语音，且语音的发展从扩展趋势逐渐向收缩趋势转化。3～4岁的幼儿，可以很容易学会世界各民族的语言的发音。但在此以后，其掌握母语的语音后，发音的机制逐渐定型，再学习新的语音时，就会出现困难。年龄越大，学习第二语言的语音越要受第一语言语音的干扰。

鉴于普通话是我国的民族通用语，是以北京语音为标准音，以北方话为基础方言，以典范的现代白话文著为语法规范，通用全国的交际工具，而少数民族和方言地区的发音，与普通话的发音有很大的差别，在全国推广普通话的难度较大，而幼儿具有学习语音的优势，因此学说正确的普通话，必须从幼儿期开始。

(一)教幼儿正确发出普通话的语音

语音是语言的物质外壳，正是因为有了语音，语言才成为可以被人们感知的东西，使人们之间的思想交流更为直接、便利。词汇是通过声音来表达意义的。当人们用语言彼此交往时，人们听到词的音或音组，就能和这个音或音组所指的事物联系起来；或者当看到某事物时，就把这事物和它固定的音或音组联系起来，即听到一个事物的名称就能想到它指的是哪一个事物，看到一件东西就能正确叫出它的名称。要做到能听懂、说对，就要求对语音有精确的辨别力。任何一个词，在发音上的微小差异都能影响词与对象、现象之间的正确联系。因此，掌握每一个词的正确发音，对于词的理解、辨认、运用都是非常重要的。只有正确掌握语音，才能真正掌握普通话这个交际工具。

1. 教幼儿正确掌握规范的普通话的发音

在教幼儿学说普通话过程中，教师一定要注意发音规范，特别是异读词的规范。异读词是一个词有几个不同的读音。常见境况有如下四种。

①声母不同的异读词，如机械(jī xiè 异读为 jī jiè)、波浪(bō làng 异读为 pō làng)。

②韵母不同的异读词，如剥削(bō xuē 异读为 bō xiāo)、娇嫩(jiāo nèn 异读为 jiāo nùn)。

③声调不同的异读词，如复习(fù xí 异读为 fú xí)、比较(bǐ jiào 异读为 bǐ jiǎo)。

④声、韵、调中有两项或三项都不同的异读词，如卡片(kǎ piàn 异读为

qiǎ piàn)、贝壳(bèi ké 异读为 bèi qiào)。

2. 教幼儿发好普通话中的儿化音

普通话中儿化音很多,它跟词汇、语法意义的表示有密切关系。

①有确定词性的作用。例如,盖(动词)、盖儿(名词),画(动词)、画儿(名词),尖(形容词)、尖儿(名词)。

②有区别词义的作用。例如,油票儿不是邮票,眼儿不是眼,头儿不是头。

③带有小、喜爱、亲切等感情色彩。例如,头发丝儿、苹果脸儿、小孩儿。

从以上三方面的作用看,在口语中,为确切表达一定的意思,人们必须正确发好儿化音。教师在教幼儿发儿化音时,要注意儿化的发音是靠卷舌作用,即"儿"不是一个单独音节,而是在一个音节末尾上附加卷舌动作,使那个音节因儿化而发生音变现象。

在儿化音中,有的只有一种说法,没有区别意义的作用。例如,村儿、梗儿、打鸣儿,不说村、梗、打鸣,这些词必须儿化;有的是两可情况,没有一定读法,如正面儿(正面)、冒烟儿(冒烟)、帮忙儿(帮忙),两种读法均可。教师在工作中,可根据本地口语习惯灵活掌握。

3. 学习正确发出本地区方言中容易发错的音

一般来说,三四岁的幼儿发音不准的现象逐渐减少,但仍存在发音不准的现象,主要有两方面的原因。

一是有个别幼儿语言器官发育迟缓,使其不能协调地使用发音器官,即不会运用发音器官的某些部位,或者不能掌握某些发音方法。

二是受方言的影响。方言同普通话相比,在语音、词汇、语法几方面都有不同地方,其中差异最大的是语音,有的方音和普通话的发音相差极远。这是方言地区学习普通话的难点。突破这个难点,就要学习、研究本地方言的语音系统和北京语音系统之间的对应关系,即教师需要掌握本地区方言中哪些音的声母、韵母、声调等与普通话有所不同,再结合幼儿本身发音的特点找出本地区幼儿普遍感到困难和容易发错的音,从而确定本班语音教育的重点。

(二)教幼儿按照普通话的声调讲话

1. 声调

声调指音节的音高。汉语是有声调的语言,不同的声调和不同的声母或韵母一样,能代表不同的意思。例如,妈(mā)、麻(má)、马(mǎ)、骂

(mà)，音同调不同，意思也完全不同。所以在训练幼儿发音时，教师必须教他们掌握正确的声调。讲方言的人学普通话时，发音声调不准占了很大比例。在对幼儿进行语音教育的过程中，教师一开始就要注意声调，到了中大班则要求声调正确。

2. 轻声

汉语拼音方案把轻声也列入了声调，轻声也是语音教育中不能忽视的方面。轻声在某些词或句子里的表现是，有些音节常常失去原有的声调而读成一个较轻、较短的调子。例如，"头"原来是阳平，可在"木头"这个词中，它却失去原来的声调，读得比"木"轻得多，成为一个轻声音节。轻声的特点是发音时用力特别小，音特别弱。轻声不只是一种语音现象，它和词汇、语法有密切的关系。通常该读轻声的语法成分有以下几种。

语气词，如"好吧""去吗""为什么呢"。

助词，如"红的""高兴地""好得很"。

名词的后缀，如"儿子""女儿""木头"。

重叠动词的后一个音节，如"说说""看看""走走"。

趋向动词，如"进来""出去""拿起来"。

方位词，如"桌上""家里""地下"。

某些量词，如"一个""一封信"。

另外，还有部分常用的双音词，第二个音节读轻声，如"妈妈""萝卜""东西""商量""明白""窗户"。

轻声也有区别词义和词性的作用。

区别词义的。例如，"地方"（轻声，表示一个处所），"地方"（非轻声，表示和中央相对的地方）；"东西"（轻声，指一件事物），"东西"（非轻声，指东和西两个方向）。

区别词性的。例如，"练习"（轻声，动词），"练习"（非轻声，名词）；"对头"（轻声，名词），"对头"（非轻声，形容词）。

轻声是音节连续时产生的音变现象，不能看成是四声以外的独立调类。《汉语拼音方案》规定轻声音节不标调号。

(三)培养幼儿的语言表情

一个人讲话时，除声音的变化外，还可辅之以面部表情、眼神和手势。这里讲的语言表情主要是指声音部分。

在口语中，为了准确和富有表现力地表达思想，就需要声音的性质有所变化。教师在教幼儿学习正确学说普通话的同时，也要引导他们逐渐会用与表达内容一致的语调，即根据要表达内容的需要，来控制、调节自己声音的大小和速度，构成不同的语言表情。在平时讲话时，教师主要是培养幼儿的自然表情，使幼儿做到声音的性质与其要表达的内容相一致。在朗诵或表演文学作品时，教师要求幼儿能在理解作品内容的基础上，有发自内心的感情，而不应是刻板的、机械一致的声调。因此，在文学作品的教育中，教师还应教幼儿掌握一些简单的艺术发声的方法。

(四)培养幼儿语言交往的修养

语言交往的修养指讲话态度方面的要求。从幼儿掌握口语开始，教师就要培养他们在语言交往中讲话态度自然，声调友好，有礼貌，不允许撒娇和粗暴地讲话。

以上四方面的目标和内容是互相密切联系的，经常是在同一过程内完成的。如正确发音中就包括声调的正确，而语调变化又是反映语言表情和语言文化修养的重要方面，但它们在语言表现形式方面又属不同方面的要求。我们只有全面地理解这些目标和要求，才能在教育中把它们有机地结合起来。

三、词汇教育的培养目标与内容

词汇是语言的建筑材料。[①] 一个人要很好地掌握语言这一交际工具，必须掌握足够数量的词汇，才能明确地表达自己的思想，才能与别人自如地进行交谈。一个人掌握词汇数量的多少，将直接影响语言表达的质量。词汇丰富、广泛，他的语言才能生动、准确。词是客观现实的概括和抽象，幼儿通过直接观察所获得的知识(事物的名称、特征、用途等)，都要靠词把它保存下来，逐渐形成知识的系统。对幼儿进行词汇教育的意义在于提高幼儿的语言活动能力，巩固幼儿的认识成果，发展幼儿的认识能力和抽象思维的能力。

(一)丰富词汇

幼儿期是大量积累词汇的时期，一般地说，3～6岁幼儿掌握的词可由

---

① 词汇是许多词的集合体。它可以指一种语言或方言的整个词汇系统，也可以指一个人所掌握的词或一篇文章里所使用的词的总和。语言里个别的词，不能叫作词汇。

1000 个左右发展到 3000～4000 个。在培养幼儿语言表达能力方面，大量丰富幼儿各类词是第一位的工作。词汇量是幼儿语言发展的重要标志，幼儿掌握的词越多，他们就越有条件超越对事物的直接感知，发展到抽象思维的阶段，借助词来间接认识事物。

在丰富幼儿的词汇中，实词（名词、动词、形容词、数词、副词）占绝大部分。这不仅是因为实词都具有比较确定的词汇意义，幼儿容易理解、掌握，而且更主要的是因为实词在语言中起着重要作用，既可用来称呼名称，表达一个确定的、完整的、和其他词相对立的概念，还可以作句子的成分（主语、谓语、定语、状语等）。虚词的词义比较抽象，大多数的虚词只具备语法意义，无实际意义，幼儿较难理解，活跃在他们口头上的虚词很少。因此，在丰富幼儿的词汇中，虚词占的比例很小，教师一般只教其掌握构成比较简单的复合句所需的连接词或关联词，构成句子所必需的介词等。

对不同年龄的幼儿，教师在内容上应有不同的侧重和要求。

1. 小班

学习运用能理解的常用词，即丰富幼儿常见常用、容易理解、生活中迫切需要的词。例如，周围物体（玩具、餐具、家具、服装等），常见的交通工具和动植物的名称——名词；吃饭、穿衣、上课、游戏等活动名称——动词；易于理解的、能直接感知的、说明物体具体特点的形容词，如表示物体形态的大、小、方、圆，表示基本颜色的红、黑、白、绿、黄，表示味道的甜、酸、辣、苦，形容动作的快、慢，反映感觉的痛、饿、渴等词；我、你、他等人称代词；10 以内的基本数词和常用的量词，如个、把、双等。

2. 中班

名词方面，幼儿要在掌握物体的整体认识和名称外，掌握各部分的名称，如衣服的领子、袖子，汽车的车头、车厢等。在动词方面，教师要增加一些意义相近的动词，如驾飞机、开汽车，拔草、割麦、念书、看报等。在形容词方面，教师要增加带有一定抽象意义的形容词，如美丽的、鲜艳的、漂亮的；单音重叠的形容词，如细细的、圆圆的、薄薄的、长长的、软软的；双音词尾的形容词，如绿油油、笑嘻嘻、热腾腾、冷冰冰等。在数量词方面，教师既要教幼儿掌握更多的基本数词，又要让幼儿开始学习掌握序数词（第一、第二……），增加条、头、件、辆、支等量词。在人称代词方面，幼儿会用我们、你们、他们等。中班幼儿掌握词汇质量的明显提高还表现在教师要教会幼儿使用常用副词和连接词，让幼儿从掌握代表具体意义的词——实词，过渡到掌握代表抽象意义的词——虚词，这是幼儿学习和掌握词汇过程中质的飞跃。

3. 大班

名词方面，教师要教幼儿逐步掌握一些概括性较强的名词，如家具、餐具、交通工具、动物、蔬菜、水果、粮食等。

形容词方面，幼儿要学习用描述事物不同程度的形容词来表明事物的微小差别，提高语言的准确性；会较准确地用形容词来描述物体的特点或状态；会用复合形容词，如深蓝、浅绿等来表示颜色的细微差别；会用一些代表抽象意义的形容词，如光荣、勇敢、机警等来评价人的行为；会用盼望、焦急、满意、感激等一类词来形容人的心理状态等。

大班幼儿应能掌握并能运用一些同义词①，即会用不同的词来说明相同的事物，掌握一些可以相互替换的词，使语言生动活泼，从而提高口语表达的质量。教师在教幼儿掌握同义词的同时，还可教幼儿掌握一些反义词，帮助幼儿能更准确地认识事物的特征，学会对比事物，促进幼儿思维的发展。

丰富大班幼儿词汇的新内容是学习一些常用的虚词，如介词（在、向、从等），连接词（因为、所以、如果等），以满足大班幼儿运用复合句式表述的需要。

从以上三个班丰富词汇的内容与要求中，我们可以看出幼儿词汇的发展和认知的发展有着密切的关系。因为幼儿语言的发展是随着他的五官、运动器官的发展，随着感知觉和动作的不断发展而发展的。即幼儿在认识周围的人和物及各种动作的同时，掌握着大量的名词和动词。幼儿与环境交往日益广泛，并在成人教育的影响下，逐步地对事物的属性和事物间的关系有所认识时，就能够对事物形态、程度做进一步的描述，从而促使幼儿掌握较多的形容词和副词。幼儿掌握词的数量和质量是随着幼儿认识活动和表述能力的发展而发展的。

(二)正确理解词义

词是语言的最小单位，是概念体现者，具有概括性、指物性（起符号的

---

① 语言用不同的语音形式来表示相同或相近的意义，就产生了词的同义现象。凡是意义相同或相近的词，就叫作同义词。

作用)的特点,概括地标志着现实的某种物体及物体的特性、动作、关系等。由于词本身的特点,在给幼儿丰富新词时,教其正确地理解词义是非常重要的。因为只有理解了词义,才能算真正地掌握了词,否则词只是一个空洞的声音,没有实际意义,也不可能运用到语言活动中去。

在语言系统中,每个词都有固定的明确意义,但作为个体的人对词的反映,即在他头脑中形成的概念,不一定人人相同。对幼儿来讲,在不同年龄阶段,由于思维发展的水平和知识经验的不同,对词义理解的精确性与完整性也不同。一般来说,幼儿只能理解词的基本意义,对词的派生意义转义、抽象意义难以理解。

教幼儿理解词义是在丰富词汇的同一过程中完成的。教给幼儿新词时,只有和事物的具体形象联系起来,幼儿才能理解词的意义。在小班,教师要在幼儿认识各种事物时,使幼儿掌握相应的词。中大班幼儿理解语言能力增强了,教师可结合幼儿已有的知识经验,用简单的语言解释新词所代表的概念。例如,教师可以用"好看的"解释"美丽的""漂亮的"等同义词,用"这屋子真冷"或"今天天气真热"等句子解释"冷""热"一类比较抽象的词。

幼儿确切地掌握一个词的词义,是要通过各种教育活动和日常生活多次重复的。因为掌握词义的过程是掌握概念的过程,是一个复杂的思维过程。随着幼儿知识经验的增加和思维水平的提高,幼儿才能不断加深对词义的理解。最初教师只能要求幼儿理解词的浅显的含义,即了解词的最基本的意思,而且局限在很小的范围内。例如,"红",开始幼儿可能就认为"红"就是"红苹果""红皮球",以后再逐渐通过认识"红旗""红领巾""红纸""红毛衣"等,知道这些东西都是"红色"的,"红"就成为概括性的了,即从与具体东西密切联系中抽象出来了。幼儿只有把词作为物体的概括性符号来反应时,才可以说是理解了相应的词了。对词的概括、运用能力的提高也就是对词义理解的加深。

(三)正确运用词

幼儿积累的词汇有两类,一类是消极词汇(被动词汇),另一类是积极词汇(主动词汇)。消极词汇是指幼儿能理解但不会运用的词,积极词汇是指幼儿能理解又会运用的词。向幼儿进行词汇教育的最终目的是使幼儿将已理解的词运用到语言活动中去。

在日常生活、各种教育活动、游戏、散步以及其他自由活动时间内,教师应有意识地注意幼儿在语言表达中运用词汇的情况,如对哪些词义还不明确，哪些词使用不当，因缺乏哪些方面的词而影响表达。教师针对这些情况，除了需要不断给幼儿补充新词外，还要善于启发幼儿把学过的词运用到语言活动中去。例如，带领幼儿散步时，看到草坪和花坛时，教师就可以启发幼儿将学过的"绿油油""五颜六色"等词用于形容草坪和花坛。又如，在游戏时，游戏的内容、材料、角色等可使幼儿有较多的机会明确词义和运用词，游戏中幼儿反映各方面的印象时，就需要选择相适应的词来展开活动。这时，教师发现幼儿表达有困难或表达有错误时，应及时给予指导，教会幼儿运用恰当的词和句子来调节游戏角色的行动。

在日常生活中，教师不要放过能使幼儿正确说出事物的名称和性质、动作的名称的机会。例如，幼儿园添了新的设备，班上增加了新的玩具，换季时穿的衣服发生了变化，在这种时候，教师就可以提问：那是什么东西，是什么材料做的，谁做的，有什么用途，应该怎么用……教师不仅要提问，而且还要注意幼儿的回答，帮助他们正确地运用储备的词汇。

幼儿是否能正确使用词是掌握词的较准确的指标。衡量幼儿是否能正确运用词，还应注意是否达到以下要求：持续使用某个词而不是偶然一次说出，自发使用而不是学舌，使用的是通用的词而不是自造词，使用的词带有概括意义。

幼儿词汇教育的三项目标和内容是密切联系的，丰富新词与理解词义是同时进行的。幼儿理解词义是积极运用词的前提条件。三项任务中无论哪一项没有完成好，都会影响幼儿语言表达水平的提高。

四、语言表达能力的培养目标与内容

发展幼儿的语言表达能力，是幼儿语言领域教育的核心目标。

3～6岁幼儿语言表达能力的水平还是比较低的，其发展趋势是：从简单句到复合句，从无修饰句到修饰句，从陈述句到非陈述句，从对话言语到独白言语。

幼儿使用简单句的类型大致为：①主谓宾结构句，由行动主体、动作和动作对象组成，如"××吃饭""××坐车"；②主谓双宾结果句，在主谓语之后有两种宾语，如"妈妈给××糖""阿姨给我苹果"。

幼儿复合句的特点如下：①数量少，比例不大。学前初期，复合句在

10％以内。复合句的比例虽然随年龄增长而增长，但到了学前晚期，仍然在50％以下。②结构松散，大都是简单句意义上的结合，省略连词（关联词）。③联合复句出现较早。复合句包括联合复句和偏正复句两类，幼儿开始出现的复合句多为联合复句。④并列复句比例大。幼儿使用的联合复句，多数为并列复句，反映两个简单句的并列关系，常用"还""也""又"等连接词。⑤偏正复句出现较晚。因为偏正复句反映比较复杂的逻辑关系，幼儿受思维水平的限制，使用有困难。幼儿常用的偏正复句如下：①条件复句。条件复句是反映假设关系（如果……就……）和条件关系（只有……就……）的。因为这些句子常常和幼儿的愿望有密切关系，日常生活中成人常用这些句子表达对幼儿的要求，或回答他们的请求。例如，"明天如果不下雨，就带你们去动物园"，"只有把手洗干净了，才能吃饭"。5～6岁幼儿能较好地使用"如果……就……"的条件复句。②因果复句。3～4幼儿使用这种句式还较困难，即使出现这种复句，也没有连接词，如"我不吃饭，我在幼儿园吃饭了"。幼儿说出这些句子，说明幼儿在日常生活中已经有了把两件事情联结在一起的体验，但他们还不能清楚地意识到二者的逻辑关系。5～6岁幼儿才能使用"因为""为了""结果""要不然"等词的句子。③转折复句。这种句子都带有连词，其中最常见的是"但是""可是"，在幼儿的语言中数量很少，4岁以前几乎没有。

幼儿最早出现的句子没有修饰语，3～3.5岁时修饰语的数量迅速增长；4岁以后，有修饰的句子开始占优势。幼儿使用的修饰词中，有用来修饰名词的结构助词"的"（定语），如"熊猫有两只黑色的眼睛"。状语也是幼儿的主要修饰语，不同年龄幼儿使用不同类别的状语。3岁幼儿使用行动状语较多，如"他们蹦蹦跳跳地玩"；4岁幼儿会使用一些地点状语，如"我在动物园看见了长颈鹿"；5～6岁幼儿除行动状语和地点状语外，还会使用一定数量的时间状语，如"妈妈昨天带我去动物园看长颈鹿了"。

从幼儿掌握的句型来看，最初掌握的是陈述句。在学前阶段，陈述句是幼儿的基本句型，占60％～70％；非陈述句中，疑问句产生较早。疑问句的深浅程度随年龄增长而变化，所占比例在15％以下；祈使句、感叹句一般都在10％以内。

幼儿最早的语言表达是对话式的，带有明显的情境性；开始出现独白言语时，常常是对词的罗列，中心意思不突出。4～5岁的幼儿有时已经可以讲较长的句子，但逻辑性很差，离题远，层次和顺序不清楚，事物之间关系混乱，使人无法理解其讲的内容。经过有意识的培养，6 岁左右的幼儿的独白语言的逻辑性有明显提高，达到句子完整、前后连贯，使听者从语言本身就能理解所讲述的意思的水平。

发展幼儿的语言表达能力的基本内容包括对话语言（谈话能力）和独白语言（讲述能力）两种能力。发展这两种能力的共同要求：一是教幼儿正确地运用词，即能选择恰当的词表达自己的意思，掌握词语搭配的规律；二是教幼儿按照汉语语法规则讲话。汉语的一个重要特点是词序固定，一般都是主语在前，谓语在后；定语是修饰、限制名词的，作为定语的词都放在被说明名词的前面。教师从幼儿学习简单句起就要逐步、自然地让他们掌握、运用这些语法规则。

（一）谈话能力培养目标与内容

谈话是以对话形式进行的语言交往，即以提出问题及回答问题的方式发展幼儿的对话能力。其核心要求是培养幼儿能按照问题进行正确回答的能力。为此，教师就要培养幼儿正确理解问题，掌握问句形式，并会选择恰当的词，进行正确的搭配，组成完整的句子，来表达自己的意思的能力。

1. 小班

首先，教师要培养他们喜欢说话，愿意和别人交谈，坚持用语言（不是手势或表情）表达自己的请求和愿望，发展其讲话的积极性；其次，教师要培养幼儿谈话的技能，即教幼儿学会运用简单句表达自己的意思，说话时吐字清楚，让人都能听明白。

2. 中、大班

幼儿能按照问题准确地回答，围绕一定的主题讲，不能所答非所问；在讲话技能方面，发音和用词要正确，句子要完整，语序要正确，要逐渐学会使用一些比较简单的复合句。另外，教师还应培养他们会向教师和同伴提问题，在交谈过程中能互相补充内容的能力。

（二）讲述能力的培养目标与内容

讲述能力是指幼儿运用独白语言的能力。独白语言是比对话语言更为复杂、周密的一种口头语言。它的特点是要用比较完整连贯的语言表达自己的想法，讲述自己经历过的事情，讲述凭想象创编出来的故事（或事件），使听讲人都能明白讲述的内容。因此，它要求幼儿有一定的生活经验和词句的积累，有较好的记忆力，更加准确地运用词，会用一些复合句进行表述。讲述活动对幼儿语言的目的性、独立性、连贯性和创造性，对幼儿的思维、记忆、想象等能力方面的要求，要比谈话活动的要求高得多。

由于讲述对幼儿的语言能力要求高，有的心理学家认为，幼儿快到 5 岁时，才能出现独白语言。例如，儿童心理学家艾利康宁曾说："儿童生活方式的改变，同成人的新关系以及新的活动形式的形成，导致言语功能和形式的分化：儿童向成人转述自己的印象、感受、打算的新的交际任务产生了；新的言语形式——讲述感受、所见所闻的独白——出现了⋯⋯"这一分析也符合我国幼儿语言能力发展的实际。因此，幼儿园的实际工作中，对 5 岁以前的幼儿讲述方面的要求不高，而是通过谈话形式为讲述能力的发展打基础。

1. 幼儿叙事能力的培养目标与内容

叙事是人们进行语言交流的重要方式，人们大部分的交流都是叙事性的。

叙事能力是一种脱离语境的语言能力，能反映出人们情感、认知、社会和文化发展的状况。要求幼儿叙说某些事件(或创编故事)，需要他们能由记忆系统中调动出与叙说主题相关的知识、经验，并将其进行适当的组织，选择适当的词语将事件中的角色和前因后果叙述出来。幼儿阶段主要发展两种叙述能力。

(1)叙述观察事物的特点

这种叙述是以视觉、听觉、触觉等不同感知为基础进行的讲述。幼儿依据直接观察的对象，教师提供的图片和物体(玩具、各种用具等)进行真实的描述，如看图讲述、描述实物等。这些凭借物规定了叙述的内容和范围，叙述形式难度较低。因为这种叙述形式直观性强，容易引起幼儿的讲述兴趣，对发展幼儿的观察力、描述能力有积极作用，是幼儿园进行最多的一种叙述形式。

(2)凭记忆进行的叙述

这种叙述是让幼儿讲以前感知过的和感受过的事物，即所要讲述的事物不在眼前，如参观后的讲述、复述故事、生活经验讲述等。这种讲述比凭感知进行讲述难度要大一些。

2. 创造性讲述能力培养的目标与内容

这种讲述能力要求幼儿能根据图片、文学作品的片段、教师提供的其他线索，运用自己的经验与知识，想象(虚构)出人物和故事情节。幼儿的虚构一般都是把自己从日常生活或文学作品中获得的印象，经过想象、加工、综合成新的内容(人物、事件)。例如，幼儿园教育活动中常运用的创造性的看图讲述(看图编故事)、续编故事、创编故事等，即属这种讲述形式。幼儿创造性讲述能力的发挥，可以使幼儿的独白语言技巧进入更复杂的阶段。

总之，对幼儿口语表达能力的培养目标、内容和语言表达习惯，从认知角度来说，是培养幼儿懂得用适当的音量说话，有积极的表达愿望的能力；从情感、态度角度来说，是培养幼儿喜欢与人交谈，在适宜的场合积极、主动与人交谈，讲话和气有礼貌，注意倾听对方说话，不随便中途插嘴，在公共场所不大声喧哗，不讥笑别人说话的缺点的能力；从能力与技能的角度来说，是培养幼儿会说普通话，发音清楚，声调正确，能运用恰当的语句和语调清楚地表达意见和回答问题，使用复合句时，学会正确运用连接词(或关联词)，做到条理清楚，前后连贯，能用生动、形象的语句讲述图片和事件，讲话的声调、速度、停顿，能根据内容而有所变化的能力。

* *

本章小·结

本章论述了幼儿期是学习语言的关键期，家长、教师要不失良机地对婴幼儿进行语言表达能力的培养；介绍与分析了我国现行的指导文件对幼儿语言教育的总目标内容与特点；按照语言表达能力所包含的要素，分别按"倾听能力""普通话的发音""丰富词汇""谈话与叙事语言的能力"等，来论述如何促进幼儿从简单句到复合句，从无修饰句到修饰句，从陈述句到非陈述句，从对话语言到独白语言的发展。

鉴于我国地域辽阔，方言种类繁多，对幼儿实施语言教育时，教师必须要注意本地方言与普通话在发音和词汇运用上的特点，要有的放矢地培养幼儿学好普通话。

思考题

1. 怎样为幼儿创设促进语言发展的条件？
2. 如何依据幼儿语言发展的差异因材施教？

第二章　3岁前婴儿的语言教育

　　婴儿出生后的前三年，是掌握人类语言的关键期，一旦错过了这个年龄段，再进行补偿教育，就不只是事倍功半的问题，甚至终身难以弥补。为此，本章内容特别强调婴儿期语言发展的重要性，按年龄段阐述婴儿语言发展特点，以及引导其语言能力发展的内容、方法、途径。

第一节　3岁前婴儿语言教育概述

一、3岁前婴儿的语言发展特点与教育内容

　　语言是婴儿心理发展过程中的重要内容之一，在婴儿认知和社会性发生发展过程中起着重要作用。在西方，人们普遍认为，语言的获得标志着婴儿期的结束。英文中 infant（婴儿）一词就来自拉丁语，意思是"不能说话"。

　　3岁前是人的一生中学习语言最迅速、最关键的时期。在短短的3年当中，他们从能听懂成人的语言，学说单词句，发展到能用基本完整的句子表达自己的意思。

　　3岁前的婴儿年龄相差虽不多，但每一年的差异却很明显，语言发展尤

其如此，所以每年语言教育的重点也就有所不同。下面拟按不同年龄阶段分别介绍。

出生至 1 岁左右，属前语言阶段——语言发生的准备阶段。听力的训练是发展语言的重点。婴儿从 1 岁开始，进入了正式学话的阶段。

1 岁到 1 岁半为单词句阶段。给婴儿丰富词，帮助其理解词义，是这个阶段语言发展的重点。

1 岁半至 2 岁为简单句阶段。婴儿开始用单词句加简单主谓句表达自己的意思，引导婴儿学习说完整的话，是这个阶段语言发展的重点。

2 岁至 3 岁是复合句发展阶段。婴儿已开始用比较完整的句子与人交往，开始出现复合句，但这时的复合句多为省略连词的简单句组合，且情景性强。提高婴儿运用句子的表述能力，是这阶段语言发展的重点。

1981 年中华人民共和国卫生部颁布试行的《三岁前小儿教养大纲(草案)》规定语言方面的教养任务如下：

①引导小儿笑出声音，从咿呀学语到掌握一定的词汇，并正确发音。

②发展小儿理解语言的能力，逐步懂得一些周围事物中常接触的生活知识。

③培养小儿利用语言和成人交往的能力，并表达自己的要求。

④通过成年人正确的语言教育，培养小儿的注意观察、思维与记忆等能力，并培养小儿良好的道德品质。

《三岁前小儿教养大纲(草案)》对 3 岁前小儿语言方面的教养内容和要求如下：

2 个月。成人要经常和他说话，给他唱歌或听一些音乐，发展小儿的听力，引导婴儿微笑。

3 个月至 4 个月。成人在和小儿讲话时，要引导小儿咿呀学语，手脚不断活动；培养小儿对声音的反应，能将头转向发音的方向，引导小儿用声音回答。

6 个月。成人用温柔的声音表示鼓励，用严肃的声音表示禁止，培养小儿分辨音调的能力。

7 个月至 8 个月。①培养小儿理解语言的能力，鼓励小儿用语声和动作回答，如指出某一物品或指出熟悉的人在哪里，训练小儿用眼睛寻找或用手指出的能力；②培养小儿在成人提醒下，做一些简单的动作。

9 个月至 11 个月。①对小儿进行语言发展的训练，通过日常生活所接触到的物品和动作，使他理解这个单词的意义，并逐步发展对各种声音的模仿；②培养小儿模仿成人的发音，从单音到随成人重复一些音节，如"爸爸""妈妈""咿咿"。

1 岁至 1 岁 3 个月。启发小儿用单词表达自己的愿望，引导小儿称呼亲人。

1 岁 3 个月至 1 岁半。①通过日常生活所接触到的事物，引导小儿将语言与实物或动作联系起来；②利用玩玩具、看图片及玩游戏等方式发展语言。

1 岁半至 2 岁。①充实、丰富小儿生活，使他们对周围环境产生兴趣，引导鼓励他们能简单地说出周围成人的称呼，人体某部位的名称，日常生活中常见物品的名称，认识托儿所，知道两三种常见交通工具名称，知道两种常见水果、蔬菜，常见宠物的名称；②培养小儿正确发音的能力，教小儿由会说单词逐步到会说由 3～4 个字组成的短句；③给小儿讲故事，看图片，教简单儿歌，发展小儿的语言；④对语言发展较迟缓的小儿要多启发、鼓励，给其练习机会，使其语言发展达到一般水平。

2 岁至 2 岁半。①启发小儿提出和回答问题，避免以手势来代替语言，成人要认真回答小儿的提问，同时注意培养小儿发音清楚，用词准确的能力；②通过一日生活各项活动，发展小儿语言，创造条件，扩大小儿眼界，使他们多听、多说、多问、多想，在集体教养机构，除必要纪律外，不限制小儿讲话；③通过短时间的语言交流、听故事、朗诵儿歌、看图画书，使小儿认识社会环境和自然环境等，促进小儿语言的发展。

2 岁半至 3 岁。①教小儿正确地运用各类词说出稍复杂的句子，鼓励小儿用语言表达自己的愿望，使语言成为成人与小儿相互间交往的主要工具；②成人讲话时发音要正确，尽量使用普通话，教育小儿要富有感情，使用有表现能力的语言，并用语言进行常识教育；③会背诵简单儿歌，听完故事能讲出简单情节和主要人物，学习表演简单的故事。

二、3 岁前婴儿语言教育的途径与方式方法

(一)模仿与强化是婴儿学习语言的主要途径

1. 模仿

婴儿最初主要通过模仿学习语音、词句。对语音的模仿有自发性模仿和

双向性模仿。

①自发性模仿。婴儿出生2个月以后，听到周围人的声音，自己也会发出声音来。成人如果注意与婴儿多说话，可以诱发婴儿模仿成人的声音。婴儿发出来的声音不是准确的模仿，他们也不懂声音的意思，但可以引起他们对人的声音的兴趣，从而自发地进行发音练习。

②双向性模仿。当婴儿自发地发出声音时，有经验的成人常常会呼应婴儿发出"哦""唉""啊"等声音，引发婴儿的愉快情绪和发声的积极性。接近2～3岁时，婴儿就要按照成人的要求模仿发音，这时婴儿还不善于协调地使用发音器官，不会运用发音器官的某些部位，或者不能掌握某一些发音方法。例如，舌尖音、舌面音、舌根音，要求发音器官各部位活动较复杂，婴儿就容易发不准 z、c、s、zh、ch、sh、n、l、j、q、x 等音。这时成人可以让婴儿看着成人发音的口型，配上语言的解释，指导婴儿模仿发音。

婴儿学习词句，也是主要依靠模仿的。成人可以指物说出名称。例如，成人指着"灯"反复说"灯"，婴儿跟着学说；成人与婴儿一起活动时，一边走一边说"快走，快走"或"快跑，快跑"，引导婴儿也跟着说。婴儿学习用词和说出句子，主要是在生活中自然模仿的。至于婴儿模仿的成效如何，要看成人是否能适时地给婴儿提供规范的语言样板。

2. 强化

在婴儿学习语言的过程中，强化起很大的作用。婴儿说出来的词、句，得到成人的肯定、表扬，这就是给予婴儿一个正强化，此举不仅让婴儿产生愉快的情绪，而且可以大大增强其学习语言的积极性和自信心。当婴儿说出的语句不正确时，成人最好不要直接否定，以免打击其说话的积极性，最好以正确的词句给予纠正。例如，婴儿不经意地说"××小朋友很肥"，这时成人不要马上批评婴儿说话没礼貌，最好说"××小朋友很胖，是吧"。成人说话的语气要特别加重"胖"字，然后还可再加上一个问句"××小朋友是不是很胖"，启发婴儿说出"××是很胖"。另外，有的婴儿说到某个宠物时会说"××家的猫很胖"。成人可以接着他的话说"对，他家的猫很肥"，在语气上要突出"肥"字。成人这样处理婴儿用词不当的情况，既不伤婴儿说话的积极性，也可很自然地让婴儿知道，用在说人时一定用"胖"，用到动物身上就要用"肥"。

(二)3岁前婴儿语言教育的方式方法

1. 日常生活是婴儿学习语言的基本环境

在日常生活中教婴儿正确发音、学习词汇和表达有很多优越条件。因为在日常生活中，语音、词句都是与一定的事物、动作同时出现的，对婴儿来讲是具体形象的、容易理解和模仿的。日常生活中的语言经常重复，使语音、词句得到自然强化，可以加快获得语言的速度。在日常生活中，婴儿经常要表达自己的需要，但能说出的词很有限，只能用"那个、那个"外加手势来表达。这时成人如能及时反应，问婴儿"是要××吗""是要想干××吗"。这种及时"递词"的方式，能使婴儿每天都获得新词，使他们的词句与日增长。日常生活中的许多细节，都是婴儿学习语言的机会。例如，在穿衣、盥洗、吃饭时，成人可以教他们说出衣服、用具、食物、动作、身体各部分的名称。当然，涉及生活日用品的名称很多，不是婴儿一两天能够掌握的，但只要成人经常说，婴儿耳濡目染，就一定能积累很多的词句。日常生活中成人一般都喜欢教婴儿与别人打招呼，婴儿可以天天练习、重复礼貌用语，成人对婴儿的各种活动要提出不同的要求，这样就可逐步让婴儿听懂各种指令性语言，并按照指令去做。

2. 帮助婴儿扩展词句

婴儿掌握了一定的词后，如何正确运用这些词，将它们组成句子，明确地表达自己的意思，要经过一个很长的过程。缩短这个过程，让婴儿尽快说出正确的句子，成人有意识的帮助起着重要作用。在婴儿处在单词句阶段时，他想要妈妈抱时，他只会说"抱，抱"。这时妈妈最好不要马上把他抱起，最好说"是让妈妈抱吗"。婴儿听懂了，会点头。妈妈把他抱起时，可边抱边说"妈妈抱，妈妈抱"。几次之后，有的婴儿就有可能说出"妈妈抱"，以后还可能迁移到"爸爸抱"。在婴儿开始掌握简单句后，情景性还很明显，句子不完整，要靠表情、手势等帮助表达。成人可以用示范方法，引导婴儿说出较完整的句子，有时也可在重复他们的句子时，给婴儿不完整的句子中添加一两个词，启发婴儿知道如何把话说得更清楚。

3. 创设良好的语言环境

托幼机构要为婴儿提供安静的、有可操作玩具和材料的游戏环境，为不同年龄的婴儿提供各种语言游戏，让婴儿在玩的过程中练习发音，正确说出各种词句。

4. 运用图片、图画书看、讲故事

婴儿早期还不能听懂纯语言的故事，培养他们对听故事、阅读、图画书的兴趣可从 1 岁左右开始。成人可以用色彩鲜艳的图片、图画书引逗他们对书的注意和兴趣，可由一起看图片、讲图片，看《婴儿画报》一类的画册开始，然后可以逐渐给他们看、讲图画书，来增加婴儿的词语。满 3 岁以后，成人再逐渐为他们提供不同程度的、丰富多彩的图书。

5. 重视因材施教

托幼机构要培养 3 岁以前婴儿的语言能力，开展适合教师与婴儿一对一的交流活动，尽量不采取大组活动，以利于教师能根据每个婴儿的情况进行培养。

第二节　1 岁前婴儿的语言教育

一、1 岁前婴儿语言发展的特点

一般人们把婴儿出生到第一个真正意义上的词产生之前，划为前语言阶段。在这一阶段，婴儿的语言知觉、发音能力和对语言的理解能力逐步发生、发展，出现了"咿呀学语"和非语言性的声音与姿态交流现象。

（一）对声音的反应

婴儿学习语言是从对声音做出反应开始的，这个反应要经过一系列的发展过程。最初，婴儿对声音的反应是不敏感的，只有在出现很响亮的声音时，身体才能做出反应，或减少活动，或停止活动。

满 1 个月后，在他们耳边摇铃、敲钟，他们就会出现改变身体运动强度的反应。

满 2 个月后，婴儿对铃声、钟声不仅有身体动作反应，而且还会出现眨眼、微笑等表情，有时会出现对声音的"凝视"，即听到声音后暂停身体的活动，眼睛固定在一个地方看。

3 个月左右时，婴儿对声音的反应出现了目标性，听到声音后，会转头寻找声源。

在众多的声音刺激中，开始时，婴儿只能对它们做出笼统的反应，分不清什么是自然声音，什么是人的语音。

出生 2 周以后，婴儿开始出现对人的语音的偏爱，人的语音比其他声音更容易引起他们的反应。

2 个月左右时，婴儿开始能区别成人讲话的语调。粗暴或愤怒的声音能引起他们的大哭，而对温和的语调，能引起他们的微笑或身体的活动。

五六个月时，他们感受语调的能力明显增长，能听懂一些词，如婴儿因饿了或湿了而哭闹，成人说"来了，来了"或"快啦，快啦"，婴儿就会哭声变小或停止，似乎是听懂了，但这不是对词的理解，而是通过语调对成人表达意思的理解。如果成人讲近似音或同音词，也能收到同样的效果。

(二)对词的理解

七八个月时，婴儿开始能理解词的意思，听到词后用手指相应的物，如指灯、被子、床等。但这时对词义理解非常具体，词只和某个具体物联系，换一个另外的同类东西，就不发生联系，而且对同音词也不能区分，如"猫猫"和"帽帽"就常常弄错。

1 岁的婴儿能听懂的词还是很有限的，大都还是与他们的生活有密切关系的、代表人或物的名词、常出现的动词等，而这些词出现时都要伴随着实物或动作及成人的指示。

二、1 岁前婴儿的语言教育的方法

1 岁前为口语发生期，满 1 岁时婴儿虽然也只能说出个别单词，但近一年的口语练习却能对人的语言发展打下良好基础。成人可侧重在以下三方面进行培养。

(一)创造条件，诱发婴儿发出声音

由于婴儿发音器官的发展有共同规律，世界各国婴儿最初的语音发展也呈现普遍的规律性。

第一阶段(0～4 个月)：单音节阶段。婴儿出生后的啼哭就是发声的开始。开始的哭声一般说没有什么特别的意义。第二个月以后，哭声开始和一定的意义相联系，以哭表示"饿了""湿了"等意思。这一阶段的语音大都是在

成人逗引时，婴儿在吃饱、睡好、情绪良好的状态下发出的，其中绝大多数是单音节，如"ā(阿)""é(鹅)"等。

第二阶段(4～10个月)：多音节阶段。这一阶段婴儿语音的发展表现为双音节和多音节音的大量增加。5～6个月以后，婴儿会逐渐发出双音节的音：mā—mā(妈)、dà—dà(大)等。6～10个月时，婴儿进入典型的咿呀学语阶段，发出多音节的音明显增多。

第三阶段(11～12个月)：学话萌芽阶段。这一时期婴儿已能正确地模仿成人的语音。这种模仿不仅在音色上极为接近，而且在声调上也极为相似，有时还能出现迁移现象。例如，妈妈说"饼干没啦"，婴儿会模仿尾音说"啦"或"没"，以后再说别的什么东西没啦，婴儿很快就会说出"没"。这一现象说明婴儿的语音已能和某些特定的事物联系在一起，产生了最初的词语。

在婴儿第一年的前几个月，用哭声表达自己的需要、情绪的时候很多。这时的哭声，可以说是一种自发的发声练习。这时成人不要怕婴儿哭，如果婴儿一哭就喂，一哭就抱，就等于剥夺了婴儿练习发声和呼吸配合的机会，因为婴儿哭时，吸气短，呼气长，正好和说话时的呼吸状况相同。当然，过多的啼哭也不好，不能将婴儿身体不适的哭声也置之不顾。为了诱发婴儿自动发声，成人要注意创造条件，使婴儿保持良好的情绪。让婴儿吃好、睡好、无病；在婴儿周围挂一些彩色饰物、发响玩具；用亲切、爱抚的言语逗引婴儿，引起其对声音的注意和发出声音；经常为婴儿播放优美动听的音乐，以发展他们的言语听觉和方位听觉。

婴儿在自发的发声时期，还没条件模仿成人说话，但可以听和看着成人说话。成人如能注意用丰富的面部表情，富有变化的语调，对着婴儿说话，让他们看清说话的口形和嘴的动作，使语言视觉和语言听觉协调起来，加深对语音和语调的感受，这些对他们以后学习说话是很有好处的。成人应不管婴儿对你说的话有无反应，都要抓住一切机会和婴儿说话，为婴儿创造好的语言环境，诱发婴儿发出各种声音。

1. 动作伴随语言

成人在照顾婴儿生活时，最好是边做边说。例如，起床时，成人边换尿布边说"毛毛湿了，换换就舒服了"。成人可用手顶着婴儿脚心说"蹬蹬，蹬蹬，毛毛真有劲儿噢"。喂奶时，成人可先给婴儿看看奶瓶，或把奶瓶往脸上贴贴说"毛毛饿了，该吃奶了"。这样边做边说，不仅能创造一个良好气氛，而且能通过多次重复，让婴儿自然地把话与相应的物建立联系。

2. 用语言指导婴儿的行动

婴儿近 1 岁时已能听懂一些话，成人就要注意多发挥语言的作用。例如，给婴儿穿衣服时，成人拿着衣领说"伸胳膊"。开始，婴儿可能无反应，这时成人可以边说边将婴儿的胳膊送入袖中，重复几次后，语言就能起到"指挥"的作用了。做其他的事情，均可如此，成人不要总是不声不响地用动作代替一切，让婴儿被动地受成人摆布。

(二)教婴儿说话与认识周围事物同步进行

1 岁前的婴儿已经开始接触很多生活用品和玩具，在他们吃饭、洗澡、玩耍、外出时，成人应有意识地告诉他们一些常见物品的名称，让语音与物建立固定的联系，为以后理解词、说出词打下基础。在日常生活中，成人还应注意让婴儿认识自己名字。当然，1 岁以内的婴儿能确认自己名字的还不多，但成人还是应该坚持叫他的名字，引起他对这个固定词的注意。

在有意识的培养下，1 岁前婴儿语言的发展应是以下的顺序和水平：

①听到声音后，减少或停止身体运动——听到声音，朝着发出声音的地方转动头和眼睛；

②用哭或其他面部表情，与成人的语言应答——发出声音，或自言自语，或对着人或物"说话"；

③模仿某些易发的唇音(爸、妈)；

④用声音表示自己的要求和需要(让大人抱，要某个东西)；

⑤用手势和表情对成人的指示做出反应(拍拍手、再见)；

⑥知道一些物品和玩具的名称，知道自己的名字。

第三节　1～3 岁婴儿的语言教育

一、1～3 岁婴儿语言发展的特点

1～3 岁是人的一生中语言发展最快的阶段，他们从发出一些无意义的连续音节、少数的模仿音，开始说出有意义的词，用简单句表达自己的意思，到掌握部分复合句。从此，婴儿就可以比较自如地和周围人们交往了。

1～3岁婴儿的言语发展，大致可以分为以下几个阶段。

(一)单词句阶段(1～1.5岁)

一个句子只有一个词称单词句，如婴儿说"妈妈"。这时"妈妈"这个词常常反映多种意思，有可能是让妈妈抱，也可能要吃什么东西，还可能要一个东西玩等。这时婴儿说出的词并不单独地和词所代表的对象发生联系，而是和包括这个对象在内的一种情境相联系。所以单词句阶段的词所表达的意思是不精确的，成人常常需要把婴儿说话时附加的手势、表情、体态等作为参考因素，确定婴儿说话的意思。

1. 语音能力方面

婴儿模仿发出听到的音的积极性明显提高，常常自发地模仿听到的音。这个阶段婴儿模仿音的特点是：连续的音节增多，如 a—ba—ba—ba—ba—；近似词的音节也增多，如 bo—bu；无意义的音节逐渐减少；不完整地模仿词音，如成人说"小汽车"，婴儿只说"车"或者"车——车"。这种现象与婴儿的语言听觉与语言动觉之间尚未能协调活动有关。

2. 词汇能力方面

以音代物是1岁半以前婴儿说出词汇的一个明显特点，即常常以物体发出的形象的声音来代替物体的名称，如管汽车叫"笛笛"，管猫叫"喵喵"，或者以某种声音代表人的某种活动，如用"嘘嘘"声代表小便，以"哈哈"声代表大哭。这种声音固然与成人常对婴儿以声代物有关，但成人在交替使用声音或词对婴儿说话时，他们能记住和使用的仍然是声音。这是因为声音是物体或活动的鲜明特征，容易被婴儿记住。

1岁之前，消极词汇(能理解但不会运用的词)迅速增加，婴儿"理解词"的能力发展比较迅速。满1岁时，婴儿已经可以理解几十个词。它们涉及反映日常生活用品、食品、服装等名词，常用动词(走、跑、坐、躺)，与日常生活关系密切的形容词(快、慢、冷、热、烫)。他们的理解大都体现在能根据成人的指示行动。例如，婴儿要去碰热度高的东西，成人说"烫"，婴儿马上缩回手。

1.5岁左右，婴儿的积极词汇(既理解又会用的词)明显增多，能说出的大部分是名词，其次是动词以及个别的形容词。但这个阶段说出的词有三个明显特点：

一是以词代句，即明显的单词句特点；

二是一词多义，说出一个词常常不只代表一种对象，如婴儿可用"毛毛"（或猫猫）代表所有带毛的动物或毛皮做的东西；

三是词的泛指性，即用一个词代表许多事物，如婴儿常用"妈妈、爸爸"去称呼周围所有的人，用"饼饼"称呼所有的食品。

对这个年龄阶段婴儿的语言，只有最熟悉他的人结合当时的情景才能理解，与婴儿生疏的人理解单词句会像猜谜语一样费解。

(二)简单句阶段(1.5～2 岁)

1.5 岁以后的婴儿会逐渐用简单句表达自己的意思，每一个词开始代表一个明确的事物或动作，因而表达的意思远比单词句表达的意思清楚。但是每个句子都比较短小，大部分在 5 个字以内。婴儿说话的积极性显著提高。

这个阶段的婴儿对唇音、舌面音的掌握已经较好。但由于语言听觉和语言动觉的协同活动还比较差，有一些音还发不好，如常常把舌根音中的"哥哥"说成"得得"。大部分婴儿还发不好舌尖音，不是发错音就是"zh、ch、sh"和"z、c、s"互相代替，如把"橘子"说成"橘至"，把"知道"说成"基道"，把"西红柿"说成"西红细"等。

这个阶段婴儿的词汇量迅速增加，由掌握几十个词，发展到掌握 300 多个词。能使用词的种类中，近 70% 的词仍然是名词，其他各类词中，如动词、形容词、数词、代词、副词、叹词等，虽占比例尚小，但都开始出现在婴儿的话语当中了。

这个阶段的婴儿进入了真正掌握词的阶段，它的标志就是婴儿初步理解词所特有的功能，已经可以脱离情景，准确地把词与物体或动作联系起来。例如，令婴儿把玩具狗拿来，他就能把"狗"从一堆东西中挑出来，而不会再把毛茸茸的东西误认为"狗"。达到这种水平，就说明词的称谓功能开始形成了。

随着婴儿对词义理解的加深，词的概括性也逐渐形成。例如，婴儿已经由只对穿红衣服的娃娃叫娃娃的水平，过渡到能对穿不同衣服的娃娃都叫娃娃的新水平。"娃娃"一词就由具体变为概括了。依此类推，婴儿渐渐就不再受物体的非本质特征（如颜色）干扰，知道不同颜色的苹果都叫苹果，不同颜色的兔子都叫兔子等。

词对婴儿心理活动和行为的调节作用也日益明显，婴儿逐渐能按照成人的语言指示去支配和调节自己的行动。成人可以用语言令婴儿到什么地方把什么东西拿来，什么东西不能动，要求婴儿动作快点或慢点等。

1.5~2 岁的婴儿说话处于多种句式并存的阶段。常用的句子大致比例是：单词句占 1/3，简单句占一半以上，复合句不及 1/10。他们使用句子的特点是短句多，每句话大都在 5 个字以下。

他们使用的简单句多为最简单的主谓句——"爸爸上班""爷爷抱抱"；谓宾句——"吃饭了""不要牛奶"；主谓宾句——"这是小汽车""红红吃这个"。2 岁左右的婴儿开始使用少量的复合句，这些复合句多是属于最简单的、只由两个短句组成的，中间没有连接词。

(三)复合句发展阶段(2~3 岁)

1. 语音能力方面

由于发音器官发育逐渐成熟，婴儿在发音方面的困难也日渐减少。唇音已经基本没有问题，凡是需要舌头参与的音(舌尖、舌面、舌根等音)，还存在不同程度的困难，尤以舌尖音突出。婴儿能正确发出这些较复杂的音要在满 3 岁以后。

2. 词汇能力方面

2~3 岁是婴儿词汇量迅速增长的时期，此时婴儿一年当中可由掌握 300 个词，增到 800~1000 个词。词的种类和每类词所含的内容扩大了许多，词的泛化现象明显减少，婴儿对词义的理解也日益接近成人用词的含义。并且，婴儿对词的概括程度进一步提高，已能把有些词(如树、花等)理解为代表一类事物的词，除能叫出自己家里附近的树和花以外，在外面已能主动说出它们熟悉的树和花的名字。

3. 口语表达能力方面

婴儿开始能用比较完整的句子与人交往，表达个人的要求和愿望。他们所使用的句子中，陈述句占绝大多数。经常出现的复合句已占总句数的 1/3 以上，但仍然是省略连词的简单句的组合。句子的含词量已达 6~7 个字。这个阶段的婴儿，虽然在使用句子方面有明显进步，但表达水平是不高的，仍处在情境语言阶段，说话时多用些不连贯的短句，辅以手势、动作和面部表情。对于这种情景性语言，不熟悉情况的人是难以理解的。另外，这时婴儿的语言表达形式主要是对话语言，尚不能独立叙述一件事情的过程，但已开始能独立地叙述一些自己高兴的事或家里的事。这些叙述对于不知情的人来讲，有时不能完全被理解。

2 岁以后，婴儿逐渐喜欢听故事，能理解简单故事的情节，而且一个故事可以听许多遍，喜欢朗诵短小儿歌。婴儿新的兴趣和爱好为他们学习知识，练习清楚地说话，都提供了极为有利的条件。

二、1～3 岁婴儿语言教育的内容、方法、途径

(一)发展婴儿的听力

良好的听力与良好的听觉习惯是语言发展的重要条件。如果训练好婴儿的听觉，那么他们的听力可以是成人的数倍。训练的方法可以灵活多样，例如：

有意识地制造一些声音，如开门声、关门声、某种东西掉在地上的声音，然后，让婴儿说出听到的是什么声音；

用录音带录下日常生活中的一些声音，如汽车声、水声、撕纸声、切菜声、某个熟悉的人说话声……让婴儿听过这些声音后，分辨它们；

让婴儿闭上眼睛，成人在一个角落摇铃或拍手，让他们指出声音来自何方；

让婴儿听音乐拍手，音乐声音大重拍，声音小轻拍，让他们分辨出声音的变化；

教婴儿唱歌。

(二)随时随地指导婴儿的语言

日常生活是婴儿学习语言的基本环境。在这个环境中丰富词汇、发展口语有很多优越条件。

在日常生活中，婴儿接触到的词句都是与具体的事物、动作同时出现的，即物、动作——词、句，总是同时作用于他们的视觉和听觉的，形象具体，便于建立音—义之间的联系，易于婴儿理解和掌握。

日常生活中的语言多是常用的，反复出现的，易于加深婴儿的印象和理解。因为所有的词、句都不是听一听、讲一讲就能使婴儿掌握的，而要经过反复出现、多次运用之后，婴儿才能真正理解词义，做到正确使用。成人应善于抓住时机对婴儿进行语言培养。例如：

在穿衣时，教婴儿正确叫出各种衣服的名称；

在盥洗时，教婴儿叫出盥洗用具、盥洗动作、面部或身体各部分的名称；

在吃饭时，教婴儿叫出餐具、食品的名称；

在散步时，主动向婴儿介绍所见到的、能理解的事物，同时丰富有关词句。

在日常生活中，成人最容易发现婴儿说话中的问题，如发音不准、用词不当、口吃或其他语病。成人发现以上任何问题，都要通过示范予以及时纠正，否则婴儿养成不良的语言习惯后再予以纠正，就会事倍功半了。

(三)在游戏中练习说话

游戏是婴儿喜爱的活动，它的活动性和广泛性的特点符合婴儿的兴趣，可以比较容易地把他们吸引到学习活动中来。通过游戏练习词语的运用，目的和要求都是在"玩"的过程中完成的。婴儿为了达到游戏的目的而克服困难，遵守规则，从而获得练习。另外，游戏还可以为胆怯和寡言的婴儿提供练习的机会。

通过游戏练习说话，成人可以在婴儿自由玩耍时，询问他们在玩什么东西(说出物体的名称)，在做什么事情(说出自己的动作或活动内容)。

成人有时也可以扮演游戏中的一个角色和婴儿对话。例如，玩"过家家"时，成人可扮成"家中"的小孩，向当"妈妈""爸爸"的人，要吃、要喝、要玩具，让其在用语言处理"孩子"的要求过程中练习说话。

成人亦可以用专门的游戏，让婴儿练习发音、用词。

1. 练习听力的游戏

良好的听力是清晰发音的前提，发展听觉的灵敏性就是发展辨音能力。练习听力的游戏，主要是发展婴儿分辨各种大小、强弱等不同性质的声音的能力，发展听觉的注意力。

案例

猜猜，是谁在学哪种动物叫

目的：

训练婴儿能准确区分熟人的声音和一些动物的叫声。

游戏方法和规则：

在托儿所班上进行时，全班婴儿都闭上眼睛，教师指定一个婴儿学一种叫声，如公鸡、小鸡、猫、狗等的叫声，让听的婴儿说出谁在学哪种动物叫。

2. 练习发音的游戏

练习发音游戏的内容、规则、过程要根据婴儿发音的特点来确定。2 岁以下的婴儿适合在日常生活中纠正发音，运用游戏形式适合 2 岁以后的婴儿。成人选编这类游戏时，要注意游戏的内容要尽量简单，不要把几个难发的音同时组织到一个游戏之中。游戏要有趣味性，让婴儿在玩的过程中自然地练习发音。

为使婴儿有模仿的榜样，成人不能仅仅是个游戏的组织者，而且应该是游戏的参加者，以正确的发音给婴儿示范。在家庭中当然是婴儿个别练习；在托儿所，教师除注意全班婴儿练习外，更应着重于个别婴儿的单独练习。教师必须注意倾听每个婴儿的发音，发现错误要正确地示范并予以纠正。

案例

看图发音

目的：

要求婴儿根据图片（或实物）上的物体形象特征，发出相应的声音。

游戏方法和规则：

托儿所教师可用图片进行。游戏前教师发给每个婴儿一张图片，上面画有不同物体，如交通工具、家畜、家禽、音乐玩具等。游戏进行时，教师说出某一物体的名称，持有相同物体图片的婴儿就要模仿该物体的叫声（或能发出的声音）。例如，教师说"小鸡"，持有小鸡图片的婴儿就要学小鸡"叽叽叽"的叫声。在家庭中，家长可在见到交通工具或看到图画读物上的动物时，指图让婴儿练习发声。

送南瓜

目的：

教幼儿练习发"n""l"音。

游戏方法和规则：

托儿所教师可用纸浆做几个南瓜（小卡片上画南瓜亦可），请两三个婴儿手提小篮子，全班婴儿沿圆圈边走边念："小篮子，手中拿，我给奶奶送南瓜。"念完后站在一个婴儿面前，将篮子交给对方，交换位置坐下。后者接过篮子继续送南瓜。

3. 练习用词的游戏

教师在选择或自编练习用词游戏时，先要确定游戏要丰富和巩固哪些词，然后要考虑这些内容如何在游戏规则中体现，因为游戏规则是完成内容的保证。在游戏进行中，教师要以极大的兴趣，把婴儿吸引到游戏中来，同时要严格要求婴儿遵守游戏规则，以使婴儿获得正确的练习。

案例

开玩具店

目的：

说出物体的名称和颜色。

游戏方法和规则：

托儿所教师当售货员，请婴儿依次来买东西，买时要说出玩具的名称和颜色，说对了才能卖给他。

到娃娃家做客

目的：

学习礼貌用语——"请""谢谢"。

游戏方法和规则：

用桌、椅布置成娃娃家。娃娃是主人（由教师扮演），请几个婴儿戴上猫、小鸡、小鸭、小狗的头饰扮客人。先请一个客人来敲门，娃娃问："谁呀？"客人先模仿自己扮演的小动物的叫声，如"喵喵"，再说："是我。"娃娃边做开门动作，边说："啊！小猫来了，请进来吧，你好啊！"小猫回答："娃娃你好！"娃娃说："请坐。"小猫说："谢谢。"娃娃端来一杯水说："请喝杯水吧！"小猫说："谢谢！"客人到齐后，客人一起说："我们要回家啦！再见吧！"娃娃说："再见。"然后调换客人，游戏重新开始，如果有条件，也可请婴儿做主人。

(四)运用儿歌、故事发展婴儿的语言

儿歌、故事一类儿童文学作品，用的是经过作家提炼加工的语言，具有生动、形象、富有节奏感等特点，易于婴儿理解和接受。文学作品的生动情节和语言的音乐美，还能引起婴儿的愉快情绪，有利于向婴儿进行品德、知识教育，发展语言表达能力。

利用文学作品发展婴儿的语言可以在他们未学会说话以前开始，成人先让他们多听，逐渐再让他们跟着模仿。

案例

适用于1～1.5岁婴儿水平的作品

《小猫叫》：

小猫叫，喵喵喵。

《小鸭叫》：

小鸭叫，呷呷呷。

《小手绢》：

小手绢，擦鼻涕，天天带在口袋里。

《睡觉》：

小朋友，要睡觉，小眼睛，紧闭好。

《谢谢大象》：

小鹿来找大象，大象说："小鹿，你身上这么脏，我给你洗个澡吧!"小鹿高高兴兴地说："好。"

大象把长长的鼻子伸进水池里，吸了许多水喷出来，真像个大喷壶，把小鹿身上洗得干干净净。小鹿说："谢谢大象，您给我洗了个澡。"大象说："不用谢，以后要讲卫生。"小鹿说："我记住了。"说完它高高兴兴地玩去了。

案例

适用于1.5～2岁婴儿水平的作品

《托儿所朋友多》：

托儿所朋友多，唱歌跳舞真快乐。

《小白兔》：

小白兔，白又白，两只耳朵竖起来，爱吃萝卜、爱吃菜，蹦蹦跳跳真可爱。

《木摇马》：

托儿所的院里，有一匹红色的木摇马，大家都喜欢骑着它玩。

刚刚和亮亮两个小朋友都来到摇马前面，都想骑着它玩，但只有一匹木摇马，怎么办呢? 刚刚说："你先玩吧!"亮亮说："你先玩吧!"刚刚说："等你玩完了，我再玩。"亮亮说："你真好，谢谢你！"刚刚说："不用谢。"亮亮玩了一会儿让给刚刚玩。他们一人骑一会儿，换着玩，可高兴了。

案例

适用于 2～2.5 岁婴儿水平的作品

《多吃青菜长得快》：

红萝卜，大白菜，多吃菜，长得快。

《排排坐分果果》：

排排坐，分果果，你一个，他一个，大的给别人，小的留给我。

《大马路》：

大马路，宽又宽，民警叔叔站中间，汽车卡车笛笛叫，小朋友走路靠两边。

《大家在一起》：

山下的一间木房子里，住着一只大羊和许多小羊。大羊对小羊们说："今天天气好，我带你们去玩玩，去吃青草吧！"小羊们高兴得叫个不停。这时大羊又说："你们吃草的时候要在一起，不要乱跑，跑丢了就会被大灰狼吃掉的。"说完大羊就带小羊们上山吃草去了。

小羊们边吃青草边玩，大家在一起很高兴。有一只小黑羊玩得太高兴了，忘记了大羊的话，离开了大家，自己玩起来，走到很远很远的地方。过了一会儿大羊喊："小羊们，吃饱该回家了！"听到大羊的声音，小羊们都跑了过来，大羊一只、两只……数起来。哎！少了小黑羊！大家到处找小黑羊，东找找，西找找，都没有找到小黑羊。

跑丢了的小黑羊找不到大羊和小羊很着急，突然从大树洞里钻出一只大灰狼，小黑羊连忙躲到树旁的山洞里，吓得不敢动了。等大灰狼走远了，它才出来"咩咩"地叫起来，一边走一边找大羊和小羊们。

大羊和小羊们也在找小黑羊，听到小黑羊的叫声，才顺着声音找到了小黑羊。

小黑羊看到了大羊和小羊们，又高兴又难过。大羊对小黑羊说："别难过了，以后再也不能随便乱走了，要和大家在一起。"小黑羊点点头说："我错了，刚才我离开大家，差一点被大灰狼吃掉，以后我一定不乱走了，要和大家在一起。"

案例

适用于 2.5～3 岁婴儿水平的作品

《洗手》：

哗哗流水清又清，洗洗小手讲卫生，大家伸手比一比，看看谁的最干净。

《小树苗》：

小树苗，刚种好，我们提水把它浇，不摘树叶不去摇，树苗才能长得高。

《大皮球》：

大皮球，真叫好，拍一拍，跳一跳，用手滚滚球，红的绿的都会跑。

《雪花》：

一片、两片、三片……一片片的白花花从天上飘下来。

白花花飘呀，飘呀，不一会儿工夫，大树枝上，屋顶上，大地上，都盖上了一层白色。

小黄狗从屋子里出来，点点头说："汪汪汪，下糖啦，下糖啦，大家快来看呀！"

小花猫从屋子里出来，摇了摇尾巴说："喵喵喵，下盐啦，下盐啦，大家快来看呀！"

小黄狗说："汪汪汪，不是盐，是糖！"

小花猫说："喵喵喵，不是糖，是盐！"

说着说着，小花猫和小黄狗就"喵喵喵""汪汪汪"地争吵起来了。小花猫说是盐，小黄狗说是糖。

老母鸡听见了，就一步一步地走着来，拍拍翅膀说："咕咕咕，你说是盐，他说是糖，是盐？是糖？让我尝一尝。"

老母鸡说着，就用嘴一啄一啄，从地上啄起了些白花花尝一尝，睁圆了眼睛，伸了伸脖子说："不是盐，不是糖，不甜也不咸，吃在嘴里冰冰凉！"

这时候，一个小男孩和一个小女孩从屋里走出来，他们都穿着棉衣，戴着绒帽子，穿着棉鞋，手拉手地跑到院子里，乐呵呵地对小黄狗、小花猫和老母鸡说："雪下得这么厚了，我们大家来堆雪人呀。"

＊＊＊＊＊＊＊＊＊＊＊＊＊＊＊＊＊＊＊＊＊＊＊＊＊＊＊＊＊＊＊＊＊＊＊

本章小结

　　3 岁前是人的一生中学习语言最迅速、最关键的时期。每个年龄阶段语言培养的重点内容是：1 岁之前，是语言发生的准备阶段，重点是听力的训练；1～1.5 岁为单词句阶段，重点是给婴儿丰富的词，助其理解词义；1.5～2 岁为简单句阶段，重点是引导婴儿学说完整的话；2～3 岁是复合句发展的初级阶段，重点是培养婴儿能用基本完整的句子，表达自己的意思的能力。

　　发展 3 岁前婴儿的语言能力适合个别施教。培养的主要途径是在日常生活中成人与婴儿的自由交谈。游戏和利用文学作品施教是辅助手段。

思考题

　　1. 发展婴儿语言能力的过程对教养者的语言要求有哪些？

　　2. 为什么婴儿阶段的语言培养适合个别施教？

第三章　幼儿口语表达能力培养的途径

幼儿语言教育的核心内容是掌握与提高口语表达能力，这是幼儿阶段重中之重的教育任务。让幼儿学习与掌握口语表达能力，可为其终身的学习、社会交往、工作打下基础。培养口语表达能力主要通过两条途径：一是在日常生活、游戏中自然进行，二是教师通过有目的、有计划的各种教育活动培养。后者为本章的重点内容，主要阐述教育活动的类型、方法、活动的设计与组织，以期促进幼儿的口语表达能力能获得较完善的发展。

第一节　日常生活中的语言教育

一、日常生活中发展幼儿的语言

(一)日常生活是幼儿学习语言的基本环境

《幼儿园教育指导纲要(试行)》提出："创造一个自由、宽松的语言交往环境，支持、鼓励、吸引幼儿与教师、同伴或其他人交谈，体验语言交流的乐趣，学习使用适当的、礼貌的语言交往。"《3－6岁儿童学习与发展指南》提出："幼儿的语言能力是在交流和运用的过程中发展起来的。应为儿童创设自由、宽松的语言交往环境，鼓励和支持幼儿与成人、同伴交流，让幼儿想说、敢说、喜欢说并能得到积极回应。"两个指导性文件提出的中心意思都是提倡幼儿园的教师应重视通过日常生活中的自由交谈来发展幼儿的语言。

日常生活中，丰富幼儿的词汇，发展幼儿对话语言等，有很多优越条件。

1. 形象、自然

在日常生活中，作用于幼儿的词句都是与一定的事物、动作同时出现的，即物、动作、词总是同时作用于幼儿的视觉和听觉，所以词对幼儿来讲是具体的，是易于理解的。

2. 多次重复

日常生活中的语言多是常用的，经常重复的，易于加深幼儿的印象和理解。因为所有的词都不是讲一讲，或结合观察去听一听就能被幼儿掌握的，而要经过反复出现、多次运用之后，幼儿才能真正理解词义，正确使用。

3. 幼儿有学习语言的要求

在日常生活中，幼儿经常接触到一些新鲜有趣的事物，这些事物能引起他们的求知欲，他们迫切地想知道它们是什么，有什么用处，从哪儿来的。在日常交谈中，中、大班的幼儿经常会对周围的事物、现象提出很多"为什么"。对幼儿自发产生的问题，教师在解答的同时，也可给幼儿提出为什么，引导幼儿去寻找答案，让他们通过比较、分析、综合去做出结论。这不仅对扩大幼儿的知识领域，丰富他们相应的词句，发展幼儿的智力有积极作用，而且，在有需要时，幼儿能较容易地把学到的语言运用到生活中去。

日常生活的各个环节是教师与幼儿密切接触的时间，教师应善于抓住时机丰富幼儿的词汇。例如，在穿衣时，教师可以教幼儿正确叫出衣服和衣服各部分的名称；在盥洗时，教师可以教幼儿掌握盥洗用具、盥洗动作、面部或身体各部分的名称；在吃饭时，教师可以教幼儿叫出餐具、主食、副食的名称等。

日常生活中教师与幼儿必然有许多语言交往。幼儿可以学习、运用礼貌用语；听懂教师的各种指令性语言，并按照指令去做；学说请求和表示自己愿望的语言；学习正确回答教师或同伴提出的问题。

在散步时，教师主动向幼儿介绍所见到的各种社会事物和自然现象，同时丰富相应的新词(事物或活动的名称、用途)，有时还可以结合实际情况教幼儿一些新的形容词。例如，有的教师带领幼儿在雨后的路上走时说："这泥泞的路真难走。"幼儿就很形象地体会了"泥泞"是什么意思了。在回来的路上，有的幼儿说："老师，我们又走这'泥泞'的路了!"他们很自然地把新词用到自己的语言中去了。又如，有的教师在散步的路上碰到一片丛木，就令一幼儿站到丛木后面去，当其他幼儿说看不到他时，教师就介绍了"茂密"一词。教师又让幼儿站在一棵大杨树下看天，问幼儿："你们看到天了吗?"幼儿说："只能看到一点点天。"教师问为什么只能看到一点点天? 幼儿很快说出："因为杨树叶子太'茂密'了。"

日常生活中教师与幼儿之间、幼儿与幼儿之间的自由交谈带有极大的情境性和感情色彩。交谈者相互了解，不仅借助有声语言，而且要借助各种富有表情的方式(手势、眼神、面部表情、语调等)。交谈的内容大都是交谈者共同了解的，其中心可以随时转移，可以在任何情况下开始或结束，不受时间、地点的限制。教师可与一个或几个幼儿谈话，而幼儿可以随意参加或退出谈话。由于日常生活中的谈话比较随意，所以它容易吸引幼儿，是发展幼儿口语的好形式。

(二)日常生活中的语言教育，有利于因材施教

教师在日常生活中与单个或少数幼儿谈话，不仅可以了解本班幼儿语言发展的一般状况，而且可以比较具体地掌握每个幼儿语言发展的水平。教师就可以针对幼儿的不同情况，有意识地进行个别指导。

教师单个地与幼儿进行谈话，有利于幼儿模仿，对他们学习语音、新词、句式都有益处。对幼儿口语中的错误，教师能及时发现，及时纠正。教师如能重视日常生活中与每个幼儿谈话，可以增加很多指导幼儿练习口语的机会，可以加快幼儿掌握口语的速度。

在日常生活的交谈中，幼儿无拘无束，教师可以直接听到幼儿对一些事物的看法、态度，了解他们怎样处理彼此之间的关系。教师掌握这些情况，可有针对性地、及时地、具体地对个别幼儿进行教育。这对幼儿形成对事物的正确态度，掌握正确的行为标准，都能收到较好的效果。

总之，日常生活中的谈话是幼儿练习说话的好形式，有利于提高幼儿的讲话能力，有利于教师因材施教。所以教师应利用一切机会多和幼儿个别谈话，特别是对那些沉默寡言或在集体活动中不爱说话的幼儿，更要多和他们个别交谈。

(三)在日常生活中发展幼儿的语言应注意的要点

教师要对日常生活中与幼儿的交谈持有正确的态度，不能把这种谈话的不拘形式的特点误认为可谈可不谈，或认为与幼儿谈话是很麻烦的事，乃至忽视幼儿谈话的要求和愿望。

幼儿虽然是自由参加日常生活中的谈话，但不等于教师全是即席与幼儿谈话的。教师欲使这种形式的谈话成为发展幼儿语言的一种手段，也需要有意识地进行。例如，什么时候和哪个幼儿交谈，谈些什么，教师事先要有所考虑。

在幼儿园的一日生活中，早晨来园，下午游戏、散步、离园及寄宿制幼儿园的晚饭后，教师都有机会去接触个别幼儿。因此，教师应善于利用这些零散时间，从幼儿的不同喜爱、经历引起幼儿交谈的兴趣。教师对幼儿的谈话要有兴趣，使幼儿因有人愿和自己交谈，听自己说话而感到愉快，从而增加谈话的兴趣和信心。

在日常生活中，谈话虽然是一种随意的交谈，但在方法上也要符合幼儿不同年龄阶段的特点。

1. 小班

刚刚入园的幼儿，由于环境的变化，对周围的人和事都感到陌生，容易产生情绪不安，甚至变得沉默寡言。这时，教师应善于和他们亲近，爱抚他们，以和蔼的态度、亲切的话语跟他们说话，使幼儿在感情上得到满足，消除陌生感、胆怯情绪，对新的环境、教师和同伴产生兴趣。这时幼儿也会逐渐产生说话的愿望。教师应抓住时机，培养他们说话的兴趣，使他们有话愿意说。

开始，教师可以利用一些能引起幼儿兴趣和语言反应的物品，如用会发出声音、会动的玩具，色彩鲜艳的图片，自然角的动植物等引出话题。谈话的方式适合个别交谈，待幼儿熟悉了新环境和集体生活后，再几个人一起交谈。内容也应从有关个人方面的事情谈起，如"你家里有些什么玩具？有些什么图画书？"逐步再转到谈些社会见闻，如"你在大街上都见到过什么车？星期日到什么地方去玩了，看见了什么？"

小班幼儿集体活动少，自由活动时间较多，教师在一日生活的各个环节中要尽量多和幼儿交谈。例如，教师每天最少能和两三名幼儿交谈，利用来园和离园时间和每个幼儿说几句话，教给幼儿学说"您早、再见、谢谢、请"等礼貌用语；教幼儿学一些常用的形容词和数量词，一些正确相处的常用语言，如怎样向别人提出要求，请求别人的帮助，表示感谢，表示歉意等语句；游戏时间，参加到幼儿活动中去，启发他们在游戏活动中彼此交谈，在幼儿不知如何运用语言表达愿望时，给他们示范如何说，然后让幼儿自然模仿。

2. 中、大班

中、大班幼儿谈话积极性已明显提高，他们不仅能主动地与教师交谈，而且也能主动地与同伴交谈，谈话的内容也比小班广泛。但中班仍应以谈他们直接经历过的事情为主，大班则可在谈论自己经历过的事情的基础上谈论他们没有直接看到的事情。例如，教师与幼儿一起谈论某本图画书、某部动画片，听幼儿讲他听来的故事等。

在一日生活中，教师要为幼儿多创造一些自由交谈的条件，不应过多地限制幼儿讲话，在集体活动以外的时间，只要不是大声喧哗、吵闹，在不影响进餐和睡眠的情况下，应该允许幼儿之间有更多的机会自由交谈。教师对幼儿交谈的内容要予以注意和引导，特别要注意和珍视幼儿之间的争论，因为争论对幼儿的语言和思维有积极作用。幼儿为了使别人信服自己所说的内容，就要努力引证使别人信服的"论据"，努力把意思说得清楚、明确，只有当争论变成争吵时，教师才有必要参与进去。

教师对中、大班幼儿谈话时的语言要求应逐步提高，不仅要启发幼儿把学过的词用到自己的语言表达中去，而且要注意幼儿所使用的句子是否完整，运用复合句时，能否正确使用连接词或关联词。因为中、大班幼儿谈话积极性比小班要高得多，所以在谈话中教师就要提醒他们不应打断别人的谈话，有话要等别人讲完后再说。

第二节　幼儿口语表达能力的教育活动

一、语言教育活动的特点

日常生活、游戏、娱乐活动、散步等虽然都能对幼儿的语言发展产生重要影响，但是集体教养机构——幼儿园，还需要有专门的方式方法，有目的、有计划地发展幼儿的语言，以促进幼儿掌握规范的普通话，不断提高幼儿的口语表达能力。本节所要阐述的是运用专门的方式发展幼儿语言的形式和方法。

语言教育活动是以促进幼儿语言发展为目的的活动。它与其他教育活动相比，既有共性，又有个性。

(一)共性

①活动有明确的目标，每个主题或每次的教育活动要根据目标来确定内容和活动方式。

②活动的主体是幼儿。在活动过程中，教师要创造条件让幼儿充分动脑、动手、动口，使幼儿处于最佳的活动状态，充分发挥幼儿的主动性。

③注重个体差异，因材施教。教育活动的形式应是集体、分组、个人活动交替进行，以促进每个幼儿在不同水平上的发展。

④活动形式多样化，即从教育目标出发，交替采用各种活动形式，把教育活动组织得丰富多彩，以利于幼儿在生动活泼的教育环境中健康成长。

(二)个性

①语言教育活动是让幼儿学习、操作一套语言符号系统，活动的内容及操作方式均与数学、音乐、美术等活动有明显的区别。

②语言教育活动要与幼儿的认识活动相结合。这是由词的指物性与概括性的特点决定的，因为幼儿只有认识了具体事物，才能掌握代表具体事物的符号——词。语言教育活动的最终目标是发展幼儿的口语表达能力，为入学学习书面语打好基础。

二、语言教育活动常用的方法

教学方法是保证幼儿获得知识、技能、技巧的方法，是教师指导幼儿学习的方法。幼儿园语言教育活动常用的方法有以下几种。

(一)直观法

直观性是对幼儿进行语言教育的重要原则。幼儿是在认识活动的过程中学习新的词句的，这是由幼儿思维的具体形象性和词本身的概括性特点决定的。即幼儿是在通过听觉、视觉、触觉等感知客观物体的特征、性质的基础上，使词和词所代表的客观事物同时作用于自身的。这使教育活动进行得生动活泼，可以激发幼儿学习的兴趣，帮助幼儿理解和记忆词义。通过词的解释掌握新词，是幼儿掌握词的辅助手段。而词的解释只有在幼儿头脑中能引起已感知过的形象时，才能为幼儿所理解。

直接观察是幼儿认识事物的重要途径，也是幼儿词汇的重要来源。但是幼儿还不能自动对所看见的一切事物、现象形成明确的概念，因为幼儿还不具备分辨事物及现象的本质与非本质的能力。幼儿需要在成人指导下进行观察，才能形成正确的概念。成人的指导一方面是通过语言组织幼儿观察；另一方面是教给幼儿相应的词汇，让其用语言把认识成果巩固下来，使词与直观形象建立联系。

在观察过程中，教师在向幼儿介绍事物的名称、性质、用途的同时，要反复教给他们应掌握的新词，要求幼儿注意倾听他人的讲解，并根据教师的提问来回答。在幼儿回答问题时，教师要启发他们将新学的词用到自己的语言活动中去。

通过观察丰富词汇，不同年龄班要运用不同的方法。小班可以请来一个游戏角色——"娃娃"参与观察。例如，认识冬季服装时，教师就可以通过幼儿给"娃娃"穿衣服和鞋、戴帽子、手套等活动，让幼儿正确说出各种冬季服装的名称和制作材料的名称。中班仍可以进行这种方式的观察，但内容与要求应加深和提高。例如，中班幼儿能说出制作材料的不同性质——厚的、毛茸茸的、光滑的、柔软的，以及它们是由谁用什么工具制作出来的。大班幼儿的观察活动则要增加比较事物的相同点和不同点的要求，以促进幼儿掌握说明事物不同程度属性的词（如比较光滑的、比较粗糙的、比较高的、比较矮的）。

凡是能让幼儿各种感官积极参与活动，以直接获得印象的方法，均属直观法，如运用某些动作表现诗歌或故事的内容和感情，练习发音时指出发音器官的位置，以及教师的各种示范活动等。

运用直观方法丰富幼儿词汇时，教师还应注意以下几个方面。

1. 结合实物展现新词

词是一类物体的代表符号，要使词起到符号作用，就必须使词和实物建立起牢固的联系。教师在丰富幼儿有关物体的名称、形状、颜色等新词时，都要使语音与实物同时出现，并多次重复，以后，还要用同类实物和该词建立联系，使其在幼儿思维中起概括作用，并帮助他们牢固地掌握词。例如，丰富"苹果"一词时，用的实物是国光苹果，以后重复这个词时，教师可以展现青香蕉、黄香蕉或其他品种的苹果，这时"苹果"一词才能在幼儿头脑中，成为一类物体的符号巩固下来。

2. 结合动作展现动词

汉语中的动词非常丰富，动作的微小差别就要用不同的动词去表达。例如，将一张桌子移动一下，两个人做是"搬"或"抬"，一个人做是"拉""拖""扛""挪"……幼儿掌握它们有一定的困难。在教幼儿学习新动词时，教师就需要伴随着动作展现新词，使动作与动词多次建立联系，使幼儿具体形象地掌握不同动作的名称。

3. 伴随手势、表情或象声词解释新词

关于心理感受的一些词，不易解释清楚时，教师可以用手势、表情或一些象声词来帮助幼儿掌握"焦急""盼望""满意"等一类词的词义。

4. 利用图片帮助幼儿理解词义

有些物体(如野兽、各种交通工具)不可能让幼儿全部直接感知，教师就可以用图片来帮助幼儿认识它们的特征，掌握它们的名称。对于有些描述性的词，幼儿需要有描述的对象才能理解和掌握。看图讲述是帮助幼儿理解形容词的词义和锻炼描述能力的有效形式。图片不仅可以帮助幼儿理解新词，也能有效地帮助幼儿运用新词。

5. 通过实物对比掌握反义词

大、小、长、短、粗、细、胖、瘦、高、矮、黑、白中的任何一个词，都是和它的反义词同时存在的。如没有它的反义词，它也就没有存在的价值。这些词需要运用实物对比，才能使幼儿辨认掌握。

(二)口述法

口述法是幼儿园教育活动中的基本方法，作为教育活动的类型，有以下几种。

1. 谈话

发展幼儿对话能力的方法。它包括日常生活中的谈话，有主题的各种谈话活动(如观察后的谈话、主题谈话、看图说话等)。

2. 讲述

发展幼儿独白能力(连贯性语言)的方法。它包括讲述、复述和表演故事、看图讲述、生活经验讲述、创造性讲述等。

3. 朗诵

幼儿学习艺术发声的方式、方法。它包括朗诵儿歌、儿童诗和散文等。

4. 语言示范和讲解

教师正确的语言示范可以为幼儿提供可重复和模仿的榜样，是幼儿学习语音、朗诵和提高讲述质量的重要方法。教师的语言示范必须正确、清楚、富于表现力，要面向全体幼儿，保证每人都能看到并听清楚。语言示范的运用要适时，有时可在幼儿的语言活动之前进行，有时在发现幼儿在语言活动中有错误或缺乏表现力时进行，有时教师的示范可重复进行，有时教师可做部分示范，有时可在语言教育活动最后进行。

在培养幼儿正确掌握语音的过程中，教师不仅应要求幼儿能正确地感知语音的微小差别，而且应让他们掌握发音方法，让幼儿知道音是怎么发出来的。教师或家长的示范要照顾到幼儿听和看两个方面，以便于他们模仿。由于发音的部位不同，发音的难易程度也不同。例如，唇音主要是上下唇（圆唇、不圆唇）的活动，比较简单，易被幼儿看到，利于幼儿模仿，所以幼儿掌握得都比较好。而更多的音需要舌头参与活动，这些音的发音部位不易被幼儿看到，而且动作又比较细致、复杂，所以舌音常常是幼儿掌握比较慢或发不准的音。这一类音就需要教师采用示范和讲解相结合的方法，使幼儿掌握其发音要领。例如，n 与 l 的音发不准时，教师就要向幼儿讲清楚它们的发音方法有什么不同。n 是鼻音，l 是边音，教师需要把这个发音原理具体化，并形象地向幼儿讲解。发 n 的时候，舌尖翘起抵住上牙床，同时舌尖要向两旁展开，用力把气流堵住，使气流从鼻孔出来。讲解后，教师可让幼儿反复地拉长音练习，使幼儿体验气流是不是从鼻子里出来的。在发 l 的时候，舌尖只抵住上牙床当中的部分，舌头不向旁边舒展，在两旁留出空隙，堵住鼻孔的过路，使气流从舌的两边出来。教师示范之后，应教幼儿反复练习。

在运用语言示范时，教师需要辅之以解释、提示。教师生动形象的讲解可以帮助幼儿理解发音方法和词义，理解故事、童话、诗歌的内容，理解某些自然知识和社会知识。教师讲解的语言要清楚简练、形象生动，符合本班幼儿的接受水平。

5. 口头练习

在语言教育活动中，口头练习是大量的。

一类练习是有意识地让幼儿多次使用同一个语言因素（语音、词、句），目的是让幼儿记住它，并把它正确运用到自己的语言中去。

幼儿学习语音是靠模仿形成语言反应的，这个反应必须经过多次的重复才能巩固。因为幼儿每学一个新词，他们不仅要分辨这个词音，理解它的词义，而且还要正确说出来，这就要求幼儿的听觉器官和语言器官协调运动，这是比较复杂的条件联系。幼儿每学一个新的词音以后，教师要及时地让他们进行重复练习，以不断发展他们发音器官的肌肉组织的细小动作的协调性，发展听觉器官的敏感性，这对小班幼儿尤其重要。中大班幼儿虽然在掌握语音方面有了很大进步，但在呼吸的长度和强度方面还需要经过练习，才能使他们正确支配自己的呼吸，调节声音的强弱。对于中班后期和大班的幼儿，教师还需要培养他们的语言表现力，即说话时能用语调的抑扬顿挫来表达一定的情感。这个任务也需要通过谈话、讲述、朗诵等方式经常进行练习来完成。

幼儿的发音练习一定要进行得自然，内容和方式要有趣味性。教师最好让幼儿多在日常生活中自然、随机地进行练习。例如，有的幼儿"湿、吃"分不清，教师就可利用适当的时机进行涉及这些音的谈话；洗脸时教师可以问幼儿："你的毛巾放在水里就怎样了?"幼儿早晨来园时教师可以问："今天早晨在家里吃了什么饭?"教师通过这些问题与幼儿交谈，引导他们练习"湿、吃"的发音。幼儿意识到这些词音有区别，而且用法不同时，就会自觉地模仿正确的发音了。

为了使每个幼儿都能掌握普通话的标准音和语调，运用一些教学形式集体进行练习是必要的。对于如何进行这些练习，教师应心中有数，即教师需要根据本地区和本班幼儿发音的情况，确定练习的重点音和重点人。

另一类练习是发展幼儿某方面技能技巧的练习，如讲述、朗诵、表演故事等。这种练习不是简单的重复，而是要求幼儿在理解内容的基础上有一定的独创性。

教师在指导幼儿进行口头练习时，应让幼儿明确练习的要求。练习方式应生动活泼、多变换，以引起幼儿练习的兴趣，避免简单机械地重复；练习的要求要逐步提高。

6. 提问

提问是教师引导幼儿观察各种事物，要求幼儿再现已掌握的知识，启发幼儿积极思维的方式。在教育活动中，根据不同的教学目的和要求，教师可运用不同性质的判断性提问。

根据内容可分为：再现性提问（如是什么、在做什么、有什么用处），探索性提问（如为什么、哪儿相同、哪儿不同），以及要求做出某些结论的提问。

根据表达方式可分为：直截了当的提问（如看图讲述时问图片上有谁、长得什么样、在干什么）；启发性提问（如问幼儿从图片上看到了什么）；暗示性提问（如问幼儿地上长出了小草，柳树开始发芽，是什么季节）。

对幼儿语言的评议：在语言教育活动中，对幼儿的谈话、讲述、朗诵的内容或表达的技能技巧进行评议，可以明确幼儿的知识和语言技能掌握的程度。教师应在幼儿语言活动后及时做出评议，以引起所有幼儿的注意，加深本人的印象。

教师评议时应着重讲优点，指出不足之处时最好以建议口吻提出练习要求，纠正错误时最好能配合示范。这样既可以鼓励幼儿的学习积极性，又可以给幼儿具体帮助。在一次活动中，一般教师只能对几个幼儿的语言进行评议，不可能对每个幼儿的语言都进行评议。

(三)游戏法

游戏是符合幼儿年龄特点的活动，运用游戏法是幼儿园教育活动的特点，目的在于提高幼儿的学习兴趣，集中幼儿的注意，促进幼儿各种感官和大脑的积极活动。

发展语言的教学游戏，有的要运用直观材料，如玩具、实物、图片进行，有的就是纯语言的游戏，如练习发音、学习反义词、练习组词和造句等游戏。这些游戏可以促进幼儿各方面语言能力的发展。本章最后附有语言游戏的案例。

上述几种方法是语言教育活动中通用的方法，它们在语言教育活动中经常是互相配合或交叉使用的。这些方法在不同年龄班的运用常常各有侧重。例如，小班的语言教育活动运用游戏方法较多，以后随着幼儿年龄增长，知识、语言和智力水平的不断提高，游戏方法的使用也就相对地减少了，而谈话、讲述等口述方法则相对增多。

三、语言教育活动的设计要求

(一)准确掌握幼儿语言发展的水平

教师在设计语言教育活动之前，不仅要熟悉不同年龄阶段幼儿语言发展的一般水平，而且要准确掌握本班幼儿语言发展的水平，以保证设计出的活动能有效地促进幼儿语言的发展。

(二)要有合理的负担强度

每次语言教育活动的目标和内容要和幼儿的接受水平相适应。这里所说的"相适应"不是让活动目标和内容在原有水平上重复，而是需要幼儿在原有知识和能力基础上，付出一定努力能达到的水平。

目标和内容都应有一定的难度，但这个难度是幼儿经过努力能够达到的。每次活动都要有新内容，内容过多过深，幼儿接受不了，易引起疲劳，有损幼儿的健康；内容过少或过浅，或重复幼儿早已学会的内容，不需要幼儿进行任何比较、概括，对幼儿的观察和记忆也无新要求，就不能引发幼儿的学习兴趣和积极性。

(三)要有教育性

语言教育活动的主要目标是发展和提高幼儿的语言水平，但它也是对幼儿进行全面发展教育的重要方式。在语言教育活动中，教师应充分利用观察社会生活的机会和儿童文学作品，向幼儿进行品德教育；培养幼儿对知识的兴趣，发展幼儿的求知欲，使幼儿养成良好的学习习惯；培养幼儿学习的目的性、纪律性，勇于克服困难等意志品质；通过韵体作品语言的节奏感和优美的艺术语言进行审美教育。

(四)活动的内容与活动的形式要相适应

在语言教育活动中，活动的内容与活动的形式没有必然的联系，不同的活动内容可以选择相同的活动形式，同一活动内容也可以选择不同活动方式，但是活动形式的确定是否适当，对活动内容的教育效果有直接影响。因此，教师在设计语言教育活动时，必须注意活动内容和活动方式相适应的问题。

让幼儿练习正确发出某些难发的音，或者是让幼儿练习正确使用某些词时，教师就可以采用语言游戏的方式。因为练习发音和正确使用词均属比较枯燥的内容，采用生动活泼的游戏方式不仅可以提高幼儿学习的兴趣，而且是让幼儿在"玩"的过程中学习，可使幼儿为了"玩"而克服困难，从而收到较好的教育效果。

运用故事一类的文学作品发展幼儿语言就应根据作品的不同内容，采用不同方式。有的作品情节较简单，且有较多重复和角色对话，适合幼儿单个复述，或采用表演游戏的方式复述作品；有的作品篇幅较长，情节较复杂，就适合运用教师讲述，幼儿欣赏的形式。

以培养幼儿创造性讲述能力为目的的活动，就适合与幼儿操作活动结合进行。例如，教师让幼儿先凭自己的想象绘画或制作其他手工制品，然后凭借自己的绘画或演示自己的手工制品进行创造性讲述。

(五)既要面向全体幼儿，又要注意幼儿的个别差异

本章所述的语言教育活动是指有目的、有计划进行的集体教育的活动，设计这类教育活动的出发点应是本班幼儿语言发展的一般水平，欲达到的语言发展目标是大多数幼儿力所能及的，即设计语言教育活动时首先要照顾到的"面"。幼儿语言发展总是有差异的。教师在设计语言教育活动时，不仅要清楚本班幼儿语言发展的总体水平，而且要清楚每个幼儿语言发展的水平；在设计语言教育活动时，不仅要制定全班语言发展的总体目标、具体目标和内容、方法，而且要制定个体发展目标，特别是语言发展较好和较差幼儿可能达到的目标；在设计具体的活动内容和方式时，要注意为能力强的幼儿提供发挥他们能力的机会，也要为水平低的幼儿考虑适当的活动内容和方式。

四、语言教育活动的设计与组织

(一)确定活动目标

在设计一个语言教育活动时，教师主要考虑的是一次性教育活动目标（或称教育要求）。它一般包括发展语言、传授知识、发展智力、品德教育等方面的要求。每次活动不一定都包括这几个方面，而应有所侧重。一次教育活动的目标属于具体活动目标，是可测量的行为，不能笼统地写"培养幼儿正确发音""丰富幼儿词汇""发展幼儿口语表达能力"等。培养幼儿正确发音，就要具体定出哪些音；丰富词汇，就要定出具体的词，对这些词是要求幼儿只理解词义，还是要求幼儿学会将词运用到句子中去；发展幼儿口语表达能力，是让幼儿学会某些新的句式，如"有……有……还有……""一……就……""因为……所以……"等，还是要求幼儿能用完整的句子，比较连贯地讲述图片，或讲述自己经历过的一件事情等。这些均应在目标中具体明确地体现出来。

(二)确定活动的内容、教材和形式

语言教育活动的内容和教材是有密切关系的两个概念。活动内容系指"谈话""讲述""欣赏""讲述"与"朗诵"文学作品等方面的活动，它们包含教材，但不能说活动内容就是指教材，因为幼儿园的语言教育活动有时没有教材，但是有内容。例如，"观察后的谈话""生活经验的讲述"，就属于这种性质的活动。而教材系指故事、诗歌等文学作品和图片、语言游戏等材料。活动的形式和活动内容亦有密不可分的关系，如各种谈话活动，它的内容和形式常常是一致的，如果用游戏的方式进行谈话，"游戏"就是谈话活动的形式；如果用谈话的方式帮助幼儿理解诗歌的内容，则"谈话"就是进行欣赏(或朗诵)诗歌活动的一种形式。另外，活动是单项(纯语言)还是与其他方面的内容综合进行，也属于活动形式的范围。

(三)制订语言教育活动的计划

语言教育的目标、内容、教材和形式确定后，要写出一次教育活动的计划，包括的内容有：

①活动名称(如看图讲述——《是谁替我把雪扫》，教新诗——《小弟和小猫》)；

②活动目标(或教育要求)；

③准备工作(幼儿知识、能力、教具或其他教学设备的准备)；

④活动进行；

⑤活动结束。

(四)语言教育活动的准备与具体组织

1. 熟悉教材

对于故事、诗歌一类的教材，教师应能背诵；对于语言游戏则要熟悉游戏规则和进行顺序；对图片所反映的内容要进行分析，明确时间、地点、人物之间的关系及其活动等。

2. 做好物质条件的准备

对于活动所需教具，运用多媒体所需的设备，教师都要在活动前准备好这些物品。

3. 组织好活动过程

活动开始时，教师要善于选择适合本班特点的有趣方法。例如，教师可以用有感情的语调，引人注目的面部表情，说一个谜语，呈现一个游戏角色（如娃娃、木偶）等，来集中幼儿的注意力，引起幼儿对将要学习内容的兴趣。然后，教师可通过联系已学过的内容和幼儿的经验，用简洁明确的语言交代本活动的内容和目的。开始部分的长短依需要而定，从不到一分钟（如小班）至七八分钟（大班外出参观前的谈话）。活动的开始部分应尽量紧凑并且生动活泼。

活动进行是活动的核心部分。每次活动如何进行，要由活动的内容性质来决定。如果是参观后的谈话，就可按参观的顺序，谈论当天的所见所闻；如果是室内观察某些物体，就要按认识事物的规律进行，即由主要到次要，由具体到概括等，依次进行观察和谈论；如果活动的内容既有新内容又有熟悉的内容时，一般应先进行新内容，即先进行需要幼儿特别集中注意力的内容，然后再复习熟悉的内容；如果活动的内容和形式是综合性的，教师就要根据具体情况考虑如何安排，如进行绘图讲述、染纸讲述活动，就必须把绘画、染纸活动安排在前；如果教师想在活动中安排一些唱歌或舞蹈，使幼儿稍事轻松一下，则可安排在活动的中间或最后进行。

在活动进行过程中，教师要保证每个幼儿基本达到预定的教育目标，就要注意充分调动每个幼儿活动的积极性，使他们的"听"与"说"都能处于积极状态。为此，教师本人应对所学的内容保持浓厚兴趣，用吸引幼儿的教具、活动的变化、提问的技巧等，提高幼儿语言活动的积极性。

活动结束的形式要活泼多样，在需要教师用语言提示一下要点时，要简短、形象、生动，避免只有泛泛的抽象结论。如果本次活动幼儿是在静态中进行的，那么最好用能使幼儿活动起来的形式，如用朗诵、唱歌、跳舞等形式，使他们在活泼愉快的气氛中结束活动，以利于幼儿身体健康和保持学习兴趣。

第三节　语言教育活动的类型

一、幼儿集体谈话活动

(一)幼儿集体谈话活动的性质

作为教育活动的谈话是以一定的主题(或题目)为目的的特殊对话，即根据教师事先确定的题目，组织幼儿进行有目的的谈话。

幼儿园经常进行的集体谈话活动主要是运用回忆性和概括性的谈话，如参观后(或观察后)的谈话、总结性谈话和主题谈话，一般在中、大班进行。

(二)幼儿集体谈话活动的教育作用

1. 巩固幼儿所获得的知识和经验

幼儿通过日常生活、看图书和各种教育领域的活动，特别是通过教师组织的观察自然和社会生活的活动，可以获得各种各样的知识、经验，形成多方面的印象。但是，由于幼儿思维水平比较低，分析、综合能力差，知识、经验也比较贫乏，致使他们的认识具有很大的局限性。他们对所接触的事物不一定都能理解，有时是部分理解，有时是表面理解，有时还可能是错误的理解。就是他们能理解的事物，往往也是零碎、片面、不系统的。所以教师经常需要通过谈话的形式，将幼儿的知识、印象明确、系统起来。

在谈话过程中，彼此的交流和补充可使幼儿的印象和知识进一步扩大和丰富，同时，还可培养幼儿对事物的正确态度，如带幼儿去参观超市不仅可以让幼儿认识到超市与其他商店的主要区别——顾客自己随意取物，出门时一起付钱，而且还可以让幼儿看到超市内分很多部分，买不同的商品要到不同的货架去取；每部分都有自己的特殊设备，如熟食放在带玻璃的冰箱内，生肉、水产品等放在有冷气的槽子内；有的部分设有自动计价秤等。参观这样一个比较大而复杂的商场后，幼儿不可能把那么多内容都记住，这就需要通过谈话，大家一起回忆，互相补充。在巩固这些知识和印象的同时，教师还需要帮助幼儿分析，使幼儿对新事物有正确的态度，如应让幼儿认识到，建立超市是为了方便大家买东西，可节约时间；大家买东西时，应该爱护商品，要诚实等。

幼儿有时进行的长期系统的观察，如四季的特征，自然界动植物的变化，一座大楼的建筑过程等，都需要经过一个月至一学期的时间，才能看出特点。这一类观察就更需要教师通过谈话将观察到的内容予以总结。例如，用一个月的时间观察了春天的特征后，教师就可以组织一次"关于春天特征"的总结性谈话，按照气候、植物、动物、人的衣服和活动等方面的变化，将有关春天特征的知识系统化。

谈话活动还可以检验幼儿的认识是否正确，对教师传授的知识是否已准确地掌握。如果发现幼儿对哪些事物不够理解，对哪些事物有错误的认识，教师可以及时给予解释或纠正。

2. 发展幼儿的思维和口语表达能力

谈话是以对话形式进行的语言交往，即以提出问题及回答问题的方式，发展幼儿的对话能力。其核心要求是培养幼儿能按照问题进行正确回答。为此，教师就要使幼儿正确理解问题，掌握问句形式，并会选择恰当的词，进行正确的搭配，组成完整的句子，来表达自己的意思。

集体谈话活动要求幼儿按照一定题目进行谈话，不能漫无边际地随便谈。这就需要幼儿能按照一定的主题（或问题）有目的、有顺序地去进行思考。在谈话过程中，教师的提问一般都是从讲事物的外部特征，转向事物的内部关系，转向一些现象之间的因果关系，这就要求幼儿对事物进行分析、判断、推理。

在集体谈话活动中，幼儿要按照问题，面对大家把自己想好的内容清楚地表达出来，就必须发音清楚、正确，使每个人都能听到；控制自己，不中途打断别人的谈话；善于倾听和分析别人的谈话，以便补充；正确地选词用句，谈话涉及事物的因果关系时，会运用简单的复句形式。以上要求是对幼儿的口语表达能力的全面训练。它自然能促进幼儿练习和掌握正确的语法形式，促进幼儿抽象、概括能力的发展，使幼儿不断地形成新的概念。

（三）谈话活动内容的确定

谈话题目的确定是关系到谈话活动能否发挥其教育作用的关键问题。总的来说，谈话活动的选题应符合本班近期教育内容，范围应该是幼儿生活经验之内的，具备的知识应该是比较丰富的，同时也应是幼儿感兴趣的。

1. 谈话活动的题目应依据近期教育的主题内容来确定

谈话活动的题目主要根据科学教育和品德教育的内容来确定。通过科学教育，幼儿可以学到大量有关动植物、四季特征、自然科学现象、有关气候的自然现象等自然知识，以及有关周围社会环境、交通工具、各种成人劳动、各种节日、著名建筑、名胜古迹、家乡的自然风景等社会知识。这些知识都需要通过谈话活动将其条理化，使幼儿形成正确的概念。因此，以上内容也就是谈话活动选题的范围，特别是观察后的谈话和总结性谈话的题目，更要从这些内容中选择。

品德教育中的许多内容，如文明卫生习惯、互助友爱、爱护公物、礼貌与诚实教育、情感教育等，也是谈话活动的选题范围。

2. 谈话活动的内容应是幼儿知识与生活经验之内的

组织幼儿谈话的内容必须是幼儿知识经验范围之内的，是根据幼儿在参观、日常生活中的观察、教育活动、游戏、看电影或电视中所获得的知识经验进行的。因此，知识经验越多，谈话的内容越丰富。相反，如果幼儿对某个地方或某件事物只观察了一次，所获得的印象只是很初步的，就谈不出什么了。只有当幼儿对某种事物或某种现象进行多次观察，从不同的角度，比较细致地了解了它以后，教师再组织幼儿谈话，他们才有能力谈得完整、丰富。如果教师只是带幼儿观察了青草发芽，就让他们谈春天的特征，那么这一定是徒劳的。如果从初春开始，教师就有意识地引导幼儿注意春天到来的特征：太阳晒得暖和了，雪化了，地上的水不再结成冰了，土地松软了，小草发出嫩绿的芽了，有的树上长芽苞了，有的树开花了，燕子飞回来了，人们穿衣服少了，在离农村近的地方还可观察到农民们忙着春耕了。幼儿积累了较多的印象，在此基础上再让幼儿谈"春天的特征"，才能谈得生动、形象、丰富。当然，幼儿对有些内容在一次观察后，也可进行谈话，但这要取决于一次观察所得的印象是否深刻。

谈话活动的内容与范围应具体、明确，一次谈话活动的内容范围不要过大，即谈话的中心要具体明确，使幼儿能围绕一个主题展开谈话。例如，家庭和幼儿园的日常生活、社会生活、成人的劳动、自然界的各种现象，都可作为谈话的内容，但每次活动所谈的内容只能是其中的一个小题目；关于季节特征的谈话，每次只能谈一个季节的特征，而且适合在季节特征最明显的月份中谈。

(四)指导谈话活动的方法

1. 提问

提问是组织集体谈话活动的基本方法。教师善于提问，不仅是组织好集体谈话活动的关键，而且对提高幼儿思维水平、口语表达质量都有直接作用。教师应力求使自己的提问符合以下要求。

(1)由谈话活动的目的决定如何提问

在参观后(或观察后)的谈话中，如关于"关于动物园"的谈话，教师要求幼儿按照参观的顺序，讲参观的印象和事物的特征，应按参观的顺序提问题；要求幼儿既谈参观的过程，又谈个人最喜欢的动物的外形特征、习性，动物园是干什么的(动物园养动物的目的)，饲养工人的劳动等，问题可以这样提：

①参观动物园那天你是怎么去的？你在路上看到了什么？

②你最喜欢动物园内哪种动物？它长得什么样？爱吃什么？

③动物园为什么要养这么多动物？

④动物园中的动物为什么都能长得那么好？是谁照顾了它们？

在其他观察后的谈话中，教师不讲观察过程，就可直接围绕观察对象的主要特征提问题；在主题谈话中，就要紧紧围绕主题提问。

(2)所提问题的深浅程度要适于本班幼儿的经验和思维水平

问题尽量提得具体明确，避免抽象笼统。例如，教师带领幼儿参观"雷锋事迹展览"后，有的教师这样提问："你们参观了雷锋叔叔事迹展览有什么感想？对照自己找找差距。"对这样概括而笼统的提问，幼儿很难回答。如果改为这样提问："你们都看了雷锋叔叔的展览，谁记得雷锋叔叔都做了哪些好事？我们应该向雷锋叔叔学习什么？"这就具体明确了。另外，在谈话活动中教师还要注意不要提问幼儿无法回答的问题，如果有一些东西的外形特征是幼儿难以描述的，对这类东西教师就不要问他们是什么样的，否则幼儿就会以"弯样的、圆样的、红样的、蓝样的"来回答，达不到提问的目的。

(3)问题要富于启发性

在谈话活动中教师引导幼儿对某些事物进行比较和判断时，问题要提得富于启发性。例如，带领幼儿观察大街上的新设施——行人过街天桥后，教师就可问："没建天桥以前，那个十字路口是什么样的?"这样就需要幼儿自己进行回忆、对比，讲出天桥的作用。进行"交通规则的谈话"时，教师可问："自行车、电动车、小轿车哪种车最快？它们在大街上都在什么道上走？行人在什么道上走？"这样提问可以启发幼儿正确理解事物之间的相互关系，对发展幼儿分析综合的能力是有益的。

（4）问题要有兴趣性

为了调动幼儿谈话的兴趣，有时教师可用竞赛口吻提问，如参观动物园后的谈话，可以穿插一些这样的问题："谁知道哪些动物是有四条腿的？哪些动物是有两条腿的？说得越多越好。"或者提问"哪些动物有犄角？""哪些动物会上树？""哪些动物可以在家里养？""人都吃哪些动物的肉？"等。这些问题都是按事物的某些特点归类的，能发展幼儿的概括能力。问题虽比较难，但运用竞赛的口吻提出，让他们在回答得快、回答得多等方面展开竞赛，幼儿就会有兴趣，这样就能调动他们思维和谈话的积极性，使谈话气氛活跃。

在谈话活动过程中，间或提一些带有评价性的问题，也是幼儿感兴趣的，如"你最喜欢哪种动物，为什么？"或者"你最喜欢哪种花？""人们为什么都喜欢春天？"等。这些问题要求幼儿谈个人看法，不仅可以调动幼儿学习的主动性，而且可以发展幼儿的分析能力。

（5）要注意提问的技巧

集体谈话活动中如何提问可以说是一种技巧，因为教师是否善于提问将直接影响谈话活动的质量。

开始，教师可将要谈的问题一一提出来，让幼儿对将要谈些什么有一个总印象，然后再一个个地提出问题。教师在提问时，最好将事先拟好的问题分为几部分，在每部分设一两个主要问题，在这些主要问题后边，再准备几个辅助问题（即在幼儿回答有困难时，予以启发的问题）。提出一个问题后，教师要给幼儿一定的思考时间再让他们回答，待问题谈充分后再转入下一个问题。有时幼儿很自然地连到下个问题时，教师不应阻止，不要随便打断幼儿的谈话；如果上个问题还未谈清楚，仍可回头请别的幼儿再谈。

综上所述，集体谈话活动中所提问题按其性质，大致可分为两类：

一类是回忆性的问题，即要求幼儿谈出经历过的事情及观察所获得的印象；

另一类是分析性的问题，即要求幼儿谈出为什么，要求幼儿做出简单评价或判断方面的问题。

在谈话活动中，教师可根据活动的目的考虑选用哪一种提问。

2. 教师范讲

教师范讲能引起幼儿谈话的兴趣，在谈话内容及语言表达上起示范作用。

教师的范讲何时进行最适宜，要根据具体情况来决定。例如，刚开始时部分幼儿往往谈不好，教师就可用自问自答的形式给幼儿示范如何回答问题。有时为了使谈话能深入下去，教师的范讲可放在谈话的中间，以丰富谈话内容，并在提高表达能力方面起引导作用。有时教师可用范讲做谈话的总结。

教师范讲时，在语言表达上要生动、形象、简练，接近幼儿的口语，符合本班幼儿的接受水平。

3. 直观材料的运用

根据需要，谈话活动可以运用一些直观材料。直观材料的出现可以起多方面的作用，如可以集中幼儿的注意力，可以使幼儿的知识更加准确和丰富，可以唤起幼儿对某些事物的回忆等。在进行关于秋天特征的总结性谈话时，教师可围绕秋天是收获季节这一特征，准备些实物，如稻子、棉花、水果、花生、栗子等。

谈话活动中可用的直观材料是多种多样的，可以是实物，也可以是模型、玩具、图片、照片、幻灯片(或电脑制作的 PPT 和 PPS)、实用艺术品等。对于直观材料，教师可以演示给幼儿看，也可以分给幼儿看看再收回来。教师对直观材料呈现的时间可灵活掌握：在谈话开始部分出现，一般是为了集中幼儿的注意力，或引起幼儿的回忆，出现时间一般较短；如果是为了使幼儿的知识更准确、丰富，则可在谈话过程中边谈边呈现；有时也可在谈话的结束部分呈现，以巩固幼儿某方面的印象，加强记忆。

二、幼儿的讲述活动

(一)幼儿讲述活动的类型

幼儿园经常用于培养幼儿讲述能力的活动，大致可分为两大类。

一类是复述，即培养幼儿连贯地复述所听过的文学作品。它的特点是讲述内容与语言形式都是现成的，复述时的语调在很大程度上也是模仿的。它是凭着记忆进行的个人讲述，是讲述活动中比较简单的一种形式。

另一类是讲述，即要求幼儿独立地选择讲述内容和语言形式的讲述，是幼儿园集体教育活动中常用的讲述形式。

幼儿园经常进行的讲述从不同角度被分为多种形式。

从内容上分：有符合实际的讲述，即依靠感知和记忆进行的讲述；有创造性讲述，即依靠创造性的想象进行的讲述。

从形式上分：有叙事性的讲述，如讲述观察过的一些事物的特征，讲述个人经历过的事情(事件)；有有情节的讲述，即有事件的发展、变化；有人物出现的讲述。

幼儿园进行讲述的具体形式很多，现列举以下几种类型。

1. 看图讲述

图片是通过色彩、线条反映现实生活的，是幼儿所喜爱的艺术形式。[①]在幼儿园的教育工作中，发展幼儿的语言和认识周围事物的能力总是紧密结合进行的，即语言和具体事物要同时作用于幼儿，幼儿年龄越小，对直观性的要求越高。但是具体事物不可能样样出现在幼儿面前，因而教师就需要利用图片，使它在现实的感觉和过去的经验之间起桥梁作用，帮助幼儿将语言与事物建立起联系。因此，幼儿园的教育工作要经常运用图片，特别是在成人指导下观察和讲述图片的活动，对幼儿语言的发展有极大的意义。在图片面前，幼儿要从已掌握的词中选出最准确、最有表现力的词来讲述图片的内容。有时幼儿要根据图片内容提供的线索，讲出图片以外的事情，构成有情节的小故事。这就需要幼儿在理解图片的基础上进行构思，讲出事情的发展过程和因果关系。这就可以有力地推动幼儿思维和口语的发展。

(1)看图讲述的形式

根据图片的类别和对幼儿语言上的不同要求，常用的形式有以下三种。

看图谈话。这种形式是要求幼儿在观察图片的基础上，讲出图片上所表现的对象、现象或事件，即要求幼儿根据教师的提问，学会用恰当的词讲清图片上有什么，在干什么，图片上主要对象的简单特征(不要求细致描述)是什么，这种讲述一般是以简单的问答形式来进行的，是看图讲述中最简单的一种形式。

描述性看图讲述。这种讲述要求幼儿不仅能观察到图片上所描绘的对象和现象的主要特征，而且能观察到细节部分、事物之间的关系和联系，并能

---

① 目前用于幼儿看图讲述的图片有纸制图片、电脑上的 PPT 和 PPS 的图像等。

恰当地运用形容词和不同的句子去进行细致的描述，讲清图片上表现的是什么内容。例如，图片上有人，幼儿就要讲出是什么样的人，长相、表情如何，他在做什么，以及怎样做等，进而根据画面描述对象的心理状态。

创造性看图讲述。这种看图讲述要求幼儿不仅能讲出图片的主要和次要内容的特征和关系，而且要根据图片上提供的线索，编成简短的有情节的故事，即要求幼儿根据自己的想象，创造超出画面的内容，并用连贯性语言把这些事件表述出来。它的创造性表现在不仅要求幼儿讲出画面上的内容，而且还需要幼儿讲出与画面内容有关，但在画面上没有表现出来的内容，如编出画面内容发生之前和发生之后的情节，编出无法在画面上反映出来的内容，说出为什么(原因和动机)、怎么想的(心理活动)、什么心情、怎么办的等。幼儿园大班看图讲述教材中的"下雨了""是谁替我把雪扫""奶奶对不起"等图片，都适合幼儿进行创造性讲述。

创造性看图讲述是比较难的课题，开始时需要教师用生动形象的示范，使幼儿具体地了解它的要求和结构。幼儿学会这种讲述后，教师只提供一个讲述提纲就可以了。教师领导这种讲述时，要注意积极发挥幼儿的主动性和创造性。

(2)看图讲述图片的选择

教师选择或自绘的图片的内容应有助于对幼儿进行某方面的品德或知识教育；表现形式上要有艺术性，人物要简单、突出、形象鲜明；背景不宜复杂，结构布局匀称，情节一目了然；色彩要鲜明协调、感染力强；篇幅要大，讲单张图片最好是对开纸，连环画最小是4开纸。以上是选择图片总的要求。教师在为幼儿选择不同类型图片时，还要注意到它们的一些特殊要求。

主题画是指有人物、有背景、反映一定情节的画。画的主题一般要易于幼儿理解，情节简明；背景不要过于复杂，细节较少，以利于幼儿在观察图片时不被次要因素干扰。

画面的内容应为幼儿提供想象的线索。图片上虽然只能表现出一瞬间的事件，但在人物的动作、表情及彼此之间关系上，要能提供使人联想画面内容以外的线索。例如，"是谁替我把雪扫"这幅画的画面：雪后，军属老爷爷推开门一看，雪已被扫完。幼儿看后自然会想到："老爷爷院子里的雪是谁扫的呢？"当他们看到一群小朋友躲在门后时，就会想："他们为什么藏在门后？他们想什么呢?"这些画面就为幼儿想象图片以外的内容提供了条件。

连环画是主题画的一种。它把同一个主题内容，按情节发展变化的顺序，通过几张画面表现出来。这类图片多用于创造性看图讲述。这种连环画一般由四张左右画面组成。画面的要求和主题画相同，各张之间要注意内在联系，要易于幼儿理解和分辨。中大班教师讲连环图片时，要先一张一张地讲，然后再连起来讲。中班不宜超过 4 张，大班不宜超过 6 张。经过几次讲述以后，幼儿对图片内容已基本熟悉了。教师也可以一起出示几张图片，让幼儿连贯地讲图片或编故事。

2. 生活经验讲述

生活经验讲述是引导幼儿将自己经历过的或见到的、听到的事情中记得最清楚、最感兴趣的部分，有条理地讲出来。这种讲述不仅可以培养幼儿独立的、连贯的讲述能力，而且有利于幼儿正确地理解社会生活，了解人们之间的关系。特别是讲述那些有意义的事件，可以对幼儿的品德、情绪与情感、性格产生潜移默化的影响。另外，幼儿讲述自己的生活经验，虽然是根据已有的印象和亲身的经历，但他们在讲述时并不是一点也不变地将其再现。他们有时会根据自己的理解组织材料，有时会把多次见到的事情、现象组织在一起，这有助于发展幼儿的概括和组织能力。当幼儿对自己的见闻有了表达愿望时，他们就会更细致地观察生活，这对发展幼儿的求知欲和观察力，扩大他们的知识领域，都有积极的作用。

生活经验讲述可分为以下两种情况。

(1)幼儿共同生活经验的讲述

这种讲述与观察后的谈话类似，也是在教师有目的、有计划地组织幼儿观察后进行的。讲述也大都是"我们在动物园看到了什么""我们在邮局或超市看到了什么"一类的内容。但是在语言表达方面，讲述要求有更多的独立性，即基本上要用独白形式。教师组织这种讲述比较容易，因为教师对幼儿将要讲述的内容心中有数，便于指导。

(2)幼儿个人生活经验的讲述

对幼儿来讲，这种讲述比共同生活经验难度要大。这是因为幼儿必须从自己的经验中独立地选择适合讲述的、范围很窄的内容，而且应把它讲述得非常完整、明了。这就需要幼儿自己安排好内容的顺序，选择好适当的词和句子，能比较连贯地表达出来。教师指导这种讲述的困难比较多，因为不了解幼儿要讲的内容，常常做不到及时地指导、纠正、补充。但是这种讲述对幼儿是非常有益的，它可使幼儿的记忆、思维、语言得到全面的锻炼。

幼儿个人生活经验讲述的内容应是特定的、只涉及有限内容的题目，即讲述的题目应该比较具体。例如，"我最喜欢的玩具"(是什么样的、怎么玩、在哪儿买的)，"我最喜欢的动物"(它叫什么、长得什么样、爱吃什么、它什么地方最可爱、你为什么喜欢它)，"假期中我最高兴的一件事"(是什么事、为什么使你高兴)，"我最喜欢的人"(是谁、长得什么样、怎么好)。总之，个人生活经验讲述的题目必须是幼儿生活范围之内的，是他们熟悉的、印象深刻的，同时还必须是他们感兴趣的。因为幼儿在感知事物的过程中，对能触动他们感情的事物，容易记住、保持和再现。为此，教师应该通过日常生活中的谈话，熟悉幼儿的生活范围，了解他们经历过什么事，喜爱什么，以便能更好地根据幼儿已有的印象，确定讲述的题目或范围。

个人生活经验的讲述虽然在发展幼儿口语表达能力方面有着积极作用，但对较小的幼儿来讲，还是很困难的，所以一般在中班后期和大班才进行这种讲述，但也不宜过多进行。因为只有幼儿有了丰富印象时，这种讲述才能进行。

3. 拼图讲述(或构图讲述)

拼图讲述的特点是教师不直接提供讲述的对象，而是向幼儿提供各种构图材料，如塑料几何形体、用吹塑纸做的各种形象，让幼儿根据一定主题自由构思，拼成各种各样的画面，然后分别讲述自己的画面。

拼图讲述可以引导幼儿动手、动脑、动口，有利于提高幼儿的学习兴趣；自己设计讲述内容，自己决定讲述顺序，有利于调动幼儿的学习主动性和创造性，能促进幼儿口语表达能力的提高。

4. 与美术活动结合进行的讲述

(1)绘图讲述

这种讲述是将绘画与讲述结合起来进行的，一般是先绘画，然后让幼儿讲述个人绘画的内容。绘画都是画自由画(意愿画)，教师让幼儿自己构思画的内容，启发他们画出一定情节，可以反映自己的见闻，也可以反映文学作品中的故事、图画书、动画片中的情节，以使讲述能有一定情节为依托。它的特点是：讲述基本是让幼儿独立进行的，在语言表达上有困难时，教师再给予帮助；讲述是幼儿讲自己构思的画，难度较小，对提高幼儿的绘画和讲述能力都有积极作用。

（2）捏泥讲述

这种讲述即把泥工与讲述结合进行。它与一般泥工的不同之处在于，这种泥工不能只捏个别物体，而要捏出两个以上的物体，并构成一定的情节，为讲述提供的内容。讲述的形式类似表演木偶戏。

（3）染纸讲述

教师让幼儿先做染纸手工，然后对纸上映出来的形象进行描述，发展幼儿的联想能力。

（4）凭借手工制品的讲述

幼儿自己制作立体的手工制品，而后以其为凭借物讲述自己创编的故事。这是一种充分发挥幼儿想象能力和动手能力的讲述，虽难度较高，但能使幼儿充分发挥自主性和创造力。

以上列举的几种与美术活动结合进行的讲述形式，与其他讲述活动的形式相比，有许多独特处。①都是由幼儿凭想象，自己动手制作讲述"道具"的。这些道具是他们自己创造的一套象征性的"语言"。这套象征性的"语言"是他们自己所理解的，易于激发幼儿活动的兴趣，为创造性思维的发展提供了内在动力。②幼儿在摆弄"道具"的过程中，易于唤起相应的表象，将已有的知识经验重新组合，构成进行创造性讲述的基础。"道具"是帮助他们进行想象、思维的支柱。③幼儿自己制作"道具"进行讲述，是在自由、轻松和愉快的气氛中进行的，这为他们创造性思维发展提供了良好的心理环境。这种形式的活动，给予幼儿充分的自由。幼儿以自己的想法制作"道具"，任意操作，自由展开想象，讲出与别人不同的故事，有利于培养幼儿的自信心、成就感及活泼开朗的性格。

5. 创造性讲述

（1）续编故事

这种讲述形式以前称为编故事结尾，因为这种讲述形式在最初使用时也确实是只编结尾，后来在使用过程中有所发展，即只给幼儿提供一个故事开端，要求幼儿不仅要编出故事结尾，也要编出故事的发展。这种讲述对幼儿的想象力和创造性要求比较高，一般只在幼儿园大班进行。

续编故事所需要的故事开端可以从文学作品中选，也可以由教师自己编。开端要注意以下要求。

故事开端的题材、主题应是幼儿熟悉的，是幼儿凭已有的知识经验就能编出来的。

故事开端的内容应是生动有趣的，以引起幼儿把故事编下去的欲望。

故事的开端一定要交代清楚时间、地点、主要人物和事件，并且要有伏笔，为幼儿多方面发展情节提供线索，起承上启下的作用。伏笔应能为幼儿展开想象提供可能，而不能约束幼儿的想象。即伏笔不能暗示性太强，否则会影响幼儿想象力的发挥，幼儿编出来的东西容易千篇一律。

故事开端一般在故事情节转折的地方，即故事出现矛盾的时候中断。

（2）推理讲述

讲述前，教师给幼儿提供一组不按情节发展顺序排列的连环画，图画4～6张不等。开始先让幼儿不按顺序地讲单张图片，明了每张图片的内容后，教师让幼儿根据自己的理解，将其按生活逻辑排列好顺序，再按顺序进行讲述。这种讲述形式既注意了给幼儿提供可讲述的内容，也注意了在讲述过程中发展幼儿多方面的能力。

以上多种讲述形式大多是教师在工作实践中不断研究、创造出来的。它给我们的启发是：以发展幼儿口语表达能力为目的的讲述活动，其形式是动态的，不应是固定不变的，教师应不断创造更多的符合幼儿接受水平、富有趣味性的、游戏化的讲述形式。

（二）指导幼儿讲述活动的方法

1. 示范

对幼儿讲述活动的基本要求是独立地运用独白言语，连贯地描述或叙述一个事件。这对幼儿来讲，难度是比较大的，需要教师一步步引导。因此，讲述活动中，教师经常需要运用示范的方法。

在讲述活动中，示范运用最多的形式是范讲，即教师对某一物体或事件做简明、生动的描述，给幼儿提供模仿的范例。

范讲一般在以下几种情况运用：

幼儿刚开始学习讲述时；

对幼儿提出新的讲述要求时，如要求在讲述中编出情节和对话；

对不善于讲述的幼儿进行帮助时；

有必要时，做讲述活动的总结。

示范方法在以下两种讲述形式中运用较多。

(1)看图讲述

幼儿开始学习看图讲述时，仅有教师的提问，还常常会因为生活经验和词汇贫乏而讲不出来，或者讲不好，所以在教幼儿观察图片—看图谈话—描述性的看图讲述—创造性的看图讲述时，教师要有示范来引导幼儿，如教给幼儿怎样从一部分观察到另一部分，怎样从主要部分看到细节，怎样对人和物进行描述，怎样分析图片上事物之间的关系，怎样按图编故事等。另外，示范还可以提高幼儿讲述的兴趣和愿望，不断提高讲述的质量。

在看图讲述过程中，示范方法的使用是灵活多样的。例如，小班多由教师讲图片开始，以后再逐步过渡到运用提问方法进行看图谈话。在中大班，示范多用于幼儿讲述之后，目的在于提高讲述质量。有时教师还可以用讲相近图片的办法进行示范，正式讲述图片时，再讲计划中的那张图片。这种范讲主要起启发作用。

(2)生活经验讲述

教幼儿学会个人生活经验讲述，最有效的方法是示范。教师可以讲述自己童年的事，也可以把自己所熟悉的幼儿讲述转述给幼儿听。范讲可以是真人真事，也可以是虚构的内容。它应当能引起幼儿讲自己经验的愿望，能引导幼儿回忆起生活中的相似事件，并教会他们怎样把这些事件讲出来。

教师的示范性讲述应该明确指出人物、时间、特点，不宜多做静态描述，重点应在人物活动和情节发展上，把人物的活动讲得生动有趣，对话要简短。讲述要在情节发展到高潮时结束。

示范可以由教师讲，也可以请能力较强的幼儿讲，有时还可听讲得好的幼儿的录音。

2. 提问

提问是看图讲述的基本方法。教师的提问起着引导幼儿观察、理解图片内容，帮助幼儿用恰当的词句进行讲述的作用。下面着重谈谈提问方法在看图讲述中的运用。

(1)提问的问题要根据讲述图片的目的来考虑

提问要紧扣主题，不提与主题无关的内容。教师要根据图片的内容考虑主要看什么，哪些是陪衬。提问要能引导幼儿有目的、有次序地观察。提问的顺序应从整体到局部，从主要情节到次要情节，从具体到抽象。教师先让幼儿对图片有总的印象，然后再问有关地点(环境)或人物(什么样的人)、时间(季节或天气)、人物之间、人物与环境的关系，最后再涉及人物心理活动方面的问题。

教师提问的问题要能起到引导幼儿思维步步深入的作用。对小班幼儿的提问，开始一般只问有什么、在干什么、人物的简单特征。随着年龄增长，提问逐渐要求幼儿对图片内容进行简单描述(是什么样的、怎样做的)，讲清图片上人物和事件是什么关系。进入大班后，教师还可以提一些与图片内容有关，但在图片上没有表现出来的事物的问题，如为什么那样做，是怎样想的等，以培养幼儿分析和判断问题的能力。

(2)提问要有一定难度

问题必须是在幼儿仔细观察图片、经过思考后，才能回答出来的。例如，教师讲"是谁替我把雪扫"的图片时问："老爷爷家门口的雪是谁扫的，你怎么知道的?"这个问题，需要幼儿把在图片上观察到的内容进行分析综合后才能回答。其他诸如要求幼儿对季节、天气、时间、地点、事件的因果关系进行判断的问题，以及"他们是怎么想的，为什么那样做"一类的问题，对幼儿来说，都是有一定难度的。

看图讲述时问题提得是否恰当，直接影响着教育效果。不同的问题可引起幼儿不同的反映和回答，所以提的问题一定要事先拟定好。讲述主题画时，提问的问题可参考以下的范围。

①帮助幼儿对图片的整体有所了解，如"图片上画的是什么"，即要求幼儿把图片上的主要事物概括地讲出来。

②要求幼儿讲出图片基本内容的，如"图片上都有些什么(人和物)？是什么样的？在什么地方？人在做什么"，即要求幼儿讲出画面形象、背景的特征、人物动作和状态等。

③帮助幼儿搞清画面各部分之间的关系的，如"××在干什么？××为什么要那样做？怎么想的？结果怎么样?"这类问题主要是帮助幼儿搞清画面上人物之间、人和事之间、人和环境之间、环境和事之间的关系，同时还可以激发幼儿积极思维，使他们的想象能超出画面的范围，创造性地进行讲述。

如在大班讲"是谁替我把雪扫"时，教师可以提这样一些问题，如"图片上画的都是谁？是什么季节？什么天气？他们在做什么？为什么4个小朋友要藏在门后?"教师还可以进一步提一些有关心理活动的问题，如"老爷爷推门一看，院子的雪已经被人扫干净了，他怎么想的？小朋友藏在门后想什么呢？"教师在活动中可以灵活运用这些问题。根据幼儿的理解程度，教师还要提一些辅助性问题。为了调动幼儿的讲述积极性，有时教师可以把问题提得笼统一些，如"你在图片上看到了什么"，让幼儿自由地讲自己所看到的内容。

其他讲述中的提问主要在幼儿讲述过程中使用，为的是使幼儿讲述得更明确，或启发幼儿补充某些内容。

3. 提供讲述提纲

讲述提纲指教师给幼儿规定的讲述内容和顺序的要点，主要用于共同生活经验讲述和创造性讲述。

对于幼儿是不是严格地按照提纲讲，教师可根据不同年龄，提出不同的要求。

5岁以后的幼儿开始学习讲述时，如果他离开了提纲，教师可以不打断他的讲话，待其讲述结束后指出其讲述的不完整、不连贯的部分，并要启发其他幼儿对讲述做补充。

教师对6岁以后幼儿讲述的目的性和连贯性应有明确的要求，应注意培养幼儿习惯注意听教师提出的提纲，并按照提纲讲述，看图讲述或共同生活经验讲述尤其要如此。在幼儿偏离提纲时，教师不仅要指出其讲述离开了主题和提纲，而且要培养幼儿能听出同伴讲述中的问题的能力。在讲述过程中，教师应让每个幼儿都明确现在应当讲什么，开始最好先讲什么。

为了使幼儿能比较容易地按照提纲进行讲述，教师可以先带领幼儿一起分析提纲，指出同一个问题可以讲出不同的内容。例如，关于续编故事中的一个提纲："冬冬为什么没按时回家"，教师就可以这样分析："小朋友想一想，他是被老师留在学校了，还是在回家的路上遇到什么事了？他可能遇到什么事呢？"经过分析和启发，幼儿可以打开思路。集体分析提纲一般是分析幼儿感到困难的问题。

讲述提纲的多少要根据幼儿的水平来定。水平高的班，提纲可以概括一些、少一些；水平差的班，提纲可具体一些、多一些。

4. 评议

讲述活动需要及时的评议，目的在于使幼儿模仿教师肯定的某些讲述的特点。所以评议的着眼点不是在于肯定个别幼儿讲述的优点，而主要是对以后的讲述产生影响，故评议一般不放在讲述活动结束时，应在幼儿讲述后。但我们不要求对每个幼儿的讲述都加以评议，要评议的是那些有价值的部分。在哪方面（内容、用词、造句、语调、表情等）有可取之处，教师就评议哪方面。

评议的方式可以由教师评，也可以启发幼儿互相评。这不仅能使他们更注意倾听，而且也有利于发展他们的分析能力。

教师组织幼儿进行讲述时，采用哪种指导方法，要由讲述类型的特点、幼儿的实际水平来决定。例如，生活经验讲述多用示范方法，续编故事多为提供讲述提纲，看图讲述则需要运用示范、提问等多种方法。下面以看图讲述为例，谈谈不同年龄班在方法运用上的差异。

在小班，一般情况下，看图讲述由教师示范讲图片开始，逐步过渡到运用提问方法。

教师在提问时，常常要用小棍指着图片上的相应内容。幼儿回答问题时，可以先齐声回答，逐渐再改为个别回答。对于同一个问题教师可以问几个幼儿，有时还可让幼儿到图片前，指着自己观察到的内容讲出来。

教师的提问可以用游戏方式。例如，教师说："我看见大象有长鼻子、大耳朵，有谁和我看的一样？"

教师的提问也可以用鼓励口吻问："×××，你能看得清楚，你把看到的告诉大家吗？"

有时教师还可把画中的形象比作他们，把幼儿置于画的情景中。例如，班上有幼儿捡到别人的手绢去找失主的事，在讲图片"这是你丢的吗"时教师就可问："图片上的小姐姐和我们班谁一样呀，捡了人家手绢到处去找丢手绢的小朋友？"这样可使幼儿对图片增加兴趣，情感和语言也会活跃起来。

在中、大班，组织幼儿看图讲述的方法基本上是相同的，即观察图片以后，都是先用看图谈话的形式，讲清图片的主要内容。有时在看图讲述的最后，教师可以启发幼儿给图片起名字，以加深幼儿对图片内容的理解，提高他们的概括能力。

对中班幼儿的提问可以用竞赛的口吻，如"看谁比别人看得清楚，谁能和别人说得不一样"，以启发幼儿更积极地去运用词，会用不同的词描述同一对象，发展幼儿的描述能力。

对大班幼儿的提问，除了帮助他们明确图片内容的一般特征外，还应特别注意用问题引导幼儿观察和讲出画面上各个事物之间的相互关系（包括因果关系），激发他们的想象，帮助他们展开故事情节。要求幼儿根据图片编故事时，提问应富于逻辑性，以发展幼儿的逻辑思维。这样的提问不能过多，最好一次都提出来，以便他们根据提纲去构思。

指导三个班的看图讲述总的要求是一致的，都是要逐步地发展幼儿注意的稳定性，使其观察更准确更深化，丰富幼儿各方面的知识和词汇；发展幼儿分析、判断、推理等逻辑思维和连贯性讲述的能力。各班的指导方法要从这个总的要求出发，结合本班幼儿实际灵活运用。

有的教师试验、研究第一次出示图片时，一次就提出一组问题，让幼儿完整地讲述图片内容。这种方法有利于活跃幼儿的思维，发挥其创造性。

看图讲述过程对幼儿语言的要求也各不相同。有的教师要求幼儿讲得很细，重视描述能力的培养；有的教师则认为看图讲述的关键在于连贯，没有必要描述过多。

照顾幼儿的个别差异。例如，有的幼儿善于观察，但不善于表达；有的幼儿善于表达而不善于观察；有的幼儿观察和讲述水平都较低。针对这些不同情况，教师就要采用不同的方法：对第一种幼儿要在语言上多帮助他们选词、组句，特别是让他们多听范讲；对第二种幼儿就要让他们严格按照问题回答，而这些问题必须是经过细致观察才能回答出来的，以养成他们认真学习的习惯；对第三种幼儿要加强个别帮助，除了要多鼓励他们大胆发言外，还要带领他们个别观察和讲述，多提供练习的机会。

对于上述讲述活动常用的四种方法，在实际工作中，教师要根据讲述活动不同类型的特点与要求，以及本班幼儿的实际水平灵活运用。但不论选用哪种方法，教师都要注意有利于促进幼儿语言的独立性和创造性的发展，有利于不同水平的幼儿语言表达能力的提高。这些方法是经过实践检验的，是教学实践的结晶。但为了适应时代对幼儿教育提出的新要求，为了促进教育改革，今后的幼儿园语言教育应该不断探索、研究新的方法，以把幼儿园的语言教育提高到一个新的水平。

三、听说游戏

1996 年国家教委颁布的《幼儿园工作规程》"幼儿园教育"一章规定：幼儿

园"以游戏为基本活动"。对幼儿园以游戏为基本活动可以理解为：一是在幼儿一日生活中，除生活环节所需的时间以外，大部分时间是幼儿的游戏时间；二是对幼儿的发展具有重要影响的自选游戏活动可以满足幼儿身心发展的需要，给幼儿带来愉悦；三是幼儿园的教育活动要有别于学校的课堂教学，应当尽量寓教于乐，运用游戏的形式发展幼儿的体能、语言，促进幼儿各种感官和大脑的积极活动。

听说游戏是规则游戏的一种。其规则是以达到某种语音、词句的练习为目的，在教师主导下进行的。这类游戏多在语言教育活动中运用。其中，幼儿对感兴趣的游戏，也会在游戏时间内自发模仿着玩。

(一)听说游戏的特点

从游戏分类角度讲，听说游戏亦属智力游戏的范畴。它是由成人设计的、要达到一定学习目标的活动。它将学习因素与生动有趣的游戏形式紧密结合，以提高幼儿的学习兴趣，让幼儿在愉快的活动中完成增进知识、发展语言的学习任务。

1. 让幼儿在"玩中学""学中玩"

游戏是一种轻松愉快的活动，是以参加游戏活动的过程和取得游戏结果为目的的，是幼儿最喜爱的活动。游戏可以满足幼儿活动的需要，不仅可以使幼儿获得快乐的体验，还可以使幼儿从中学到各种知识和技能。

游戏的活动性符合幼儿好动的特点。听说游戏把学习语言的内容融进游戏活动之中，幼儿对游戏活动过程有兴趣，对学习的内容不会觉得有压力，这可以比较容易地把他们吸引到学习活动中来，通过游戏练习词语的运用。学习的要求是在幼儿"玩"的过程中完成的。他们为了达到游戏的目的而克服困难，遵守规则，从而获得了练习。游戏还可为胆怯和寡言的幼儿提供练习的机会，减少学习的难度。

2. 有明确、具体的规则

听说游戏的中心内容是引导幼儿练习某方面的发音或词句，规则是达到练习目的的保证，即把语言教育目标和内容转化为游戏规则，让幼儿在游戏过程中通过遵守规则达到练习的目的。

3. 以教师为主导的游戏活动

听说游戏是以游戏形式练习"听说"。听什么，说什么，是幼儿无法自行决定的，需要教师依据不同年龄班的教育任务，依据幼儿语言发展的实际水平来选择、创编。在组织幼儿玩游戏时，教师要准备玩教具，交代游戏规则。在游戏进行中，教师要一步步带领幼儿活动，以保证幼儿能达到练习的目的。

(二)选择与创编听说游戏的要求

观察、参观、文学作品等形式，可以丰富幼儿的新词。而游戏则比较灵活，可以教幼儿新词，可以让幼儿练习正确运用词，可以让幼儿练习听力和正确发音，可以让幼儿练习描述、叙述和表演能力等。依据游戏内容不同，听说游戏种类很多，但在给幼儿选编听说游戏时，有以下共同要求：

①要明确哪些语言教育的内容适合通过游戏形式练习、巩固；

②要确定不同年龄班游戏的重点内容，难易要适度，最好以略高于本年龄班幼儿现有水平为宜；

③选编游戏时，要注意每个游戏都有具体的侧重点，即每个练习发音、正确使用词等游戏，目标要具体，内容范围要小，以利于收到实效；

④规则要简而明，易于幼儿理解、记忆和执行；

⑤游戏的活动性要强，保证每个幼儿都能有机会参加到活动中去，使幼儿没有学习压力地在"玩中学"；

⑥有的游戏可有适当的竞赛性，幼儿受好胜心理的驱使，积极参与游戏，全身心地投入活动。

(三)听说游戏的种类

1. 练习听力的游戏

这类游戏主要是培养幼儿分辨各种大小、强弱等不同性质的声音，发展幼儿听觉的注意，提高辨音的能力。

🎵 案例

猜猜我是谁

目的：

培养幼儿辨别不同声音的能力。

游戏方法和规则：

幼儿坐成半圆圈，教师面对幼儿，在幼儿面前单独放一把小椅子，请一个幼儿面对教师坐在椅子上，闭上眼睛扮猜的人。教师任指一个幼儿，在猜的幼儿背后做敲门声："××好!"猜的幼儿问："谁敲我的门?"回答："是我。"若猜不着可再问："你是什么人?"答："我是工人。"猜不着可再问："你是做什么的工人?"……一次猜不出可再猜一次。最后猜着了，大家拍手鼓励；最后猜不着，可请他唱歌、说儿歌等。然后，换人继续游戏。

2. 练习正确发音的游戏

这类游戏要求结构简单，不能把几个难发的音同时组织到一个游戏中练习。

游戏的内容、规则、过程要根据不同年龄的特点，特别是根据本班幼儿的具体情况来选编。例如，小班常常有发不好声母 z、c、s、zh、ch、sh 音的幼儿，有的教师就自编一个"开商店"的游戏，让幼儿在游戏过程中练习发音。

"开商店"的游戏由教师当"售货员"。卖的东西是画有"三个栗子""四个柿子""三个荔枝"的卡片。幼儿当顾客。来买东西前，每人发一个小篮子。

幼儿来买东西时必须说对物品的名称。例如，幼儿说："我要买山个栗枝。""售货员"说："你要买的东西这里没有，我有三个栗子。"这时买东西的幼儿为了买到东西，就会自然地重复教师说的"三个栗子"，模仿对了，就把卡片放在他的小篮子内。对于其他卡片的东西名称，教师都有这样的要求。一般说，小班幼儿对买到"东西"，然后放在小篮子内的活动，都比较感兴趣。在游戏的情景中，让他们模仿正确发音，他们不会有压力，而视其为"玩"。这个游戏都是让幼儿单独练习，收到的效果较为明显。

3. 练习正确使用各类词的游戏

案例

到娃娃家做客

目的：

学习使用礼貌用语"请""谢谢""再见"。

游戏方法和规则：

用桌子、小椅子布置成娃娃家，娃娃是主人(由教师担任)，请 4 名小朋友戴上小猫、小狗、小鸡、小鸭的头饰作客人。

游戏开始，先由一位客人敲门，娃娃问："谁呀?"客人要模仿自己扮演的小动物叫声，如"喵喵喵"，回答说："是我。"娃娃边做开门动作，边说："啊!小猫来了，请进来吧，你好啊!"小猫回答："娃娃，你好啊!"娃娃说："请坐。"小猫说："谢谢。"娃娃端来一盆鱼，说："请吃鱼吧!"小猫说："谢谢! 我喜欢吃鱼。"依此类推，如给小狗吃东西，就说："请吃肉骨头吧!"客人都吃了东西后，一齐说："我们要回家啦。再见!"娃娃送客人到门口说："再见!"然后，另换 4 名幼儿作客人，游戏重新开始。幼儿熟悉游戏玩法后，可由幼儿作娃娃。

4. 练习口语表达能力的游戏

案例

我的孩子在哪里

目的：

学习正确运用名词和形容词描述人的形象。

游戏方法和规则：

游戏的主要角色是妈妈和民警。

游戏开始，教师先交代以下内容：星期日妈妈带着她的孩子去公园玩，孩子忽然不见了。妈妈请一位民警叔叔帮她找。民警叔叔问："你的孩子长什么样呢？告诉我，好帮你去找!"然后民警就一个个提问题："这孩子是男孩还是女孩?""梳什么样的头发?""穿什么样的上衣，什么样的裤子，什么样的袜子和鞋?""长相有什么特别的地方？是大眼睛还是小眼睛？是胖还是瘦?"一会儿民警叔叔就帮助妈妈把孩子找到了。

教师交代以上内容后，可启发幼儿的游戏兴趣："你们谁愿意当民警叔叔，帮妈妈找孩子?"

第一次可由教师示范当妈妈，从在场幼儿中任选一人做丢失的孩子，描述他的形象、衣着和特点，再请一个幼儿当民警，猜教师描述的小朋友是谁，叫什么名字。猜对了就由他当妈妈，另请一幼儿当民警继续游戏。

游戏时只能由当民警的幼儿猜，别人猜着了也不准出声，幼儿可以根据自己的猜测来检查"民警"找到的孩子是否正确。游戏也可以不设民警角色而请小朋友帮助找。被描述的幼儿意识到指的是自己时，也可以站起来说："妈妈，我在这儿!"

5. 游戏性儿歌

在儿歌当中，绕口令是一种带有游戏性质的、帮幼幼儿练习正确发音的语言游戏。例如，《七个阿姨来摘果》：一二三四五六七，/ 七六五四三二一，/ 七个阿姨来摘果，/ 七个花篮手中提，/ 七个果子摆七样，/ 苹果、桃儿、石榴、柿子、李子、栗子、梨。又如，《挂铜铃》：东洞庭，西洞庭，/ 洞庭山上一条藤，／藤条头上挂铜铃。／风吹藤动铜铃动，／风定藤停铜铃停。

(四)幼儿听说游戏的组织与领导

首先，教师应根据本班使用词汇的需要，选择或自编适当的游戏。在自编游戏时，确定了游戏内容(丰富和巩固幼儿哪些知识和词汇)后，教师就要考虑这些内容如何在游戏规则中体现，因为游戏规则是完成内容的保证。

其次，教师应准备好游戏中所需要的教具或游戏材料。教具或材料应形象、美观，能正确地反映事物的各种特征。

在游戏进行中，教师要以极大的兴趣把幼儿吸引到游戏中来，同时要严格要求幼儿遵守游戏规则，以保证幼儿获得正确的练习。

在大班，教师还可以运用纯语言性的教学游戏，即游戏中不出现实物、玩具、图片和其他教具。这类游戏，有的是由教师提出一个个问题，要求幼儿做简短而迅速的回答，提问和回答都应是简短扼要、互相连接的，中间不能有长时间的停顿，如"木头能做什么?""什么是甜的?""什么是酸的?"有的是描述性的游戏，如由教师或幼儿讲述班上一个幼儿的长相和服装特征，请别的幼儿猜。有的是猜谜语、编谜语的游戏。

＊＊＊＊＊＊＊＊＊＊＊＊＊＊＊＊＊＊＊＊＊＊＊＊＊＊＊＊＊＊＊＊

本章小·结

在本章幼儿口语表达能力培养途径中，第一节阐述的是在日常生活的各个环节中，如何有意识地促进幼儿语言的发展；第二节阐述的是教师如何通过有目的、有计划、有组织的教育活动发展幼儿口语表达能力，其内容涉及语言教育活动的特点、类型、设计、常用方法和具体实施等，是本章的内容重点；第三节阐述的是语言教育活动的类型，包括幼儿集体谈话活动、幼儿的讲述活动和听说游戏。学习本章内容时，教师要注意到幼儿学习语言的途径不但在语言领域内学习，而且与其他领域的教育密不可分。在其他四大领域中，幼儿在获得知识的同时，可积累大量相应词汇和句式，所以，幼儿语言的学习与发展是在幼儿全部生活范围内完成的。

本书的附录部分有特级教师王继芬多年工作经验的总结《3～6岁幼儿口语表达能力的培养》一文，推荐一读。

思考题

1. 在给幼儿丰富词汇时，为什么要注意体现直观性的原则？
2. 谈话与讲述教育活动对幼儿日后进入小学学习的意义是什么？

案例

听说游戏的设计实例①

——练习正确发音的游戏——

游戏名称：小鸡吃东西

目的：

教幼儿正确发出"鸡""吃"的字音。

玩法：

教师扮演母鸡，手拿小鸡头饰。游戏开始，教师走到一个幼儿面前问："我的小鸡在哪里?"该幼儿就发"叽叽叽"的叫声。教师就说："你是我的小鸡。" 将小鸡的头饰给其戴上。直到每个幼儿都戴上头饰后，"母鸡"带"小鸡"去找食。教师说："小鸡吃米。"幼儿蹲下身子做吃米动作，并发出"吃吃吃"的声音。

游戏名称：买图片

目的：

教幼儿发准声母 g、k、h 的音。

准备：

多于幼儿人数的图片若干张（哥哥、裤子、黑板、蝌蚪、老虎、鸽子、卡车等）。

玩法：

先布置图片柜，教师扮演卖图片的阿姨，请幼儿来买图片。买图片的幼儿要有礼貌地招呼："阿姨，我要买图片。"阿姨问："你要买哪张图片?"幼儿要正确讲出自己要买的图片名称，如"我要买鸽子的图片"。说清楚了，阿姨就把图片卖给他。如果发音不正确，教师可示范说："是买××图片吗?"

---

① 人民教育出版社：《幼儿园教材语言》（教师用书），10页，北京，人民教育出版社，1982。

让幼儿再重复说要买的图片名称。买到图片的幼儿要说："谢谢阿姨，再见!"然后再换另一幼儿来买图片。幼儿熟悉玩法后，售货员阿姨的角色可让幼儿扮演。

提示:

这个游戏也可用来练习其他的语音。

游戏名称: 送南瓜

目的:

教幼儿发准声母 n、l 的字音。

准备:

准备南瓜 9 个(可用纸或纸浆做)，篮子 3 个，木偶(奶奶)1 个。

玩法:

幼儿坐成半圆形，教师请 3 个幼儿给奶奶送南瓜。他们手提篮子，篮子里各装一个南瓜，沿圆圈边走边跟全体幼儿齐念:"小篮子，手中拿，我给奶奶送南瓜。"念完后幼儿站在一个幼儿面前，将篮子交给对方，交换位置坐下。后者接过篮子继续送南瓜。轮换几个幼儿后，教师手持木偶奶奶说:"老奶奶来了。"手提篮子的幼儿就将篮子里的南瓜送给奶奶，并说:"老奶奶，南瓜送给您。"然后在篮子里再装进南瓜，另请三个幼儿，重新开始游戏。

提示:

①游戏开始前，教师可出示木偶老奶奶，让幼儿集体练习讲:"老奶奶。"教师还可以拿着木偶走到某幼儿面前说:"××早。"被叫到的幼儿就说:"老奶奶早。"教师又说:"老奶奶年纪大了，我们给奶奶送南瓜。"出示篮子和南瓜，让幼儿学说"篮子""南瓜""奶奶"，练习正确发音。

②这类游戏也可改变送别的东西，如辣椒、梨等。儿歌也应做相应的变动。

游戏名称: 白鹅下河

目的:

使幼儿发准带有 e、g、h 的字音。

准备:

狐狸的头饰 1 个，鹅的头饰 10 个(1 大 9 小)，在游戏场地中间画好长方形作河的界线。

玩法：

幼儿坐成圆形或半圆形，教师请一个幼儿戴上狐狸的头饰，坐在边上或藏起来。

教师戴鹅妈妈头饰，请9个幼儿作小白鹅。小白鹅说："我是小白鹅，我会河里游。"讲对了，教师给他戴上头饰，说："对，对，你是我的小白鹅"，并叫他站在教师一旁。如果讲错了，教师教他，并要求他再讲一遍。

游戏开始，全体幼儿沿"河"的四周边做鹅走动作边念儿歌："东边一条河(he)，四边一群鹅(e)，鹅儿鹅儿唱着歌(ge)，一只狐狸跑过来，鹅飞鹅跑跳下河。"在念到"一只狐狸跑过来"时，狐狸从座位上站起来。注意要念完儿歌，鹅才能跳下河（即画好的小河界线中），然后狐狸可以跑出来抓鹅。

以后换一批幼儿作狐狸和小白鹅，继续进行游戏。

提示：

游戏前，教师先要教会幼儿念儿歌，并注意发音正确。在游戏进行中，发现幼儿发音不准时，教师要给予示范。

游戏名称： 卖柿子

目的：

要求幼儿正确区分平、翘舌音，发准柿(shì去声)、涩(sè去声)、子(zǐ上声)等音，并分清买(mǎi上声)、卖(mài去声)两个字音。

准备：

画有1至10个柿子的图画卡片若干张，小篮子若干个。

玩法：

全班幼儿坐成一个圆圈，教师请一个幼儿做卖柿人，手提篮子在圈内走，集体念儿歌："柿子红，柿子黄、柿子柿子甜似糖，卖柿子啰!"念完儿歌，卖柿人走向一个幼儿面前问："你要买柿子吗?"这个幼儿就反问："你的柿子涩不涩?"卖柿人答："不涩，不涩，你要买几个?"幼儿就说出自己要买的数（不能超过10个），如说："我要买2个柿子。"卖柿人就从篮里拿出一张画着2个柿子的卡片给他，并说："就卖给你2个柿子。"然后，两人交换位置，买柿人作卖柿人，游戏重新开始。

提示：

①卖柿人和买柿人必须按照规定进行对话，其他幼儿要安静地听，注意

他们发音是否正确。

②如发音不准时，教师可给其示范，让幼儿重复说正确后，再给其卡片。

③游戏前，教师先要讲解"买"和"卖"两个字的用法，并带领幼儿正确说出两个字音。

——练习正确使用各类词的游戏——

游戏名称：打电话

目的：

教幼儿学习使用代词你、我，学会用疑问句的语调问话。

准备：

电话玩具两部。

玩法：

全班幼儿坐成半圆形，教师当打电话的人（甲），请一幼儿当接电话的人（乙）。

游戏开始，教师拨动电话机转盘，发出，"丁零零，丁零零"的声响，接电话的幼儿就要拿起听筒与教师对话。

甲：喂！你是×××吗？

乙：哎，我是×××呀！你是谁啊？

甲：我是×××。你在哪里？

乙：我在幼儿园里。

甲：你在哪个幼儿园里？

乙：我在×××幼儿园里。

甲：你在做什么？

乙：我在做游戏。

甲：放学后你到我家来玩好吗？

乙：好的！

甲：再见！

乙：再见！

提示：

游戏开始时，可先由两位教师示范打电话，再由教师打给一位幼儿，然后请两个幼儿自己打电话，或由教师打给全班幼儿，全班幼儿集体回答。

游戏名称：卡车运来啥

准备：

平面卡车头一个，在卡车头的背面贴一个纸口袋，内装卡片若干张(卡片上画的应是幼儿常见的物品，物品的名称最好是由幼儿发音较困难的字组成的。)

玩法：

幼儿坐成圆圈。教师请一个幼儿手拿卡车头，在中间作司机，集体念儿歌，"嘟嘟，嘟嘟，大卡车，开来啦！请你说一说，卡车运来啥"。这时，司机任意停在一个幼儿面前，该幼儿站起，从口袋中摸出一张卡片，说出卡片上面的物品名称，然后把卡片放在指定的地方。说对了，两人交换位置，由说对的幼儿接过卡车头，游戏重新开始；如果说错了，或发音不正确，则坐在原位，仍由原司机开车，游戏继续进行。

游戏名称：什么东西换了地方

目的：

练习运用方位词：前后、上下。副词：原来、现在。

玩法：

以桌子为中心，教师在它的上下前后放上各种玩具。游戏开始时，教师先让幼儿说一下桌子的上下前后各有些什么东西，然后请幼儿把眼闭上(或转过身去)，将玩具调换位置，最后请幼儿睁开眼睛，说出什么东西换了地方，如"原来娃娃是在桌上的，现在换到桌子底下去了"。

提示：

游戏要求可逐步加深，教师开始先换一样玩具，再换两三样玩具。

游戏名称：谁来了

目的：

教幼儿正确运用跳、游、跑、飞、爬等动词。

准备：

画有小兔、小虫、小鸟、小鱼、小马等动物的卡片若干张。

玩法：

①教师拿出一沓卡片，请一个幼儿上来任意抽一张卡片。例如，抽到的是小鸟，幼儿就说："小鸟飞飞。"全体幼儿就一起学讲"飞飞"，并边做"飞"的动作。每个幼儿可以连续抽三次卡片，以后再请另一个幼儿来抽卡片，游戏继续进行。幼儿如果抽卡片后讲错动词，就不能再继续抽卡片。

②教师口述"小兔跳跳",幼儿就接着说"跳跳",并在座位前模仿小兔跳的动作。例如,教师说:"小鱼跑跑。"幼儿听到教师用错动词时,就不能模仿教师说和做动作,如果也跟着说,就算输了。

提示:

①在游戏前,可以先用一幅公园背景图,教师说:"有许多动物要来,看看谁来了,它是怎样来的?"然后逐一出示小虫、小鸟、小兔、小鱼等,让幼儿学讲"小虫爬来了""小鸟飞来了""小兔跳来了""小鱼游来了"或"小马跑来了"。

②变换句子时,可以全句更换,如"小马跑跑"——"小鸟飞飞";也可以同一动词练习多次,只换主语,如"小虫爬爬"——"乌龟爬爬"——"蚂蚁爬爬"。

游戏名称:娃娃过生日

目的:

教幼儿正确使用量词:双、个、块、顶、件、条等。

准备:

娃娃一个,给娃娃穿的衬衫、裤子、裙子、鞋子和帽子,苹果、饼干、糖果等。

玩法:

①教师说:"娃娃要过生日了,这里准备了礼物,请小朋友送给娃娃。"

②出示实物:教师把衬衫等展示给幼儿后,让他们逐一说出实物名称。

③游戏开始,教师请幼儿自己来挑选一件礼物,并说出我送什么给娃娃。例如,"我送娃娃一件衬衫",或"我送娃娃一条裙子"。幼儿注意正确使用量词,说对了就拿着礼物放在娃娃面前。

提示:

①幼儿一定要正确使用量词,说对了才能拿礼物,说错了可由教师帮助纠正。

②礼物的件数应与幼儿人数相等,使每个幼儿都有练习的机会。

③这个游戏还可以变换量词和礼物,多次运用。

游戏名称:请朋友做客

目的:

教育幼儿对人有礼貌,会使用请、谢谢、再见等礼貌用语。

准备：

小鸡、小鸭头饰若干只（总数与幼儿人数相等）。

玩法：

全班幼儿分成两组，分别戴上小鸡和小鸭的头饰坐在教室两旁（面对面坐）。游戏开始，教师先请几只小鸭走到小鸡前说："小鸡，小鸡，请你到我家来玩！"小鸡说："好的，我一定来！"然后，一起说："再见！"

接着，被请到的小鸡就走到小鸭前做敲门状，说："笃笃！"

小鸭问："谁呀？"

小鸡答："叽叽叽，我是小鸡。"

小鸭起立，做开门状，说："小鸡来了，请坐，请坐。"（小鸡坐下）小鸭作端盆状，说："请吃米"。

小鸡说："谢谢！"并做吃米状。然后，小鸡站起来，说："我要回家了，小鸭再见！"

游戏继续进行时，就改成小鸡请小鸭做客了。

提示：

①游戏前，教师可先让幼儿学说请朋友做客时的对话，然后戴上头饰游戏。

②对于朋友做客时说的对话，教师可让幼儿自由发挥，如"请踢球""请看图书""请喝茶"等。被请的幼儿就做相应的动作。

游戏名称：跟我说的相反

目的：

让幼儿练习使用反义词，发散幼儿思维。

玩法：

开始时，教师可结合实物进行游戏，如拿出一个大皮球说："大皮球。"幼儿就要迅速拿起一个小皮球说："小皮球。"

以后，幼儿可以逐步脱离实物，配合动作说反义词。例如，教师说："高高的人。"幼儿就要迅速用手比作矮说："矮矮的人。"

教师也可以不用动作配合，要求幼儿迅速说了反义词（大、小，长、短，粗、细，多、少，轻、重，厚、薄，快、慢，好、坏，上、下，里、外，左、右，前、后，白天、黑夜等）。教师可同时请两个组或两个幼儿进行比赛，看哪一组或谁回答得快而正确。

教师也可用同样的方法让幼儿练习近义词。例如，教师说"漂亮"，幼儿说"美丽"，教师说"高兴"，幼儿说"快乐""快活""愉快"等。

游戏名称：看谁说得对

目的：

要求幼儿正确运用量词。

准备：

将参加游戏的幼儿名字都写在黑板上。

玩法：

教师说出一种物体名称，请幼儿说出量词。例如，教师说"门"，幼儿就回答"一扇门"；教师说"轮船"，幼儿就回答"一艘轮船"等。说对了，教师就在他名字下面记一分。

游戏熟练后，教师还可以请回答正确的幼儿说出另一种物体的名称，再请其他幼儿回答，依此类推，看谁得分最多。

提示：游戏开始时，教师应说一些幼儿熟悉的物体名称，由全体幼儿回答，然后再请个别幼儿回答，并记分。

游戏名称：看看说说

目的：

练习使用介词"在"，方位词"中间、左边、右边"。

玩法：

全班幼儿坐成半圆形。教师任意问一个幼儿："×××你坐在哪里?"被问到的幼儿就要站起来说："我坐在×××和×××的中间，×××坐在我的左边，×××坐在我的右边。"幼儿说对了，坐下，左右两边的幼儿就跟他握握手。全体幼儿边鼓掌边说："对，对，对，×××说得对!"然后，答对了的幼儿再任意问一个幼儿："×××你坐在哪里?"游戏继续进行。如果幼儿回答错了，教师要帮助纠正。答错了的幼儿不能再问别人，仍由教师或另请一位幼儿发问。

纯语言的游戏①：

不用直观材料进行的游戏。

连词游戏：

让幼儿用第一个词的最后一个字，组出第二个词，如太阳—阳光—光明—明天—天亮……

练习双音词尾的游戏：

由教师说出第一个词，然后让幼儿依序往下接着说，如笑哈哈—亮晶晶—红艳艳—冷冰冰—白茫茫……

练习四字格词的游戏：

如欢欢喜喜—跑跑跳跳—老老实实—上上下下——胖胖乎乎；有时可指定用"来""去"组词，如走来走去—飞来飞去—摇来摇去—挖来挖去—顶来顶去……

——练习口语表达能力的游戏——

游戏名称：击鼓传卡片

目的：

练习使用：有……，有……，还有……的句式。

准备：

卡片若干张(每张卡片上都画有三样幼儿熟悉的东西，如皮球、娃娃、积木、汽车、电车、卡车、自行车)，放卡片的布袋一只，鼓一个。

玩法：

全班幼儿坐成半圆形或圆形，卡片放在布袋里，幼儿按鼓点的节奏依次传递布袋。鼓声停止，布袋传到谁手里，谁就摸出一张卡片，讲出卡片上的内容，如"图上有皮球，有娃娃，还有积木"。幼儿说对了，把卡片贴在磁铁板上，然后来击鼓，游戏重新开始。

游戏名称：看谁说得好

目的：

幼儿可以运用已掌握的形容词来描绘图片，并编成一句完整的话。

---

① 祝士媛：《学前儿童语言教育》，10页，北京，北京师范大学出版社，2010。

准备：

太阳、老奶奶、小弟弟、猴子的图片若干套(每组一套)。

玩法：

①教师逐张出示图片，要求幼儿用学过的形容词来描述图片内容。

例如：

"太阳"：用火红的、红彤彤的、金色的等词来形容。

"老奶奶"：用满头白发的、满脸皱纹的等词来形容。

"小弟弟"：用可爱的、胖乎乎的、聪明的、活泼的、淘气的等词来形容。

"猴子"：用灵活的、调皮的、淘气的、聪明的等词来形容。

②做摸卡片游戏：教师让幼儿任意摸一张卡片，并根据卡片内容编成一句话。

例如：

摸到"太阳"，可说："火红的太阳从东方升起。"

摸到"老奶奶"，可说："满头白发的老奶奶走来了。"

摸到"小弟弟"，可说："聪明的小弟弟想出一个好办法。"

摸到"猴子"，可说："淘气的小猴子一样本领也没学会"。

提示：

①幼儿只能任意抽拿图片，不能挑选。

②集体练习后，也可分组做游戏，教师要求幼儿用词尽量不重复。

游戏名称：不准说"黑"和"白"(大班)

目的：

用比喻的方法培养幼儿思维的敏捷性和语言的表达能力。

玩法：

将幼儿分成两组，游戏开始时，教师指着任何一样白色或黑色的物体，问幼儿："这里什么颜色的?"幼儿回答时，可任意找出相同颜色的物体也比喻，但一定不能说"黑"字或"白"字。例如，教师手拿一支白粉笔问："这支粉笔是什么颜色的?"幼儿答："这支粉笔是像糖一样的颜色。""这支粉笔的颜色像盐。""这支粉笔的颜色像我穿的衬衫的颜色一样。"同一个问题，教师可交替地请两组幼儿来回答，回答正确的可记一分，得分多的组为胜利。

提示：

①初次练习比喻时，教师要结合具体的实物进行，以后可加深要求，离开实物，进行提问，也可在得分多的一组中选一名幼儿来当提问者。

②幼儿回答时如换用"同""和""跟"等连词也可以。例如，"这支粉笔的颜色和雪一样"。

③游戏内容也可换用"红""绿"等颜色进行练习。

游戏名称：听话要仔细

目的：

使幼儿理解连接词"或者""和"的不同词义，并能正确使用"或者""和"说一句完整的话。

准备：

磁铁教具一套、报纸、书、能穿脱衣服的娃娃、大小皮球各一个和玩具小鸭、小猫等。

玩法：

桌上放有准备好的实物。按教师的问题，幼儿到桌前拿实物或做动作。

例一："请你把书和报纸拿给我"。幼儿拿对后，教师接着问："你把什么拿给我了?"幼儿说："我把书和报纸拿给您了。"

例二："请你帮娃娃穿一件毛衣或者一件两用衫"。幼儿穿对后，教师问："为什么你给娃娃穿一件毛衣(或两用衫)?"幼儿答："因为您说给娃娃穿一件毛衣，或者一件两用衫，所以我给娃娃穿了一件毛衣。"

例三："你把小鸭送给×××小朋友或者×××小朋友。

"你把小鸭或者小猫送给×××小朋友。

"你把小鸭和小猫送给×××小朋友。"

提示：

①每个游戏均可变换实物进行练习。

②每次游戏后，全体幼儿边拍手，边念顺口溜，做对时念："对对对，'或''和'分得清。"做错时念："错错错，'或''和'没分清。"以肯定幼儿游戏做得正确与否，并达到个别和集体练习的要求。

③游戏前，教师可先用短文，帮助幼儿理解连接词"或者"与"和"的词义。

附短文：

　　天渐渐地黑了。小胖在看书，奶奶说："小胖，你把日光灯或者台灯打开吧！"小胖把日光灯和台灯都打开了。奶奶说："这样多浪费啊！"小胖说："您不是说把日光灯或者台灯打开的吗？"奶奶说："哦！原来你还不懂'或者'的意思。我说'或者'，那就是两盏灯里随便选一盏灯打开就可以了。开了日光灯就不用开台灯，开了台灯就不用再开日光灯了。"小胖点了点头。

　　奶奶要看报纸，对小胖说："小胖，请你帮我把眼镜和报纸拿来。"小胖很快地拿来了报纸。奶奶皱着眉头说："不拿眼镜，奶奶怎么看报啊？这回，我说的是把眼镜和报纸拿来，那就应该把两样东西都拿来才对呀！下次听话要听仔细。"

　　奶奶端来了一盘洗干净的梨和苹果，对小胖说："小胖，你可以吃一个梨或者苹果。"小胖想了想，挑了一个红苹果，笑眯眯地对姐姐说："奶奶，这回，我对了吗？"奶奶笑了，说："这回你听仔细了，也做对了。"

第四章　幼儿文学语言教育

在人的成长过程中，不能没有文学的熏陶，欣赏文学作品是人的精神生活的重要内容。让文学作品伴随幼儿成长，其意义深远。本章第一节内容是幼儿文学的特点与功能，幼儿文学教育目标、内容；第二节内容是幼儿文学中叙事性文学作品的教育内容及其实施；第三节内容是幼儿文学中抒情性文学作品的教育内容及其实施。核心目标是力求从文学与教育两个维度，阐述实施符合幼儿年龄阶段特点的文学启蒙教育。

第一节　幼儿文学的特点与功能

一、幼儿文学的特点

幼儿文学是以 3～6 岁的幼儿为主要读者对象，为促进他们的健康成长而创作或改编的，适应他们审美需求的文学。幼儿文学也包括 0～3 岁的婴儿的文学作品，并兼顾小学低年级学生的文学作品。

幼儿文学必须是文学。鉴于婴幼儿尚不识字或识字有限，不能独立阅读文学作品，且幼儿文学作品中常配有大量的图画，因而人们容易把幼儿读物与幼儿文学混淆。幼儿读物虽然亦适合幼儿的特点，但它不具有文学特点；而幼儿文学的本质是文学，具有所有文学的共性。

幼儿文学必须是"幼儿"的文学。它的创作主体是成人，而接受主体是幼儿。

幼儿文学要适合幼儿的年龄特点，满足幼儿的阅读需要。创作者需要把握幼儿思维、审美意识的特点，要试着以幼儿的耳朵去听，以幼儿的眼睛去看，以幼儿的心灵去体会。写出的文学作品应体现以下特征。

(一)幼儿文学的题材内容广泛，浅显易懂

幼儿文学作品的题材内容广泛，知识性较强。很多幼儿文学作品涉及自然界的花鸟虫鱼、山河湖海、日月星辰、飞禽走兽，涉及社会与日常生活的知识、规则。幼儿文学既有反映幼儿家庭、幼儿园生活的题材，也有反映少年儿童学校和社会生活的题材。

幼儿生活经验贫乏，具体形象思维占优势，抽象逻辑思维还处于萌芽状态。他们的认识活动总是紧紧依赖于直接的生活经验；他们对事物的理解多为具体的、表面的理解，对人物行动动机的理解水平较低。从这一特点出发，幼儿文学作品的题材多以幼儿熟悉的生活为主。为了扩大幼儿的眼界，幼儿文学作品有时也反映一些他们不太熟悉的社会生活内容。这类作品大都注意借助幼儿熟悉的生活，帮助幼儿了解不熟悉的事物。例如，鲁兵的儿童诗《老爷爷搬家》，通过老爷爷几次搬家，反映我国工业建设很快，人民生活不断改善。作品中所讲的"家"越搬越好，工厂越盖越大，是幼儿能理解的。同时，幼儿文学作品的情节都比较单纯，在一个作品中一般反映一个事件，开门见山，一条线穿到底，景物、心理和叙述人的议论很少。

(二)幼儿文学的形象鲜明生动，以正面形象为主

幼儿模仿性强，分辨是非能力差。幼儿文学作品需要塑造值得幼儿学习和效仿的形象和行为，需要反映一些反面的内容时，要态度鲜明，使幼儿明确地感到什么好，什么不好。

幼儿好动，喜欢活灵活现的人物(或角色)，喜欢动作强的作品。例如，童话《萝卜回来了》和《小羊和狼》，之所以受到几代幼儿的喜爱，是因为作品中对角色动作的生动描绘能唤起幼儿对形象的注意，增强幼儿对形象的理解。又如，广西儿歌《谁会》中一系列动作的描绘，使幼儿生动地了解各种动

物的特点。"鸟儿鸟儿怎样飞？/扑扑翅膀飞呀飞；/鱼儿鱼儿怎样游？/摆摆尾巴点点头；/马儿马儿怎样跑？/四脚离地快快跑；/虫儿虫儿怎样爬？/没脚没腿也能爬。"

幼儿文学作品在着墨于人物外部形象描绘的同时，还需要用图画来加强形象性，用图画弥补幼儿生活经验的不足。故有人称幼儿文学是图文并茂的直观文学。

(三)幼儿文学语言浅显、生动、口语化

幼儿期虽然是语言发展最迅速的时期，但语言发展水平还处在低级阶段。幼儿词汇不丰富，对词义的理解还很肤浅，对代表抽象意义的词较难理解，对多义词只能了解其最基本和最常用的意义，对词的转义就更难理解。

幼儿文学作品中的名词、形容词都尽量具体形象，能够把所描写的情景、形象、状貌、性格等具体地、活生生地描写出来，让幼儿能有如临其境、如见其人、如闻其声之感。

在幼儿文学作品中，为了让幼儿听得懂，作者注意用基本合乎语法的"幼儿的话"，以简单句为主，多用主动句，少用被动句，尽量用短句，做到口语化。

语言的音乐性亦是幼儿文学的重要特点。例如，象声词的运用可以让幼儿听到声音唤起记忆中的形象；作品的韵律和节奏可使儿歌、儿童诗朗朗上口，引起幼儿背诵的兴趣，帮助幼儿学习正确发音和朗诵的技能、技巧。

(四)幼儿文学的体裁多样化

幼儿无意注意占优势，注意的稳定性较差。他们不仅喜欢内容形象生动、色彩鲜艳的作品，而且喜欢体裁和样式经常有变化的作品。

幼儿期个性初步形成，开始出现最初的兴趣、爱好的个别差异。幼儿对不同体裁的文学作品表现出明显的个性特征。例如，四五岁以后的男女幼儿对不同体裁作品的爱好倾向已有明显的区别。体裁多样化可以满足不同幼儿的需要。

幼儿文学不同体裁的作品有不同的功能。儿童诗歌一类作品样式丰富多彩，具备多种功能。它们可以给幼儿各方面丰富的知识，培养幼儿学习欣赏艺术语言的能力，让幼儿掌握一些艺术发声的方法。童话和儿童生活故事是向幼儿进行知识教育，渗透品德教育的教材。童话通过幻想反映现实生活，

可促进幼儿想象力的发展。童话剧可供幼儿表演，练习用不同声调表现不同人物性格，提高幼儿口语表达的技巧，满足幼儿自我表现的需要。

幼儿文学作品不仅体裁多样，而且还有自己的特殊游戏样式，如立体画册，能活动的书，用来填画、涂色或做手工的书，玩具书等。

二、幼儿文学的功能

幼儿文学作品是幼儿的重要精神食粮，它和成人文学一样，具有教育、认识、审美和娱乐四个方面的作用。其具体化可体现在以下几个方面。

(一)萌发幼儿对文学作品的兴趣

人在成长过程中不能没有文学的熏陶，欣赏文学作品是幼儿精神生活的重要内容。幼儿文学作品中不仅有活泼快乐的人物形象，生动多变的情节，拟人、夸张、神化的手法，而且看大量图文并茂的作品，对幼儿有极大的吸引力，使幼儿逐渐对文学作品产生浓厚的兴趣，对其终生热爱文学作品奠定基础。

(二)促进幼儿社会性发展

幼儿成长过程就是从"自然人"向"社会人"转化的过程。幼儿发展过程要受到诸多因素的影响。幼儿文学在帮助幼儿成长为身心健全的人的方面发挥着重要的作用。

幼儿文学与成人文学的不同之处表现在有许多作品用生动的情节向幼儿讲述日常生活常识。例如，童话剧《小熊拔牙》(柯岩)就是用童话的形式告诉幼儿注意牙齿卫生的重要性；《下巴上的洞洞》(鲁兵)是告诉幼儿要正确吃饭，不要浪费粮食。

幼儿文学作品的内容生动、自然地向幼儿传授广泛而细致的道德规范，从爱父母、爱家乡到爱祖国，从培养对人的同情心到关心别人，从自私、说谎等不好的品质到无私、诚实等好的品质，从培养文明行为到培养乐观、活泼开朗的性格。幼儿文学作品都是以生动、活泼的表现手法，巧妙地让幼儿掌握道德行为标准，使他们感受到什么是好、什么是坏，应该模仿什么，不应该模仿什么。幼儿感受到美的时候，才会激起爱慕的情感和模仿的愿望，愿意把美好的东西见之于自己的行动。例如，童话《萝卜回来了》(方轶群)

中，小动物们互相关心，互相爱护，大雪天互相送食品的美好行为；《雪孩子》(嵇鸿)童话中，雪孩子从大火中救小白兔的勇敢行为和舍己为人的精神。这些美好的形象和行为都会潜移默化地影响幼儿的道德感，陶冶他们的情操。

(三)增长幼儿的知识，扩大幼儿的眼界，培养幼儿的求知兴趣

文学作品是幼儿知识的重要来源，因为幼儿尚未开始系统学习，他们获得间接知识的主要途径是阅读文学作品。文学作品中反映的自然、社会常识是以生动形象的方式表现出来的，易于幼儿理解和接受。例如，《小蝌蚪找妈妈》(方惠珍、盛璐德)运用误会法，通过蝌蚪一次次找错妈妈的情节，介绍了青蛙及其他水中动物的知识。幼儿接触最早又最多的儿歌中有多种多样反映各种知识的儿歌。例如，"小黑鸡，两条腿；大黄牛，四条腿；蜻蜓六条腿；蜘蛛八条腿；螃蟹十条腿；蚯蚓、鳝鱼没有腿。"这首儿歌以腿的数目为特征，介绍了几种常见动物。

幼儿最早对周围世界的认识主要通过直接观察。但是他们的生活和活动范围很有限，文学作品便成了他们扩大眼界、认识世界的一个窗口。例如，世界著名的瑞典童话《骑鹅旅行记》(塞尔玛·拉格勒芙)写了尼尔斯变成拇指小人后，骑在家鹅的脖子上，随大雁群周游了瑞典，让幼儿认识了瑞典的城乡、动植物的分布、文化古迹、民间习俗等。苏联儿童小说《丘克和盖克》(盖达尔)写了两个五六岁的孩子随妈妈坐火车到西伯利亚去探亲，一路上见到的火车、装甲车、大炮、森林、野生动物……这对两个幼儿来讲，都是新奇的世界。

幼儿文学在增长幼儿知识、扩大幼儿眼界的同时，还培养了幼儿的求知兴趣。作品带给幼儿大量新鲜的感性知识，幼儿又以这些知识为起点，循序渐进，不断丰富知识经验

(四)丰富幼儿的语言和情感，发展幼儿的思维和想象力

文学作品中的语言是经过作家加工的、成熟的艺术语言。优秀作品中的语言都是简练、生动、富于情感的，是艺术语言的结晶体。幼儿在欣赏儿童文学作品中可以受到丰富、多样的艺术语言熏陶。

1. 可以学到大量新的词汇

幼儿在欣赏文学作品时，可以学到描述自然现象、动植物特征、人的外

貌的形容词,学到一些代表抽象意义的词(光荣、勇敢、牺牲、诚实、机警),学到一些形容人的心理活动、状态的词(等待、盼望、焦急、兴奋、激动、感激、满意)等。文学作品的生动情节和形象描述能帮助幼儿理解这一类词的词义,能较快地将这些新词运用到自己的表述中去。

2. 可以欣赏到形象化的语言

语言的形象性是文学作品的重要特征。幼儿文学作家都十分注意用词形象,把所描写的一切情景、形象、状貌、性格等,能具体地、活生生地描写出来,如葛翠琳在《野葡萄》中的一段描述:

> 秋天里的葡萄,水灵灵的特别甜。尤其是那些紫葡萄,一颗颗亮晶晶的,又大又圆,薄薄的皮里,包着蜜一样的汁。远远地望着,像成串的紫水晶球儿。

3. 可以欣赏不同风格的语言

不同体裁的幼儿文学作品都采用不同风格的语言来表现。例如,童话《三只蝴蝶》是叙事性作品,它的开头是这样写的:

> 花园里有三只蝴蝶,一只蝴蝶是红的,一只蝴蝶是黄的,一只蝴蝶是白的。它们天天在花园里一块儿游玩,一块儿跳舞,非常快乐。

这个作品采用的是直接叙事的形式。散文诗《小河》是抒情性作品,用具体的描述来抒情。

> 我是一条明亮的小河。我不停地向前奔跑着。我望着晴朗的天空,它给我穿一件蓝蓝的干干净净的衣服。当我跑过田野,我看见绿茵茵的麦苗、金灿灿的迎春花,我又换上了一件鲜艳的花衣服了。

另外,叙事性的作品中一般都有人物对话。不同年龄、不同性别、不同性格、不同职业的人,讲起话来都各具不同的风格。幼儿大量欣赏不同体裁的作品后,就会极大地丰富他们语言的经验。

4. 丰富幼儿的情感

文学作品的特殊作用在于具有艺术感染力,即不仅能给人以思想影响,而且还能从感情上打动读者。这是因为作家在创作时,总是按照一定的审美观念反映生活和塑造形象的,这就会使读者对人物的行为、命运和各种生活情景在感情上产生强烈的反应。幼儿本身的感情非常丰富,他们最容易受到感染。幼儿文学作品很注意以形象来丰富幼儿的情感，让幼儿从作品中体会各种情绪：从《拔萝卜》中，幼儿能体会到成功后的兴奋和喜悦；从《卖火柴的小女孩》中，幼儿能体会到同情与怜悯；从《鸟树》中，幼儿能体会到忧伤与企望。

5. 发展幼儿的思维与想象力

语言是思维的工具。通过文学作品丰富幼儿语言的同时，可以明显促进幼儿形象思维的发展；通过幼儿感知和理解情节丰富的故事的过程，可以促进幼儿分析、判断、综合、推理能力的发展，可帮助幼儿抽象逻辑思维的发展。

幼儿想象力极为丰富。幼儿阶段是发展想象力的最佳时期，幼儿文学则是发展幼儿想象力的最佳载体，特别是童话、神话和民间故事，为幼儿提供了各种丰富、新颖、怪诞的形象，为幼儿加工、改造、组合新形象提供了合理的依据，促进了幼儿想象力的发展。

(五)培养幼儿的美感，发展幼儿的审美能力

美感是人对事物的审美体验，是根据一定的评价美的标准而产生的高级情感。审美能力则是一个人接触到艺术和日常生活真正的美时，能感到满意，觉得精神愉快，并依此去鉴别美好与丑恶的事物，文明与粗野的行为等的能力。

文学作品是作家按照一定的审美观念来反映周围的事物。作家运用优美的语言，所塑造的各种美的形象、多变的境界、高尚的道德行为，再伴随着成人简单、明晰的审美评判语句，如"多美呀""美极了""太美了"，就可以自然而然地渗透给幼儿许多评判美的标准和示范。欣赏文学作品的过程不仅让幼儿获得美的享受，陶冶幼儿的情操，而且可以培养幼儿的美感和审美能力。

(六)愉悦幼儿的身心，培养活泼开朗的性格

快乐是人们的共同需要，对于幼儿来讲，快乐更具有多种意义。快乐有助于他们生长发育，提高免疫力，对身心健康与人格的健全都有积极的作用。

幼儿文学作品中生动活泼的形象，曲折多变的情节，圆满的故事结局，拟人、夸张、荒诞的表现手法等，可以使幼儿获得愉快的情绪，从而有利于幼儿身心健康发展。

三、幼儿文学语言教育目标和内容

(一)幼儿文学语言教育总体目标和内容

在《3—6 岁儿童学习与发展指南》中，语言领域的目标涉及文学语言教育的内容为"具有初步的阅读理解能力"。现将其细化为以下内容。

1. 培养幼儿对文学作品的喜爱

幼儿对文学有一种天然需求。这种天然的需求包含两层意思：一是可以从文学中可以获得他们成长所必需的营养，二是可以获得一种维系心理健康所必需的精神享受。

鉴于文学作品对幼儿的功能，成人需要自幼就开始对他们进行文学方面的熏陶，通过欣赏、讲述、表演幼儿文学作品，初步培养幼儿对文学作品的兴趣，使幼儿喜欢听各种体裁的幼儿文学作品的讲述、朗诵和表演。

2. 培养幼儿欣赏文学作品的能力

除图画书以外的大多数幼儿文学作品，是诉诸听觉的文学的，幼儿主要是通过"听"来接受文学的。幼儿文学作家鲁兵曾说："对尚未识字的幼儿，亦即学龄前的孩子来说，文学作品不是他们自己读的，而是父母教师念给他们听的……儿歌、故事、童话，都只能通过大人的朗读，尚未识字的幼儿才能得到真正的欣赏，不只是了解其内容，而且欣赏语言艺术。"文学作品生动的情节、形象化的语言对幼儿有很大的吸引力，对培养幼儿通过"听"来欣赏文学作品极为有利。

(1)能集中注意力、有目的地倾听

这是对幼儿欣赏文学作品的基本要求。做到这一点是有条件的，即听的内容要对幼儿有吸引力，文学作品的内容和形式的趣味性符合幼儿心理发展的特点。

(2)能领会文学作品的技能

这是要求幼儿逐步学会确定作品的主要人物(作品里讲的是什么人的故事)，能说出自己对他们的态度(喜欢什么人，为什么? 不喜欢什么人，为什么?)，对主人公的行为做出评价，记住作品中的事件(情节)及其发展顺序。

掌握一定的文学作品的技能可以培养幼儿将作品中描写的内容与现实生

活进行比较，使其具体领会作品的要领，从而受到某方面的启示。

（3）能体验作品所表达的感情和情绪

文学作品的特殊作用在于具有艺术感染力，即不仅能给人以思想影响，而且还能从感情上打动读者。要求幼儿体验作品所表达的感情和情绪是指让较大的幼儿能与作品的主人公怀有同感，能像作品主人公那样设身处地地展开思维活动，如能像主人公一样在紧张的时刻感到畏惧，在取得胜利时感到轻松和愉快。幼儿有了这种情感体验，就可促进其社会情感的发展，提高其美的感受能力，陶冶其性情。

3. 学习幼儿文学作品中的艺术性语言

文学作品中的语言是经过作家提炼、加工的艺术语言。优秀作品中的语言都是简练、生动、富于情感的，幼儿在欣赏幼儿文学作品过程中，可以学习具体描述人物、自然、日常生活、社会环境的词句，学习代表抽象概念的形容词，学习描述人的心理活动和状态的词句，学习叙述故事情节的连贯性语言，学习不同体裁作品中的语言表达形式，从而丰富语言经验。

（二）培养幼儿欣赏文学作品的年龄阶段目标

1. 小班（3～4 岁）

①能听懂短小的儿歌或故事。

②能独立地朗诵简短的儿歌。

③能复述简短的故事。

2. 中班（4～5 岁）

①能大体理解、讲出所听故事的主要内容。

②能随着作品的展开产生喜悦、担忧等相应的情绪反应，体会作品所表达的情绪情感。

③会朗诵诗歌、散文和复述故事。

3. 大班（5～6 岁）

①能说出看过或听过的故事的主要内容，并说出自己的看法。

②能初步感受文学语言的美。

③能根据故事的部分情节或图书画面的线索猜想故事情节的发展，或续编、创编故事。

④有感情地表演故事、童话、诗歌和散文。

第二节　幼儿文学叙事性作品的教育

一、适合幼儿欣赏、讲述与表演的作品

(一)儿童生活故事

儿童生活故事的题材广泛，主题单纯，多是直接反映社会现实生活的，特别是幼儿熟悉的家庭、幼儿园生活居多。它们有的是记叙真人真事；有的是通过虚构的故事，反映幼儿身边的事情；有的主人公就是他们自己。在这些故事中，有的是表扬好的事迹或行为的，也有的是善意地、委婉地批评错误的想法和行为的。例如，《小傻哥哥》(李大同)就是表扬处处以别人、集体利益为重的"小傻"的优良品质。《蓝色的树叶》(奥谢耶娃)是通过莲娜、卡佳两个小学生借彩色铅笔的故事，巧妙、含蓄地批评了不愿将自己的东西借给别人的缺点，启发有这样缺点的幼儿要乐于帮助别人。以上两个故事的共同特点是讲幼儿身边熟悉的事，不仅能使他们感到亲切，而且能启发、暗示他们对照自己的行为，起到潜移默化的影响。

儿童生活故事篇幅短小，注意以小见大，寓教育于启发之中。优秀的儿童故事都善于从生活中选取富有表现力的片段，表现深刻的内容，如《李子核》(列夫·托尔斯泰)。

有一天，妈妈买回来许多李子，她想吃过午饭后再分给孩子们吃。这些李子都放在盘子里。万尼亚从来还没有吃过李子哩。所以他老把这些李子拿起来闻闻。他非常爱李子，很想吃。他老是围着李子转来转去。当房间没有人的时候，他实在有些忍耐不住了，就抓上一个吃了。吃饭前，妈妈点了一下李子的数目，发现少了一个。她把这件事告诉了爸爸。

吃饭时，爸爸说："喂，孩子们，你们哪一个吃了李子吗?"大伙儿答道："没有。"万尼亚的脸红得像龙虾，他也说："没有，我没有吃。"

爸爸说道："你们要是谁吃了李子，这可很不好，不是怕你们吃，

怕的是李子里面有核，要是哪一个不会吃，把核也吞下去了，那他过一天就会死的。我怕的是这个。"

万尼亚一听，吓得脸色发白，说道："不，我把核吐到窗子外面去啦。"

大家一听，哈哈大笑，而万尼亚却哭起来了。

儿童生活故事的情节大都由人物的行动组成，情节生动，结构紧凑，很少有对环境、人物心理的描述和作者的议论。儿童生活故事的结构紧凑，表现为作品开门见山，直接入题；线索单纯，直线发展；层次分明，有头有尾，有圆满的结局，如《下雨》(赵继良)。

下雨了，奶奶望着窗外的雨点，心里很着急。她想："小宝带雨伞不要紧；小玲没有带雨伞，衣服一定要淋湿了。"

"嘭嘭嘭!"有人敲门。奶奶拉开门，小玲跳着蹦着进来了。奶奶摸着小玲的衣服，奇怪地问："小玲，你的衣服怎么没淋湿?"

小玲高兴地回答奶奶说："是我们班一位同学送我回来的。"

奶奶称赞着说："这真是个好孩子!"

"嘭嘭嘭!"小宝奔进屋来了。他的衣服全湿了，头发上有水滴下来，奶奶生气地说："你一定把伞弄丢了。"

"没有。"小宝对奶奶说："我把伞借给路远的同学了。"

奶奶望着小宝，高兴地给他擦干头发，说："你也是个好孩子，快去换衣服吧!"

从上述两个故事中，我们可以看到儿童故事的主题都很单纯、集中，情节紧紧围绕主题展开，使幼儿欣赏后能获得明确的印象。

儿童生活故事以叙事为中心，要求语言朴素、浅显、形象、简洁，叙述语言力求口语化，人物语言要有个性特点，语言的深浅水平要适合不同年龄幼儿的接受水平。例如，《圈儿圈儿圈儿》(安伟邦)故事中的语言，是经过提炼的儿童口语，写得简洁生动，通俗易懂。

大成爱看书，可是不爱写字，老师教他写字，他心里说："我只要能看书就行了。"

一天，上语文课，老师要大家听写。大成一听着慌了，他拿着铅笔有点发抖，只听老师念道："啄木鸟，嘴儿硬，笃笃笃，捉小虫，大家叫它树医生。"

大成有好几个字写不出来，只好在纸上写道：

"○木鸟，○儿○，○○○，○小虫，大家叫它○医生。"

大成写完，就交给老师。

第二天，老师让他把自己写的念一念，他念道：

"圈木鸟，圈儿圈儿，圈儿圈儿圈儿，圈儿小虫，大家叫它圈儿医生。"

念着念着，同学们哗的一声笑了。大成很难为情。

老师说："大成，你自己写的东西，自己都看不懂，别人怎么看得懂呢？"

大成想："老师说得对呀！我应该好好学习。要是别人把字也画成圈儿，我到哪里去找书看呢？"

(二)童话

童话是具有浓厚幻想色彩的虚构故事。它能借助幻想的力量，使我们常见的各种平凡的人物和现象发出不平凡的奇异光彩，在小读者面前展开一个"幻想世界"。童话中的假想形象可以超越时间和空间的限制，在亦虚亦实、似幻尤真的奇境中自由自在地活动。例如，《神笔马良》描写了穷孩子马良得到了一支金灿灿的奇异神笔，画了一只鸟，鸟扑扑翅膀飞到天空，叽叽喳喳唱起歌来。马良又用它画了一匹骏马，跳上马背，在大路上奔驰。童话里面就是充满了这样神奇而又美妙的幻想。它贴近幼儿的心理，是儿童文学特有的文学样式。

拟人形象为童话的主体。幼儿受生活经验限制，最先认识的是人，最熟悉的也是人，他们总喜欢把一些非人的东西理解成人，自认为娃娃、玩具或小动物能听懂自己的话，和自己有同样的心情。成人在引导幼儿认识周围世界时，也常常喜欢用他们熟悉的人做比喻，把万物涂上生命的色彩。因此，拟人体童话极易受到幼儿喜爱、理解，自然使拟人体童话成了幼儿童话创作中的主流。

童话为了更好地体现幻想的色彩，表现手法生动活泼。幼儿童话创作中，除运用拟人手法外，还经常运用多种表现幻想的手法，如运用极度夸张的手法，可以把人、物、环境夸大、夸小、夸美、夸丑。例如，《格列佛游记》(约拿旦·斯威夫特)中的格列佛在海上遇难，飘到了小人国。在小人国，一切都极端细小，最大的城市像生活舞台上的城市布景，最高的树只有三四尺。这个国家的公民高不过 6 英寸(1 厘米＝0.3937 英寸)，格列佛的手掌可以让五六个小人在上面尽情跳舞，孩子们可以在他的头发间玩捉迷藏游戏。而当格列佛漂流到大人国时，看到那里的道路、庄稼、器具都大得不得了。麦子至少有 40 英尺(1 米＝3.2808 英尺)高，猫比生活中的公牛大 3 倍，老鼠也有猎狗那么大，那里的人更是庞然大物，格列佛在他们中间变成了一个"矮人"，被人用食指和拇指捏住，提起来放在口袋里。童话创作运用神化的手法，赋予童话形象以超自然的力量。例如，民间童话《刘家五兄弟》中的五个兄弟，各有超人的本事，有的不怕火烧；有的不怕刀砍；有的能和老虎对话；有的被人推下山时，两条腿变得比山还高；有的被人推下海时，能把海水吸干。有时童话让童话人物成为超人形象。例如，《仙女》(贝洛)中的主人公时而化身为贫穷的老婆婆，时而装扮为贵夫人的仙女，能使勤劳有礼貌的小妹妹说话时吐出鲜花或宝石，也能使粗暴贪婪的姐姐从嘴里吐出毒蛇或癞蛤蟆。作者运用变形、荒诞等手法，把童话写得生动活泼。

二、叙事性文学作品教育的实施

(一)给幼儿讲述故事

听成人(教师或家长)讲故事是幼儿重要的精神生活，很多故事可以百听不厌。幼儿对听故事为什么有如此大的兴趣？成人对给幼儿讲故事又为什么总是津津乐道？著名幼儿教育家陈鹤琴先生在《幼稚园的故事》一文中提到"幼稚园里为什么要讲故事"时，对此进行了如下的分析。①使幼儿愉快。讲故事可给幼儿愉快的心情，引起幼儿读书的兴趣。②学习语言。故事里人物很多，说各种各样的语言，幼儿在当时只觉得听了有兴趣，哪知道无意之中就学习了许多语言。③涵养性情。故事里形形色色人物很多，喜怒哀乐的表情又很多，幼儿听了以后无形中得到许多陶冶。④增进知识。自然界、社会、家庭生活等各种知识，都是故事的好材料。⑤引起幼儿想象。倘若幼儿常听故事，那么幼儿也常常会想故事，可以把他的幻想组织起来，成为一个故事。久而久之，他的幻想成了活泼的思想。⑥陶冶嗜好。爱好故事是好的嗜好之一。故事中"歌""舞""找东西""爱自然界"等人物的描写，动作的叙述，都可以间接或直接培养幼儿的嗜好。⑦增进友谊。故事可以使幼儿对更多的人和物发生感情。⑧抑制恶感。故事可以无形中感化幼儿，故事中的勇敢侠义、爱怜仁慈，可以使幼儿反省，消灭种种恶劣情感。⑨培养表达能力。幼儿可以将故事用说和动作表现出来。⑩培养随机应变的能力。故事中描写人物应付环境的一言一行，都有相当的价值。

1. 教师讲述故事活动的准备

(1)选择教材

①教师要掌握好选择作品的标准。讲述故事所选用的作品需要根据本班各领域教育和发展幼儿语言的要求进行精选。所讲的故事除了必须具有一定的教育意义外，还要主题突出，情节生动、简单，人物少，语言形象生动，适合幼儿的接受水平。供幼儿复述的作品最好有适当的重复(段落或句子)；供幼儿表演的作品，对话要多，叙述要少。

②作品体裁要多样化，即作品当中不仅要有反映现实生活题材的各种儿童故事，也要有以知识为题材的作品，有一定数量的童话，有少量的寓言。

③必要时教师可对所选作品进行适当改编。例如，所选的作品如果有的过长，教师可以去掉一些不必要的情节。有些词句过深的，教师可以改为幼儿能接受的语言，如"呼呼的北风卷着漫天大雪"可改为"北风呼呼地吹，雪越下越大"，"山路崎岖不平"可改为"山路高低不平"；把长句改为短句，如"同她一起来的，还有一位 50 多岁的不相识的男子"可改为"同她一起来的，还有一位老爷爷"；把被动句改为主动句，如"这一切都被躲在树上的小猴子看见了"可改为"小猴子躲在树上，什么都看见了"。如何改编故事的细节，可参考本书附录中孙敬修《怎样讲故事》一文。

(2)分析和熟悉教材

选好作品后，教师要进行分析，要先从头到尾看一两遍，熟悉人物性格特点、人物之间的关系、人物和环境与事件的关系，掌握作品的情节结构，清楚作品各部分之间的关系，明确什么地方是情节高潮，明确它的主题思想，以及表现人物情感和情景的语言，彻底了解故事的内容。如何分析作品，下面提供一个分析实例。

案例

对《金黄色的马车》(吕丽娜)的分析

《金黄色的马车》是一篇很美丽的童话。教师引导幼儿欣赏时，可以关注以下几个方面。

富有悬念的开篇。好的幼儿文学作品都很注重有个好的开头，目的是一开始就能吸引幼儿的注意力。《金黄色的马车》的开头是："绿油油的草地上，停着一辆漂亮的小马车。这辆马车是金黄色的。"几句话写得很美，画面感很强，而且配套图画中还独具特色地塑造了"四匹紫色的小马"，然后引出"谁也不知道，这辆小马车从哪里来，它的主人是谁"这一具有神秘色彩的悬念，让幼儿顿生好奇心，产生往下欣赏的愿望。

奇妙的幻想。《金黄色的马车》中的形象、情节都是通过童话特有的手法(拟人、夸张、象征、变形等)幻想出来的，但其幻想不是凭空的胡思乱想，而是从生活实际出发的一种虚构。幻想出来的内容可能千奇百怪，如现实生活中的南瓜、茄子只能作为蔬菜存在，但在童话中，南瓜可以变为小马车，茄子可以变为四匹紫色的小马。这些"小马车""紫色的小马"也不是一成不变的，当小猫和小狗想坐一坐"可爱的小马车"时，"刚迈上一只脚，马车就变成了一个圆滚滚的南瓜，四匹小马呢，变成了四个茄子"。而小熊巴巴布坐上小马车后，南瓜又变成了"小马车""四匹小马就嘚嘚地飞跑起来"。这些幻想出来的情节符合幼儿的"泛灵论"的特点——认为周围事物都是与他们一样的有思想、能说话、会走路，也符合幼儿喜欢"多变"的心理。《金色小马车》中一会儿是小马车，一会儿是南瓜，一会儿是四匹紫色的小马，一会儿是四个茄子。菜园里的蔬菜在狂欢之夜，全都长出腿来跳舞。这些变化莫测的情景，最受幼儿的偏爱，他们能很自然地理解南瓜、茄子变化的原因。

含蓄的表现手法。在《金黄色的马车》中，作家采用童话的"变形"手法，让不同的动物坐上小马车，出现不同的结果，来含蓄地表现其主题思想——喜欢帮助别人，才能得到别人的喜爱和帮助。这与现实生活中某些事物有着极为相似的联系，这种联系既不是生活本身，也不是生活的复现，而是一种象征。《金色小马车》中所反映的现象就是现实生活中人与人关系的象征，给幼儿渗透怎样做一个与人为善、喜欢帮助别人的好孩子的道理。成人在引导幼儿欣赏这个作品时，不要对幼儿灌输这些道理，而是让幼儿在理解作品的基础上，自己去体会作品的内涵。

美丽的色彩和语言。童话是幼儿文学体裁中最讲究"美"的一种形式，童话为了塑造美的形象和环境，都极注意在语言美上下功夫。《金黄色的马车》中有"绿油油"的草地，"金黄色"的小马车，四匹"紫色"的小马，披着"红披风"、戴着"金王冠"的茄子等，把"蔬菜王国"描绘得像一个彩色世界，能极大地满足幼儿对色彩的偏爱心理，加深幼儿对作品的印象。另外，对作品中的"王冠""披风""狂欢"等名词，"圆滚滚""惊奇""幽暗""欢乐""伤心"等形容词，"逃""越过""路过"等动词，成人就需要用自然、形象的语言和方式，帮助幼儿逐渐理解这些词的意义。

【附】《金黄色的马车》原文

绿油油的草地上，停着一辆漂亮的小马车。这辆马车是金黄色的。

谁也不知道，这辆小马车从哪里来，它的主人是谁。

一只小猫跑过来，高兴地说："多可爱的小马车，让我坐一坐吧。"

可是，小猫刚迈上一只脚，马车就变成了一个圆滚滚的南瓜，四匹小马呢，变成了四个茄子。

小猫很害怕，逃走了。

一只小狗跑过来，高兴地说："多可爱的小马车，让我坐一坐吧。"

可是，小狗刚迈上一只脚，马车就变成了一个圆滚滚的南瓜，四匹小马呢，变成了四个茄子。

小狗很害怕，逃走了。

这时候，小熊巴巴布来了。巴巴布说："多可爱的小马车，让我坐一坐吧。"

巴巴布刚坐上去，四匹小马就嘚嘚地飞跑起来！小马车穿过绿色的草地，越过幽暗的树林，当月亮升起的时候，跑进了一个美丽的菜园里。巴巴布忽然记起来，他以前曾经路过这个菜园，还帮这里的每一棵蔬菜浇过水呢。

"欢迎光临！"一位披着红披风、戴着金王冠的茄子向巴巴布走过来，谁都能一眼看出，他是蔬菜们的国王。

"今天是蔬菜们的狂欢之夜，所有的蔬菜今晚都会长出腿来，尽情地跳舞。"茄子国王说，"我特别派我的马车去请你，因为你帮助过我们，为我们浇过水。"

欢乐的舞曲就在这个时候响了起来。巴巴布惊奇地看到，那些黄瓜啊、白菜啊、番茄啊什么的，一下子都长出腿来。洋葱、萝卜、土豆从地底下钻了出来，他们也都长着短短的小腿。

蔬菜们在月光下跳啊、笑啊、旋转啊，哪怕是全世界最伤心的人，见了这个场面都会笑起来。

是的，如果谁有幸参加蔬菜王国的狂欢之夜，谁就能永远拥有一颗充满欢乐的心。

在分析故事的基础上，教师还要通过反复阅读、朗诵，记住故事情节的发展顺序和对话。对于短小的优秀作品，如《三只蝴蝶》《小蝌蚪找妈妈》《小马过河》等，教师应能背诵下来。教师只有记熟作品，才能在讲述时做到感情自然，条理清楚，前后连贯，不致遗漏故事的情节和对话。

在熟悉教材的过程中，教师还要考虑如何突出重点，如何解释清楚难懂的词句，针对故事内容提什么问题，以利于幼儿理解作品的内容。

(3)准备直观教具

在讲述故事活动中，恰当地运用直观教具不仅可以提高幼儿学习兴趣，而且可以帮助幼儿理解作品的内容，加深印象，巩固记忆。讲述故事活动常用的教具有图片，大开本的画册，木偶，多媒体(DVD、PPT、PPS)等。

2. 教师讲述故事活动的进行

陈鹤琴先生在《幼稚园的故事》一文中提到"怎样对幼稚生讲故事"的内容时，提出了讲故事的人应注意的要点如下。①要精神同化。故事不是物质，乃是情感，充满情感，方能够表达故事的真实意义，收到故事的真价值。怎样能够充满情感呢？讲故事的人最要紧的要守两句诀语："不固执有我，处处要以儿童之心为心""我是故事中的人物"。②要有十分感兴趣的态度。若使讲故事获得好的效果，非要讲者加上极丰富的兴趣不可，即在未讲之前，保持自己心地的快乐，把自己变成幼儿，变成故事的人物。③要有自然的姿势与动作。④用适当的言语和音调。

(1)教师讲述故事的技能技巧

教师给幼儿讲述故事常用的方法有两种：一种是有感情地朗读幼儿文学中的精品，即逐字逐句地、有感情地朗读；另一种是讲述，这种方法可以不拘泥于原文，可删减内容，变换词句，加进少量解释等。

①感情。教师在讲述故事过程中，要能较好地表达作品的内容，产生感

染力，从而收到好的教学效果。无论是用哪种方式方法，感情是讲好故事的关键。教师欲使自己的讲述有感情，就要善于使自己的感情同作品中人物的感情融合起来，但要明确讲述故事过程中感情的表达方式和表演艺术的表达方式不同。教师不需要像演员那样尽情地哭、笑，也不需要大的动作，而是要善于控制自己的感情，用语调的变化、面部表情和少而精的动作来表达作品的感情。

②语调。讲述故事过程中，教师声音高低、快慢的变化，可以形成不同的语调。这种变化代表着对不同事物的不同态度，表现出各种各样的思想感情。这种对声音运用的技能技巧就是讲故事的艺术。

发音正确，声音的高低、速度适中，停顿适当。教师在讲述故事时一定要用普通话，发音要正确，吐字要清楚。声音的高低以全班幼儿都能听清为宜。音量应随情节的变化而变化，表达气愤的语句，声音自然要高些；表达忧愁的句子，声音应比较低沉。对于每句话中代表主要意思的词，教师在讲述时要着重表示出来，声音可稍高一些。

讲故事时的语言速度要和作品内容相协调，在不同情况下，教师应运用不同的速度。一般地说，讲故事要比平时说话速度慢，给幼儿讲更要注意这一点。在讲述过程中，开始讲述应稍慢一点，以便集中幼儿的注意力，但过慢也容易使幼儿感到疲劳。

讲故事时，语言要有停顿，作品中有标点符号的地方，是自然停顿的地方。有时需要突出某个地方，引起幼儿注意或思索，即使在没有标点符号的地方也可停顿，但这种停顿一定要适当，停顿不当也会影响效果。

语言表达方式要符合作品中人物的特点。作品中人物的年龄、性别、性格等的不同，语言表达方式也应有所区别。从速度上看，幼儿和老人讲话慢，少年儿童讲话快；从音调上看，儿童高，老人低，小姑娘清脆。另外，男、女、好人、坏人、不同性格的人，在讲话上也要有区别。

语言要生动。给幼儿讲故事除了运用语调的变化来提高语言的生动性外，还可适当加些象声词，如用"吱扭"形容开门的声音，用"哗哗"形容流水或下雨的声音。其他如动物的叫声、交通工具的声音、自然界的各种声响等，教师都可用象声词去形容，这样可使故事讲得有声有色。

③表情。讲故事时的表情要符合作品规定的情境，要随着情境的变化而变化。例如，教师讲《雷锋的故事》时，讲到他一件件乐于助人的事迹，就应

面带笑容高兴地讲；讲到他童年的苦难生活，就应是同情的态度；讲敌人出场，脸上就应严肃；讲到儿童时，就要用充满热爱的感情来讲。总之，喜怒哀乐要因人而异，因情而异，因境而异。

在感情的表达方面，教师要注意眼神的作用。讲述故事时，教师的眼睛一定要看着幼儿，说一个人在专心地工作，眼睛就要凝视一个地方；说眼睛滴溜一转坏主意就来了，眼球就一定要转，要用眼神和幼儿交流感情。

④动作。讲故事时的辅助语言是动作，如讲某件东西的大小，不必说明大到怎样，小到怎样，有尺寸的，有分量的，只要两手张开和缩小就够了。所以，教师给幼儿讲故事时可适当加一些动作，以姿势助说话，增强故事的效果。但动作要和讲的内容相一致，不宜夸大，也不要太多。

(2)讲述故事过程中应注意的要点

①要创设好讲故事的环境。为了使幼儿能集中注意听故事，教师要创设安静、整洁的环境，避免多余的物品分散幼儿的注意。座位的安排以幼儿坐成弧形为宜，如果幼儿人数较多，坐成双行亦可，但要留心幼儿身体的高矮。教师坐在近圆心点，应使每个幼儿都能清楚看到教师的表情和动作。

讲故事前，教师要先组织幼儿安静地坐好，稳定他们的情绪，集中他们的注意力，要在安静的气氛中开始讲故事。教师可用富有情感的语调来激发幼儿听故事的兴趣和愿望，交代故事的名称。在大班，如果是讲述著名作家写的故事，教师可向幼儿介绍作家的姓名及其代表作品，以培养幼儿对作家和作家劳动的热爱与尊敬之情。

②教师讲述故事要富有感染力。教师应力求使自己的讲述生动形象，富于情感，以引起幼儿的想象，激发幼儿情感，使故事内容能在幼儿头脑中呈现出一幅幅画面来。这样就能使幼儿对故事不仅有所知，而且有所感，以更好地理解作品。

③恰当地解释新词。在讲述过程中，教师对新的词汇要进行必要的解释。这种解释应简短而自然地进行，尽量不中断故事。例如，故事中有这样的句子，"他穿过一片密密的荒林"。"荒林"是新词，而"树林"是幼儿早已熟悉的词，这时教师可把"荒林"解释为"就是没有人去过或没有人管理的树林"。由此及彼，幼儿就比较容易懂得"荒林"一词的意思了。对作品中优美的艺术语言，教师要有意识引导幼儿去注意它们，帮助幼儿理解词义，想象这些词语描绘的形象，体会它们的美，并启发幼儿在以后的讲述中去学习运

用它们，以发展幼儿的艺术语言。

④讲故事过程中不适宜提问。在讲故事过程中教师一般不适宜向幼儿提问，特别是那些内容丰富，情节曲折、紧张的故事，更不适宜中间提问，否则会影响作品情节的连贯性。有些介绍自然常识或卫生习惯的故事，中间可以提问，但问题应简单，一两句话就可回答清楚。教师在讲述结束后，如果还有时间，可适当提一些问题，了解一下幼儿理解故事内容的情况。对大班后期的幼儿，教师还可引导他们对作品进行讨论。

（3）直观教具的运用

鉴于小班幼儿主要是依靠具体形象的、直观的形式认识事物，教师给他们讲故事时，有时需要伴随直观教具进行。

除小班外，一般第一次讲述故事都不宜采用直观教具。因为幼儿在对作品内容还没有了解，对作品中的艺术语言也还生疏的情况下，很容易被这些具体形象的东西吸引，分散注意力，影响对作品内容的感知。所以直观教具最好是在幼儿已初步掌握作品内容以后，伴随教师第二次讲述故事时再出现，使幼儿能具体形象地再一次感知作品的内容。

综上所述，教师讲述故事是否成功，主要涉及以下因素：

教师所选择的作品是否适合幼儿；

教师对故事内容的熟练程度；

教师讲故事的语言速度、清晰程度、声调的质量和表现力；

讲述故事时是否适当地运用了表情；

幼儿能否被教师讲的故事吸引；

教师使用的直观教具是否恰当；

幼儿坐下来后，教师能否看清楚他们每一个人。

（二）幼儿复述故事

复述是幼儿首先学习的一种讲述形式，是用富有表现力的口语对文学作品的再现。复述故事可以加深文学作品的教育效果，促进幼儿记忆、思维和连贯性语言的发展。

1. 对幼儿复述故事的要求

①在小班，幼儿要到后期才能在教师帮助下复述短小的故事。教师的帮助体现在：

教师和幼儿共同复述，教师讲开头、结尾，让幼儿讲故事的主要情节；

在教师有顺序的提问下进行复述；

提示词或句的方式，帮助幼儿完整地复述。

②在中班，大部分幼儿开始也还需要在教师帮助下复述，以后再逐渐过渡到独立地复述故事。

③在大班，幼儿能有顺序地、有表情地复述。大班后期还可复述内容稍复杂的故事，力求达到以下要求：

复述要完整，无重要的遗漏；

复述要连贯，没有长时间的停顿；

复述时能用原作的词和句子，恰当地用同义词代替原作中的某些词（或替换句子）；

复述时发音应清晰，声音洪亮，语言富有表现力；

复述时要面向听众，站的姿势自然、大方。

2. 选择适合复述的作品

教师给幼儿讲的故事中，不是每个故事幼儿都能复述的。适合幼儿复述的故事应该是篇幅较短，情节生动有趣，有适当重复，结构简单，对话较多的作品。在题材方面，作品应为幼儿所熟悉或易于理解的，能唤起幼儿想象和情感的。

3. 帮助幼儿学习复述的方式

对于要求幼儿复述的故事，在第一次给幼儿讲时，教师就应给他们明确这是要求复述的故事，以使幼儿有意识地去记忆。经过几次复习后，教师可要求幼儿复述故事。教师运用不同方式讲同一故事时，要注意各次讲述的语言准确一致，以利于幼儿记忆。教师讲述几次以后，还需要运用一些专门的方式，使幼儿更好地理解和记熟作品。常用的方式有以下几种。

（1）围绕作品内容进行谈话

谈话的目的是了解幼儿对作品的理解程度，帮助他们记住主要情节和顺序，记住主要的词和句子。谈话过程中教师要按照故事内容的顺序提出问题，以使幼儿能有顺序地谈出故事的情节、人物的特点和活动。对大班幼儿，教师还可提一些有关作品中人物的行为，有关分析事物之间、人和事之间的因果关系等方面的问题，让幼儿进行分析，以加深幼儿对作品的理解。

（2）分段复述

让幼儿分段复述，可以减少开始复述时的难度，也可以使更多的幼儿练习复述。分段复述的形式，一种是在教师有顺序地提问下复述；另一种是教师将故事分成若干段，让幼儿一人讲一段。

（3）分角色复述

幼儿对这种形式很感兴趣，因为它富有戏剧性，一般是由教师讲叙述部分，幼儿讲角色的对话部分。进行这种形式的复述，教师要使幼儿掌握角色的个性，复述时幼儿才能表现出这种个性，分角色复述才有意义。它对提高幼儿语言的表现力和注意力大有帮助。

4. 领导幼儿复述故事过程中应注意的要点

（1）教师要注意启发幼儿复述的兴趣和愿望

在领导幼儿复述故事时，教师应用生动的语言启发幼儿复述的兴趣和愿望。然后，教师针对要复述的故事提几个问题，以引起幼儿的回忆。有时教师也可用想听幼儿讲故事的迫切心情来启发幼儿。引起幼儿复述兴趣和愿望的方法是多种多样的，但有一点是共同的，即不管用哪种方法，教师都要表现出相信幼儿能够讲好，这样可以增强他们的信心，鼓励他们克服困难。

（2）教师要注意倾听幼儿的复述

在幼儿复述故事过程中，教师始终要注意倾听，不要轻易中途打断幼儿的讲述。只有在幼儿遗忘了主要情节与复述不下去时，教师才有必要给予适当的提示，引导幼儿顺利地完成复述。如果发现幼儿的复述遗漏了情节或者有讲错的地方，只要幼儿能继续讲下去，教师就不要打断他，待他复述结束后，再启发幼儿互相补充或纠正。

（3）保证每个幼儿都有复述的机会

为了使每个幼儿都有练习复述的机会，每次复述活动都要有计划地考虑复述的人次，尽可能使更多的人参加复述，使每个幼儿都有在集体面前练习的机会。幼儿的能力有差异，因此教师在安排复述内容时，也应区别对待。对语言发展较差的幼儿，教师可安排他们讲述比较容易的内容，或复述部分内容（讲故事中的一段，或扮一个角色），以逐渐增强他们的信心；对语言发展较好的幼儿，教师可安排他们讲述内容比较丰富而且较长一点的作品，在语言表达技能方面也可提出较高的要求。

（4）对幼儿的复述要有评议

教师在每个幼儿复述后应有评议，复述活动结束时还应对幼儿的复述有总的评价，以启发幼儿再次复述的兴趣，提高幼儿复述的质量。

（5）幼儿复述故事的形式可多种多样

除单个幼儿复述外，有时教师还可在一学期内组织一两次故事会，让幼儿自由讲述自己喜爱的故事。它们可以是教师讲述过的故事，也可以是幼儿从图画书、电影、广播、电视以及其他途径听到的故事。

（三）幼儿表演故事

表演故事是幼儿以故事作品内容为线索展开的角色扮演活动。表演故事并不是戏剧表演，属幼儿"自娱自乐"的活动。他们不为"观众"表演，也不需要观众。他们常常是因为"有趣好玩"而在"玩"。

教师在指导幼儿表演故事时，要处理好"表演性"与"游戏性"的关系，防止出现"重表演、轻游戏"的倾向。教师需要注意以下的关系。

1."游戏性"先于"表演性"

教师为幼儿开展表演游戏创设宽松自由的游戏环境（包括时间和空间），鼓励幼儿通过协商和合作，决定演什么和怎么演等问题，按照他们的想法和方式方法来表现故事内容；活动的进程由教师和幼儿共同推动，既来自幼儿的兴趣和需要，也来自教师的建议和引导。

2."游戏性"与"表演性"的统一

幼儿"表演性"水平的提高不是一蹴而就的，期望幼儿在听完故事后能够立即"生动表演"是对幼儿不切实际的要求。幼儿的表演游戏从不生动逼真到生动逼真需要一个发展过程。教师应当通过组织和引导幼儿之间的讨论和评议，发现存在的问题并予以解决，逐渐提高幼儿的"表演性"水平。"游戏性"应当贯串和体现在整个活动过程中，"表演性"则是在活动过程中逐渐提高完善，作为活动的结果显现出来的。

第三节　幼儿文学抒情性作品的教育

一、适合幼儿欣赏、朗诵的作品

（一）儿歌

儿歌是一个人最早接触到的文学样式，是活跃在幼儿口头上的文学。儿歌的基本特点是词句简短，结构单纯，内容生动，想象丰富，有优美的节奏，是适合幼儿歌唱吟诵的韵体作品。儿歌的样式多样化：有摇篮歌、游戏歌、数数歌、问答歌、连锁调、绕口令、颠倒歌、字头歌、谜语等。儿歌的艺术特征如下。

1. 儿歌内容单纯、浅显、具体形象

受幼儿心理水平限制，儿歌内容都很单纯、集中，让幼儿一听就能了解作品的意思。例如，"拖拉机，拖拉机，叔叔加油我擦泥。叔叔说我爱劳动，长大收我当徒弟。"这首儿歌句子少，意思浅显易懂。

儿歌内容大都具体形象。儿歌作家比较注意从生活中选择生动的内容，选择最佳角度、侧面和细节去表现内容。例如，《小熊过桥》(蒋应武)：小竹桥，摇摇摇，有只小熊来过桥。/立不稳，站不牢，/头上乌鸦哇哇哇叫，/桥下流水哗哗笑，"妈妈，妈妈，快来呀！快把小熊抱过桥。"/河里鲤鱼跳出来，/对着小熊高声叫："小熊，小熊，不要怕，/眼睛向着前面瞧！"/一二三，走过桥，/小熊过桥回头笑，/鲤鱼乐得尾巴摇。

这首儿歌运用小熊的形象影射胆小的幼儿要勇敢，没有一句说教的语言，写得生动活泼。

2. 儿歌的写作手法生动活泼

为了表现儿歌具体形象的内容，儿歌的写作手法都很生动活泼。例如，北京传统儿歌：丫头丫，/打蚂蚱，/蚂蚱跳，/丫头笑，/蚂蚱飞，/丫头追。六句十八个字逼真地描绘出一个小女孩追打蚂蚱的欢乐场面。"打""跳""笑""飞""追"几个动词的运用，使画面充满动感，把小女孩的天真活泼表现得淋漓尽致。

《下雨》(刘饶民)：滴答，滴答，滴答，滴答，下小雨啦！/种子说："下吧，下吧，我要发芽！"/梨树说："下吧，下吧，我要开花！"/麦苗说："下吧，下吧，我要长大！"/小孩子说："下吧，下吧，我要种瓜！"这首用拟人手法写的儿歌，不仅生动、有趣、易懂，而且符合幼儿泛灵论的思维特点，使他们感到亲切。

阿宝的耳朵(王汶)：阿宝不爱洗耳朵，/泥土积了半寸厚。/一天到外面走呀走，/一粒种子飞进耳朵沟。/春天到，太阳照，/耳朵里长出一株草，/小牛见了眯眯笑，/追着阿宝吃青草。这首儿歌以高度的夸张手法，极言阿宝耳朵之脏。以小牛追着要吃草的奇异情节，风趣、幽默地讽刺了不爱清洁的幼儿。

给幼儿写的儿歌中，为了形象生动，摹状手法被广泛运用，如前面提到的广西儿歌《谁会》是用摹形手法写的。

运用摹色手法写的《眨眼间》(圣野)：红灯红，红眼睛，/眼睛眨一眨，/车子停一停。/绿灯绿，绿眼睛，/眼睛眨一眨，/车子向前行。

运用摹声手法写的《谁在叫》(雨山)：小鸭叫，嘎嘎嘎，/叫我经常剪指甲；/小鸡叫，叽叽叽，/叫我别忘擦鼻涕；/小狗叫，汪汪汪，/叫我经常换衣裳。

3. 儿歌的语言简练、节奏明朗、音韵和谐

儿歌一般很短小，把深刻的教育意义寓于短短的几句诗句中。每首儿歌以每句3～7个字，4～6句居多。

儿歌属韵体作品，讲究韵律、节奏，听起来有音乐感，读起来易于上口。

《太阳》(刘御)：太阳太阳照四方，/它的好处不平常。/太阳不晒草不绿，/太阳不晒花不香。/太阳不晒果不熟，/太阳不晒苗不长。/被窝也要晒太阳，/太阳晒了暖洋洋。/身体也要晒太阳，/太阳晒了才健康。这首儿歌是整齐的七言句式，每句的末尾都押在"ang"韵上，体现出汉语语言的音响美。这类合辙押韵的作品，不仅朗诵起来悦耳、上口，激起幼儿学习的兴趣，而且有利于幼儿记忆。

(二)幼儿诗

幼儿诗是指适合幼儿欣赏、朗诵的自由体短诗。幼儿诗常用的种类有：抒情诗、叙事诗、童话诗、科学诗、讽刺诗。幼儿诗的艺术特征如下。

1. 富于情趣的构思

幼儿诗的构思与成人诗一样，同样要来源于生活外，还特别讲究新颖、别致，富于情趣。例如，《小孩、小猫和大人的话》(任溶溶)：

"小孩的话"：小猫懒，小猫懒，/从大清早睡到晚。/一天我做多少事，/学习、劳动和游玩，/可它蜷成小毛团，/呼噜，呼噜，睡个没了又没完。

"小猫的话"：小孩懒，小孩懒，/从晚睡到大清早。/一夜我做多少事，/老鼠一只、两只、三只全捉到，/可他抱个大枕头，/呼噜，呼噜，睡个没完又没了。

"大人的话"：一天二十四小时，/白天夜晚各一半，/小孩只看到白天，/小猫只看到夜晚。/白天夜晚全看到，/小孩小猫都不懒。这首诗就是作家根据生活中有的小孩骂他家猫懒的事情构思出来的诗。

2. 充满动感的形象

幼儿诗的形象力求可观可感，并借助于幼儿听得见的声音，看得见的色彩形象来影响幼儿。例如，《小草》(滕毓旭)小草，小草，/被谁用脚踏倒。/露珠是它的眼泪，/叭嗒叭嗒，碎了。/太阳公公看见了，/替它把泪擦掉。/风儿婆婆看见了，/轻轻把它扶好。/小草笑了，/摇摇嫩嫩的叶片，/吱吱吱吱长高。

3. 活泼、生动的想象

幼儿诗想象的内容虽然比较简单，但活泼、生动，带有夸张性和幻想性，常用夸张、拟人、比喻等手法表现。例如，用拟人手法写的《圆圆和圈圈》(郑春华)：有个圆圆，/爱画圈圈，/大圈像太阳，/小圈像雨点，/晚上，圆圆睡了，/圈圈想圆圆，/悄悄地、慢慢地，/滚进圆圆梦里面——/一会儿变摇鼓，/逗着圆圆玩；/一会儿变气球，/围着圆圆转……/圆圆睡醒了，/圈圈眨眨眼，/变成大苹果，/躲在枕头边。这首反映幼儿生活的诗，语言浅显，想象丰富，充满幼儿的情趣。作者通过丰富的想象，将"摇鼓""气球"作为圆圆的化身，这不仅能引起幼儿对诗的兴趣，而且能具体形象地帮助幼儿认识生活中所接触的圆形。

4. 明快的韵律、节奏，富于声响的美

诗歌本身要求美的节奏和韵律。幼儿诗在节奏韵律上比儿歌自由宽松，注重外在的音响节奏。例如，《春天来了》(佟希仁)：屋檐的流水，嘀嗒，嘀嗒，/解冻的小河，哗啦，哗啦，/水塘的小鸭，呷呷，呷呷，/南来的大雁，哏儿嘎，哏儿嘎，/他们都在说："春天来啦!"

又如，《春天是这样来的》(张国南)：叮咚叮咚，/小溪试了试清脆的嗓子，/啊! 春天是唱着歌来的!/忽啦忽啦，/树枝弯弯柔软的腰，/啊! 春天是跳着舞来的! 哗剥哗剥，/春笋在泥土里快乐地拔节，/啊! 春天是放着鞭炮来的!

这两首诗不仅有自然的旋律，而且都运用了"嘀嗒，嘀嗒""哗啦，哗啦""呷呷，呷呷""哏儿嘎，哏儿嘎""叮咚叮咚""忽啦忽啦""哗剥哗剥"等生动的象声词，构成了两首诗的鲜明节奏。

(三)幼儿散文

幼儿散文是为幼儿创作，适合他们欣赏、篇幅短小、知识性强、写法自由、文情并茂的作品。幼儿散文常用的种类有：抒情散文、叙事散文、知识散文、写景散文、幻想散文。幼儿散文的艺术特征如下。

1. 重视内容的真实性

幼儿散文作者多从幼儿身边可感知、能理解的事物出发，来进行描述和抒情。例如，《牵牛花》(郭风)：

> 为什么叫它牵牛花呢？它的花朵，不是开得象喇叭吗？
>
> 啊，可爱的牵牛花。迎着清晨第一道阳光，你把自己的喇叭拿出来——你的喇叭是浅蓝色的——吹起了起床号，让田野里各种花草听见了，都赶快起床。
>
> 于是，田野里的稻禾在微风中轻轻地摇摆着身腰，河边的菖蒲用绿叶浸湿了露水来洗擦自己的手臂，野蔷薇也张开了花瓣，过了不久，池塘里的睡莲也放开了雪白的花冠。

《牵牛花》的作者不仅形象地描述了牵牛花的形象、颜色，而且非常抒情地引导幼儿想象"牵牛花"像"起床号"一样，叫醒了"田野的稻禾""河边的菖蒲、野蔷薇""池塘的睡莲"。

2. 具体形象，易于幼儿接受

幼儿散文作者常常把作品中的形象"幼儿化"，让作品中的形象渗透着幼儿的情感与想象，引导幼儿进入情景交融的艺术境界，获得美的享受。例如，《春娃》(鲁兵)：

> 春天是个娃娃，喜欢图画，又喜欢音乐。
>
> 他走过树林，给树林涂上嫩绿色；走过小溪，教会小溪唱歌。
>
> 今天，春娃来了，看见我们，高兴极了。他说："你们都长高了。"
>
> 我们问："是吗？"
>
> 他说："真的，你们比去年高得多了！明年我来的时候，你们一定长得更高了。哎呀，十年以后，你们都是小伙子、大姑娘了。可是我还是个娃娃。"

作者通过对"春娃"形象的描绘，把春天比喻成一个天真活泼的娃娃，让幼儿有趣地了解了春天的特征，把幼儿难以理解的季节特征变成通俗易懂的知识。

3. 意境优美，富于幼儿情趣

幼儿散文是介于幼儿故事和幼儿诗歌之间的一种体裁，它除了有时有故事情节外，还要像幼儿诗歌那样富有意境。"意"是情意，是主观的思想感情。"境"是境界，是对客观事物的描绘。幼儿散文中的意境，就是通过形象化的情景交融、客观与主观结合的艺术描写，把幼儿引导到想象中的优美境界。例如，《晚霞》(吴珹)：

> 阿姨说：太阳是万物的母亲。
>
> 她为了看望自己的儿女，从东海里出来，走了整整一天，现在，又要到西山后面去休息了。
>
> 看！她正在举起红头巾，向儿女们告别。
>
> 这红头巾，映红了山，映红了水，也映红了村边的树林。
>
> 小鸟在树林里唧唧喳喳地唱着："太阳妈妈，再见！太阳妈妈，晚安！"
>
> 那路边的向日葵，依依不舍地望着那晚风中飘动的红头巾，不知道在想什么……

作者独具匠心地把晚霞比作太阳的红头巾，让红头巾映红了山、水、树林，构成了一幅美丽的水彩画，能使幼儿在欣赏时，头脑中产生晚霞图的表象。

二、抒情性文学作品教育的实施

儿童诗歌除能给予幼儿一定的思想影响，丰富他们的知识和词汇，对他们进行美感教育外，还对幼儿练习正确发音和学习初步的艺术发声方法有特殊的意义。教幼儿朗诵诗歌时，教他们理解内容，学习艺术语言方面的要求与教幼儿学故事的要求大致相同。本章在这里偏重介绍培养幼儿朗诵方面的要求。

(一)朗诵的作用

1. 有利于说好普通话

朗诵语言是接近生活的语言，在朗诵过程中"方音"极易暴露。教师利用朗诵的形式，有针对性地进行练习，可以纠正方音，有利于幼儿说好普通话。

2. 有利于对作品内容的理解

很多人有这样的体会，默读一篇文章，对于作品内容的理解就没有朗读那么深。这是因为朗诵时有响亮的声音，鲜明的节奏，抑扬的语调，适度的停顿等糅合在一起，从而能使朗诵者和听众加深对作品的理解。

3. 有利于提高语言的表现力

朗诵的作品是经过作者精心提炼的语言，别人不能随便加字、减字。平时说话发音不准，口齿不清，语调平淡的人，通过长期朗诵的实践，可以克服那些生活语言上的不良习惯。所以朗诵活动是由生活语言过渡到艺术语言的桥梁。凡是经常练习朗诵的人，他的发声总是清楚、准确而有力的，比生活语言要响亮、优美。

(二)朗诵技能技巧的一般要求

朗诵是一门艺术，是对作品的再创造，可以给文学作品增光添彩。

教师要把文学作品朗诵得有声有色，使语言、文字变成生动的形象和画面，以更好地感染听众和加深自身对作品的理解，必须在朗诵的技能技巧上下功夫。在语言表达方面，教师要掌握好以下几个方面的要求。

1. 字音

朗诵时首要一条就是发音正确、清楚。正确是指朗诵时每个字都要读普通话标准音，任何方音都不符合朗诵要求。清楚是指吐字清晰、准确。朗诵是靠声音表情达意，这就要求朗诵时每个字的声、韵、调都要读得清清楚楚，要"咬"字，不要"吃"字。例如，日常口语中，有人图省劲儿，常常会出现吃字、丢字现象，把"天安门"读成把"天"字拉长一点的"天门"，吃掉了"安"字。这种现象在朗诵时是不允许的。

2. 节奏

朗诵时的语言节奏是朗诵技巧的核心。作品的思想感情主要是通过节奏的变化来表现的。而节奏是通过运用好重音、停顿、声音的高低、速度的快慢来表现的。这些都要根据诗歌内容和感情的需要而变化，要自然而不生硬，不要拖腔拉调。

(1)重音

朗诵过程中，为了使诗句的意思表达得更清楚，有些字和词需要突出强调的，就要重读。即在那个表示主要意思的语词（中心词）上加强、加高和加长，也就是把重音词读得重些、响些。重音的强、高、长应以思想感情的变化为转移。确定重音要从以下两方面着眼。

一是根据语意要求找出准确的重音位置。

例如，我问你："会朗诵诗吗？"回答可以有以下几种情况：

"我不会朗诵诗。"（意思是别人会）

"我不会朗诵诗。"（意思是确实不会）

"我不会朗诵诗。"（意思是会写诗）

"我不会朗诵诗。"（意思是会朗诵小说、寓言等）

上句话中6个字完全相同，但为了强调句子中某种特殊含义，重音位置的确定不同，表达出来的中心意思也就不一样了。

二是根据情感的要求确定重音的表达方式。

一般情况下加强重音可以突出诗句的含义，但有时根据诗的内容、情绪却需要轻念，才能表达所要强调的意思。例如，《周总理办公室的灯光》中有这样两句：

最难忘十年文化大革命呵，

周总理休息得更少，更少。

"更少，更少"这个重叠词语是应该强调的，但由于环境、气氛不适于加强音量，只适于轻轻念出才能表达人们沉重和难受的心情。这样的轻念和前后的词语的音量一经比较、映衬，也同样得到了突出，分量并不减轻，此种称作感情重音。

在幼儿诗歌中的重音，有时也需要以轻念来处理。例如，《小熊过桥》中的"小竹桥，摇摇摇"，后三个字是重音，但适于轻念，这样可给人以小竹桥在颤悠的感觉。

（2）停顿

停顿运用得恰当，可以更好地表达诗句的内容和感情。停顿的长短要恰当，应使听众从停顿中感到"声断意不断，语断情不断"。

停顿的位置可以根据三个方面的因素来确定。一是在标点符号处停顿，叫句读停顿；二是逻辑停顿，是为了突出或强调某一特殊的意思所做的停顿，如"我家有个/小弟弟"；三是感情停顿，是为了突出某种强烈的感情而做的停顿，如"妈妈，这个仇/我一定要报"。后两种停顿常常不在标点符号处，教师要根据内容需要找准停顿的位置。

（3）声音的强弱，速度的快慢

表现热情、欢快、紧张、急切的感情时，声音要强一些，读得也快一些；表现庄重、悲伤、回忆沉重的心情时，就可以放慢些，声音也弱一些。朗诵时，教师要注意运用不同的速度和强弱，来表现不同的情绪和感情。

3. 动作和眼神

朗诵诗歌时，有时还需要用一些动作来加强语言的力量。动作要加得适当、自然，要少而精。教师最好能让幼儿在理解内容的基础上，自己加一些动作。另外，朗诵时一定要看着观众，要善于用眼神表达内容，和观众交流感情。总之，对于幼儿朗诵时的表情（面部表情、眼神和动作），教师适于启发指导，不适于规定刻板的要求。

（三）朗诵活动的进行

1. 分析和熟悉教材

诗歌是以精炼、优美的语言来表现丰富的思想感情的。它反映生活的范围及方式不同于其他的文学作品。它不是完整地、从头至尾地反映现实生活中的事物的，而是抓住事物中易打动人心的一点或几点，集中而精炼地表达出来的，所以诗一般都有含蓄的特点。要朗诵好诗，教师必须首先分析作品所反映的思想感情是什么，掌握住它的意境，弄清它的立意是怎样表现出来的，哪些句子是作品的高潮，是渲染情绪和画龙点睛之处。教师只有理解了作品的思想内容并在感情上产生共鸣时，才能正确指导幼儿朗诵，发挥作品的教育作用。

在分析和熟悉作品的基础上，教师还要进一步研究如何通过朗诵表现出它的内容和感情，即如何通过重音、停顿、速度、语调等的不同变化来表达内容。

案例

怎样带领幼儿朗诵《小弟和小猫》(柯岩)

作品的主题思想：教育幼儿爱清洁，讲卫生。

第一段介绍人物，应以生动、活泼的口吻来表现出一个淘气儿童的形象。本段的重音和停顿可以这样来处理：我家有个∥小弟弟，／聪明／又淘气，／每天／爬高／又爬低，／满头满脸／都是泥。（注：画斜线处为停顿的地方，双斜线处停顿稍长。画圆点的字是重音）

第二段属叙事性质，朗诵时可较平稳，起伏不要大。教师可仿照上一段，对诗歌内容技术处理（在重点音和停顿处做上记号）：妈妈叫他来澡，装没听见他就跑；/爸爸拿镜子把他照，/他闭上眼睛格格地笑。姐姐抱来个小花猫，/拍拍爪子舔舔毛，/两眼一眯"妙，妙，妙，/谁跟我玩，谁把我抱？"

以上内容的最后两句："两眼一眯，喵，喵，喵，谁跟我玩，谁把我抱？"要朗诵得生动形象，因为是提出问题，速度可放慢一些。猫的叫声用模拟声表现。

第三段是全诗的高潮，从矛盾激化至矛盾解决，变化较突出，朗诵时要表现出这种变化：弟弟伸出小黑手，/小猫连忙往后跳，/胡子一撅头一摇："不妙，不妙！/太脏太脏我不要！"/姐姐听见哈哈笑，/爸爸妈妈皱眉毛，/小弟听了真害臊："妈！妈！快快给我洗个澡！"

如"弟弟伸出/小黑手"语调要平稳，"小猫连忙往后跳"要用稍快的速度，而且中间不要停顿，然后略有停顿，再用稍慢的速度，伴随着面部表情、动作（抬头、摇头）、手势（小动作地摆手）朗诵"胡子一撅头一摇：'不妙不妙！太脏太脏/我不要！'""姐姐听见/哈哈笑"是姐姐取笑弟弟常有的幸灾乐祸的表现，声调可稍高，表现活泼一些。"爸爸妈妈/皱眉毛"表现了父母既不高兴又无可奈何，速度可稍慢，声调要低而严肃，面部要有相应的表情。"小弟听了/害了臊"表现了小弟的不好意思，声调要活泼，速度稍慢，要表现出喜欢小弟的情感。"妈！妈！快来给我/洗个澡"表现了小弟知错、改错的行动，天真可爱，叫妈时可稍慢，后一句速度可快一些，要用小孩天真活泼的口气来朗诵，声调就要高一些。

在分析作品的基础上，教师要练习朗诵。对于准备教幼儿朗诵的作品，教师就要按照朗诵的要求，把它背诵下来。如果是供幼儿欣赏的，篇幅较长的作品，教师可以拿着作品朗诵，但事先也需要反复练习。

【附】《小弟和小猫》原文

我家有个小弟弟，/聪明又淘气，/每天爬高又爬低，/满头满脸都是泥。/妈妈叫他来洗澡，/装没听见他就跑，/爸爸拿镜子把他照，/他闭上眼睛咯咯地笑。/姐姐抱来个小花猫，拍拍爪子舔舔毛，/两眼一眯"喵，喵，喵，/谁跟我玩，谁把我抱？"/弟弟伸出小黑手，/小猫连忙往后跳，/胡子一撅头一摇：/"不妙不妙！太脏太脏我不要！"姐姐听见哈哈笑，/爸爸妈妈皱眉毛，/ 小弟听了直害臊："妈！妈！快给我洗个澡！"

2. 教幼儿朗诵

(1)示范性朗诵和讲解作品的内容

教师示范性朗诵是帮助幼儿体会作品的思想感情，学习朗诵的技能技巧的关键。在教幼儿朗诵前，一般是先示范朗诵一两遍后，让幼儿说说有哪些不懂的词句，然后教师结合幼儿的问题讲解作品的内容，常用的方法有以下几种。

①教师解释难懂的词句和幼儿生疏的事物。

②教师通过讲述与诗歌内容相近的图片，帮助幼儿形象地理解作品的内容。

③教师和幼儿围绕作品内容进行简短的谈话，如关于节日、社会生活题材的作品，可通过谈话，把幼儿已经了解的事物和作品内容联系起来。

④教师把有情节的诗歌编成小故事，讲给幼儿听。

讲解内容后，教师再示范性朗诵两三遍(次数要由作品的长短和内容难易而定)。每朗诵一次后，教师应向幼儿提出问题，以引起幼儿的注意。后几次提问中，教师最好按照诗歌内容的顺序提，让幼儿重述诗歌中的词句。

(2)教幼儿朗诵的具体方法和要求

教幼儿朗诵的方式有两种：一种是完整地教，另一种是分句教。

完整地教一般是在教师示范性朗诵几遍以后，幼儿即随着教师朗诵。开始时，幼儿低声，教师高声。幼儿基本掌握内容后，教师就逐渐压低自己的声音，或只在重点句、难句的地方带读一下，慢慢过渡到幼儿独立朗诵。这种教法的优点是可以使幼儿对作品有完整的音乐节奏感。

分句教法即一句一句地教，其优点是每句的内容可使幼儿听得比较清楚，幼儿能准确模仿；缺点是破坏了作品的完整性，不利于幼儿体会作品的思想感情。因此，比较理想的是两种教法结合进行，即以完整教为主，辅以教重点句、难句(有发不准音的或有生词的句子)，这样可以集中两种教法的优点，使幼儿更快、更好地掌握作品的内容。

教幼儿朗诵诗歌过程中，记住诗歌内容和朗诵技能技巧的训练要同步进行。即从开始，教师就要让幼儿按照朗诵技能技巧的要求朗诵，而不能先机械地背熟内容，再进行技能技巧的训练。

教幼儿一个新的作品时，第一次朗诵活动只要求幼儿初步理解作品的内容，能跟着教师朗诵，记住作品中主要的句子即可结束。幼儿如果朗诵同一作品的次数过于频繁，就会形成机械性重复，从而感到厌倦。如果诗歌较长，教师也可分段教。

教过的诗歌，要经过多次复习，幼儿才能掌握它的内容，做到有感情地朗诵。每次复习都要根据幼儿的情况，提出不同的要求。复习的方式要多种多样，除集体朗诵外，还可以分组、个人、一人一句地朗诵，或者领诵、对话式朗诵等。其中，集体朗诵可以使全体幼儿参加活动，但这种形式不易发现每个幼儿朗诵中存在的问题，不利于及时指导。个别朗诵便于具体指导，幼儿也有可能发挥创造性，保持自然的表情，只是每次轮到的人太少。两种形式最好交替运用。

* *

本章小结

幼儿的思维尚处以具体形象为主的阶段，对其施教的内容和手段均需要生动活泼，浅显易懂。因此具有生动的情节、形象、语言的幼儿文学作品，在幼儿从自然人发展为社会人的过程中，发挥着特殊的作用。对本章所阐述的幼儿文学教育的功能、目标、内容、方法，教师均要从幼儿文学与幼儿年龄特点二者结合的角度去理解和实施。

在实施幼儿文学教育过程中，教师一定要渗透审美教育和情感的熏陶，学会欣赏文学作品中人物的行为美、语言美、大自然的美，为幼儿身心健康发展打好基础。

在运用幼儿文学作品的教育活动中，讲述与朗诵的技能技巧的运用，明显影响文学作品的教育效果，为此，我们建议教师阅读本书附录中的《怎样讲故事》(孙敬修、肖君著)文中的经典论述，以更好地发挥幼儿文学作品的教育功能。

思考题

1. 从幼儿的年龄特点出发，思考幼儿文学作品的特殊价值。

2. 分析幼儿叙事性文学作品与抒情性文学作品在艺术价值方面的异同。

建议的活动

建议一：为了更好地发挥幼儿文学作品的艺术价值，在幼儿欣赏故事、童话和诗歌之后，教师可以在游戏或美术活动中，启发幼儿将听到的故事、看过的图画书、朗诵过的诗歌和散文中，将自己最喜欢的内容不断地画出来，然后装订成册制作"我的图画书"，以巩固文学作品产生的教育效果，激发幼儿的自信心。

建议二：在适合幼儿欣赏水平的叙事性或抒情性教育活动之后，教师可引导幼儿进行不同种类的延伸活动，如续编故事、创编故事、仿编儿歌等。下面的案例是教师带领幼儿进行仿编儿歌的活动，可参考。

案例

北京洁如幼儿园小班幼儿仿编儿歌的活动

1. 活动目标

①在游戏中能够感受树叶飘落的景象，愿意尝试运用自己的方式大胆表达。

②愿意参与仿编儿歌的活动，初步尝试用"小树叶飘呀飘，飘到……上"句式进行创编。

2. 活动准备

①观察秋天落叶的情景。

②创设有很多落叶的场地。

3. 活动进行

（1）导入部分

教师走到户外和幼儿共同感受秋天落叶的美丽景色。

①语言小游戏：通过"什么呀什么，什么到哪儿？"这一句式，调动幼儿积极性。例如，小白兔跳呀跳，跳到小草上。

②自由交谈：调动幼儿的思维，引导幼儿说出现在是什么季节，秋天里的小树叶有什么变化，小树叶飘下来的时候像什么，小树叶飘呀飘，可能会飘到什么上等话题。

（2）展开部分

①玩一玩小树叶是怎么飘落下来的游戏：让幼儿自己扬起落叶，观察叶

子是怎样慢慢落下的情景，然后学一学落叶是怎么飘下来的，让幼儿学说"小树叶飘呀飘，飘到哪儿了？"

②教师带领幼儿共同创编儿歌《小树叶飘呀飘》。

教师先示范编几句儿歌："小树叶，飘呀飘，飘到攀登架上。""小树叶，飘呀飘，飘到花盆上"……然后让幼儿学说教师改编句子，一起创编儿歌《小树叶飘呀飘》

在幼儿体验了"小树叶，飘呀飘，飘到……"的句式后，教师要启发幼儿说"你想要小树叶飘到什么地方去"，启发幼儿一边模仿小树叶做动作，一边说出自己编出的句子。幼儿陆续编出的句子有：

小树叶，飘呀飘，飘到小舞台上。

小树叶，飘呀飘，飘到小草上。

小树叶，飘呀飘，飘到滑梯上。

小树叶，飘呀飘，飘到我的头顶上。

小树叶，飘呀飘，飘到我的小手上。

小树叶，飘呀飘，飘到我的小脚上。

小树叶，飘呀飘，飘到地上睡大觉。

最后，教师把幼儿编的儿歌句子，完整地说一遍后说："小树叶飘累了，躺在一起睡着了。"

4. 延伸活动

在幼儿尝试完成用完整语句仿编儿歌"小树叶飘呀飘，飘到……上"后，在美术活动中，集体制作"小树叶飘呀飘画册"。是画落叶还是粘贴落叶，由幼儿自己选择。最后教师将幼儿的"作品"装订成册，放在图书角内供幼儿互相观看。

第五章　幼儿早期阅读

20世纪中叶以后，早期阅读在世界范围内越来越受到广泛的重视。我国当代意义上的幼儿早期阅读起步较晚，进入21世纪后，才受到普遍的重视。但早期阅读的理论建设要比幼儿图画书的创作与出版滞后。

本章第一节早期阅读概述部分含早期阅读概念的界定，早期阅读对幼儿身心发展的作用，早期阅读的培养目标。

本章第二节在如何指导幼儿早期阅读部分含早期阅读环境的创设，教师对幼儿独立阅读的指导，教师对分享阅读的设计与组织领导，对家长在家庭中亲子阅读的建议。

第一节　早期阅读概述

进入21世纪以后，全民阅读受到世界各国广泛重视。2006年，中共中央宣传部、新闻出版总署、文化部、教育部等11个部门联合印发了《关于开展全民阅读活动的倡议书》。少年儿童读者是未来终身学习者，作为全民阅读的重要组成部分的"早期阅读"，更是受到了社会、教育机构、家长等的广泛关注。2016年，在中共中央宣传部、新闻出版总署、文化部、教育部等部门倡导和开展全民阅读十周年之际，国家新闻出版广电总局发布了《关于开展 2016 年全民阅读工作的通知》，该通知重点强调了幼儿阅读，明确提出大力倡导家庭阅读、亲子阅读、阶梯阅读，充分利用少年宫、儿童活动中心、农家书屋等开展少儿阅读推广活动，积极利用各种绘本馆和民间少儿阅读推广机构，着力满足农村留守儿童、城市流动儿童的基本阅读需要，开展好"书香·童年"阅读工程试点工作，确保工程取得实效，这些内容从政策上体现了国家对幼儿早期阅读的高度重视。

一、早期阅读概念的界定

我国对什么是阅读，什么是早期阅读的概念的界定，大都来自西方阅读学研究的理论。例如，《中国大百科全书·教育》中给阅读的定义："一种从印的或写的语言符号中取得意义的心理过程。阅读也是一种基本的智力技能，这种技能是取得学业成功的先决条件，它是由一系列的过程和行为构成的总和。"此概念系指广义上的阅读概念，特别是教育意义上的概念。而早期阅读的概念同样来自西方的"early reading""pre-reading"。我国引进了"早期阅读"的概念后，因我国与西方国家教育制度的差异，对其意义的界定亦有不同。一些西方国家规定的接受幼儿教育的年龄范围为 2~8 岁，含小学一、二年级，阅读的内容必然包括对文字的阅读以及认读文字和书写的内容。

我国早期阅读是指 3~6 岁的幼儿主要对图画读物和以图画为主文字为辅读物的阅读，另外，也包含成人阅读文字较多或纯文字的幼儿文学作品，丰富他们的经验，扩大他们欣赏文学作品的范围。

在界定早期阅读的概念时，我们还需要明确幼儿早期阅读和成熟阅读（学生、成人的阅读）的异同。总体上讲，早期阅读和成熟阅读本质是相同的，都是从书中获取信息。成人阅读主要是获取知识或欣赏、娱乐，早期阅读则是符合幼儿身心发展特点的阅读，两种阅读有着明显的差别。

阅读内容不同：幼儿主要是对图画书的阅读，以图为主，认识少量文字，从图画符号中获取信息，而成人则主要通过文字符号获得信息。

阅读对读者的作用不同：早期阅读对幼儿的作用是全方位的。

①阅读对幼儿身体运动产生作用，如翻书可发展手臂肌肉和手指的小肌肉的活动能力。

②阅读对幼儿心理发展产生作用，如知识的获得，促进理解、分析、比

较、想象等能力的发展。

③幼儿学会看书，培养了幼儿初步的阅读技能和习惯。

二、早期阅读的理论研究

中国有重视幼儿阅读的历史传统。封建社会中留下了不少专为幼儿所写的有关自然、社会知识的幼儿读物。这些读物大都为内容较深的文字书籍，如《三字经》《百家姓》《千字文》《龙文鞭影》《日记故事》《幼学琼林》《神童诗》《小儿语》等。阅读的方式多为死记硬背，忽视幼儿的心理发展特点，不符合早期教育的规律，与当代所提倡的早期阅读大相径庭。

1919年五四运动以后，中国开始有了现代儿童文学作家，陆续出版了现代儿童文学作品。中华人民共和国成立后，儿童文学的创作和理论研究空前繁荣，但在早期阅读方面的理论研究一直比较薄弱。

进入20世纪80年代，随着国际交流的开展，国外有关早期阅读的理论被引进国内，特别是美国的早期阅读理论，对我国早期阅读的开展和研究给予了很大的启发。

美国20世纪中叶至70年代偏重于阅读准备的研究。他们认为早期阅读是为幼儿将来的阅读做准备的，幼儿应从5岁前开始做阅读准备。准备的内容如下。①身体方面的准备：大、小肌肉运动的能力。②听力、感知能力的准备：能倾听、分辨相似的声音。③社会情感的准备：幼儿对规则的掌握，能按成人指示活动，能独立完成任务，能与人合作，以使幼儿对阅读产生积极情感。④眼睛左右协调能力的准备：阅读是从左到右的，所以要训练幼儿眼睛左右协调能力。⑤视觉辨认和对图画理解能力的准备。⑥概念的准备：幼儿要掌握一定的概念和词汇才能阅读。

20世纪70年代以后，美国对早期阅读的研究发展为发展性读写理论的研究，其核心的观点是：幼儿不能像成人一样阅读，成人阅读为成熟阅读，幼儿不能成熟阅读，但幼儿期是成熟阅读的一个发展时期，是从不成熟到成熟的发展阶段。其主要观点为：阅读和书写是同时发展并互相影响的，口语的发展也影响阅读的发展；幼儿不用阅读准备，也不需要阅读的训练；成人要给幼儿提供丰富的阅读环境来促进幼儿阅读的发展。幼儿阅读是通过活动发展的，可分为5个阶段。①萌芽阶段：培养幼儿认识书的重要性，对书产生兴趣，能够逐渐明确看书的目的，学会正确地拿书和翻书。②自我概念阶段：通过图画书获得信息。③开始阅读阶段：幼儿开始认识书中的文字，并能找出课文中自己熟悉的字。④产生读者阶段：幼儿开始认识书中的印刷字和周围环境中的印刷字。⑤独立读者阶段：幼儿能阅读自己不熟悉的书，并从文字中获取信息。

综上所述，美国对早期阅读研究的成果对指导我国的早期阅读是有参考价值的，但我们要吸取其符合我国的国情和传统文化的内容。例如，美国的幼儿教育的对象是2～8的儿童，他们对早期阅读的要求包括对小学低年级的学生要求，我们就不能把他们提出的要求全盘搬到我们的幼儿园。另外，我们对教育的研究比较注意继承和连贯性，对前人研究成果的合理部分不应轻易地全盘否定。美国20世纪70年代以后的研究，把70年代以前"阅读准备的研究"成果仅用"幼儿不用阅读准备，也不需要阅读的训练"一句话就否定了。特别是"阅读准备"研究中的一些观点，是符合幼儿年龄阶段身心发展特点的，对实际工作者是有指导意义的。因此，我们在吸收国外的研究成果时，要有自己的观点，有选择地吸收和运用。

20世纪80年代末至90年代初，北京师范大学心理学院引进了新西兰的"分享阅读"理念和教学模式，主张运用大号图书教幼儿阅读。分享阅读是一种互动的阅读体验，由有经验的教师或阅读者指导，幼儿加入大号的阅读活动中，观察一名阅读示范者流畅而富有表情的阅读。阅读的书籍要足够大，使所有幼儿都能看清书中的内容。幼儿通过分享阅读体会阅读的过程及在这个过程中应该使用的策略，在分享阅读中初步学习文字的概念，获得一种学习的感觉，并且开始把自己设想为一名阅读者。分享阅读涉及幼儿早期阅读的优点有：①帮助幼儿学习他们无法独立学习的有趣材料；②通过为集体提供的帮助，使所有幼儿在阅读中都能获得成就感；③帮助幼儿学习如何集中注意力；④帮助幼儿理解口语和书面语之间的关系；⑤培养幼儿的阅读习惯；⑥帮助幼儿发展一种"故事"的观念，并提高理解能力。我国研究者依据我国幼儿读写能力发展的规律，依据我国幼儿园与小学年龄分期与西方国家的不同，在保留分享阅读基本特点和精华的基础上，从多方面对分享阅读进行了调整、改进，使其适应我国幼儿阅读学习的现状。目前，分享阅读在我国已发展成为幼儿园早期阅读的一种模式。

三、早期阅读对幼儿发展的作用

在现代社会，阅读越来越成为人们获取信息的重要途径。通过阅读，人们可以增长知识、开阔眼界、陶冶情操。对幼儿来讲，阅读还具有特殊的价值。阅读可使幼儿学到优秀的艺术语言，学习如何与人交往，发展各方面的理解能力。

幼儿早期阅读的主要对象是儿童图画读物，它是以幼儿为主要对象的一种特殊的幼儿文学样式。它以图画符号（含绘画、照片、图表及符号）来述说故事或表现各种事物，有文字说明的，文字也很简短、通俗，是语言和绘画相结合的艺术形式。它是幼儿最先阅读的非文字的文学样式，对于不识字或识字不多的幼儿，它是除生动活泼的儿歌、情节简单的儿童故事以外的另一种赏心悦目的视听媒体。幼儿看到图画，即能了解其中的含义。特别是一些无文图画作品，不同种族、不同语种、不同国家的幼儿均可观赏并且感受其中的趣味。这里可以借鉴美国图书馆学家穆尔（Moore）的一段话："儿童从图画和故事中所获得的印象，是永恒不灭的，同时也是非常微妙的。如果要我表达意见，那我就会说：一个人对于艺术的认识、想象力的培养，对异国产生人类的共识、共感等胸怀，都是从阅读图画书萌芽的。"又如，新西兰图书馆馆员多罗西·怀特（Do Rossi white）在《关于孩子们的书》中曾说："图画书是孩子们在人生道路上最初见到的书，是在漫长的读书生涯中所读到的书中最重要的书。一个孩子在图画书中体会多少快乐，将决定他一生是否读书。儿童时代的感受，也将影响到他长大成人以后的想象力。"1966年，国际著名儿童语言教育专家玛丽·克莱（Marie Clay）在其博士论文中首次提出"读写萌发"的概念，使人们意识到早期阅读对幼儿未来读写能力发展的意义。这一理念使人们意识到阅读的以下特点：①阅读不是心智成熟以后才能开始的事情；②阅读并不必然遵循先听说再读写的过程，而是一种从出生就已经开始具备的能力；③听、说、读、写四种能力并非按照先后顺序发展，而是相互融合，共同发展且持续终生的。

有关资料还证明，早慧幼儿的共同特点之一是喜欢阅读。美国心理学家推孟（Terman）在天才发生学研究成果中指出：有44％的天才男童和46％的天才女童是在5岁以前开始阅读的。早期阅读受到各国教育专家的重视，不外乎以下原因。

(一)早期阅读能够刺激大脑和神经组织的发展

幼儿阅读起步越早越好。美国脑科专家格伦·多曼(Glenn Dauman)博士认为，应对大脑频繁、紧张、持久地施加刺激。阅读是积极刺激大脑和神经组织发展的良剂。因为0～6岁是人的一生中大脑生长最迅速的时期，每当幼儿对某一刺激有反应时，他的脑子就会将经验储存下来。反之，若是大脑缺少刺激，幼儿在阅读方面的学习就无法得到发展，这也是研究早期阅读的专家极力提倡幼儿早期阅读的主要原因。如果错过了良机，长大了再去补偿，必定是事倍功半。

(二)早期阅读可以促进幼儿心理的发展

幼儿早期阅读可以引导幼儿正确认识事物，开阔眼界，增长知识；可以发展幼儿的观察力，使他们的眼睛、耳朵比别人灵敏，丰富视觉美感的基本经验；可以发展幼儿的想象力、语言能力，以及理解、分析、比较等思维能力。图画书的内容可使幼儿的生活变得丰富多彩，激发情感，陶冶性情，使生活充实而愉快，让幼儿早早进入纯洁、美妙的图书世界，生活变得丰富多彩、乐趣无穷。

(三)阅读丰富幼儿的经历

人生不可能什么事都亲身经历，让幼儿尽早进入阅读阶段，大量阅读古今中外的图书，可以丰富幼儿的经验，增添生活感受。阅读还可以使幼儿与古人、现代各国人、未来人交往。在以后的生活中有某方面的需要时，他们会懂得如何寻求支援，因为古今中外的人都是他的老师和朋友。

(四)阅读是幼儿个性发展的条件

英国哲学家培根说过，"读书塑造人格"。幼儿的兴趣、性格、理想、世界观的发展与形成，都会受到阅读内容的影响。早期阅读对幼儿个性萌芽有重要作用。

(五)阅读是幼儿学习成功的重要条件

阅读兴趣和能力是学习能力的核心。幼儿阶段掌握初步的阅读能力，可以为入学后通过这些基本阅读能力，为进一步发展独立获取信息的能力打下基础，从而使幼儿有能力去学习各科的知识。因此，早期教育一个重要任务就是培养幼儿的阅读兴趣和良好的阅读习惯，为幼儿入小学做准备。图画书形象直观，生动有趣，可以激发幼儿对书的兴趣，降低幼儿阅读的难度。早期阅读有利于幼儿良好阅读习惯的培养，一旦阅读习惯养成，它会陪伴和影响整个求学过程，使幼儿受益终身。

四、早期阅读的培养目标

《幼儿园教育指导纲要（试行）》涉及早期阅读的目标为："喜欢听故事、看图书""利用图画、绘画和其他多种方式，引导幼儿对书籍、阅读和书写的兴趣，培养前阅读和前书写技能。"

《3—6岁儿童学习与发展指南》在"阅读与书写准备"部分对早期阅读提出了两个目标。

目标1：喜欢听故事，看图书

3～4岁：主动要求成人讲故事读图书；爱护图书，不乱撕、乱扔。

4～5岁：反复看自己喜欢的图书；喜欢把听过的故事或看过的图书讲给别人听。

5～6岁：专注地阅读图书；喜欢与他人一起谈论图书和故事的有关内容；对图书和生活情境中的文字符号感兴趣，知道文字表示一定的意义。

目标2：具有初步的阅读理解能力

3～4岁：会看画面，能根据画面说出图中有什么，发生了什么事等。能理解图书上的文字是和画面对应的，是用来表达画面意义的。

4～5岁：能根据连续画面提供的信息，大致说出故事的情节；能随着作品的展开产生喜悦、担忧等相应的情绪反应，体会作品所表达的情绪情感。

5～6岁：能说出所阅读的幼儿文学作品的主要内容；能根据故事的部分情节或图书画面的线索猜想故事情节的发展，或续编、创编故事；对看过的图书、听过的故事能说出自己的看法；能初步感受文学语言的美。

下面将《幼儿园教育指导纲要（试行）》与《3—6岁儿童学习与发展指南》提出的早期阅读的培养目标加以细化和解释。

(一)培养幼儿阅读图书的兴趣

兴趣是一种重要的内部动机，反映个体认知、探索外界事物的需要。兴趣可以提高幼儿活动的积极性和坚持性。幼儿对外界事物的探索有赖于兴趣的激发。没有兴趣，幼儿就不会产生认识的需要，影响到对事物认识的广度和深度。幼儿从小养成对书的兴趣，定会对其终身热爱读书有积极的影响。

我们从前人的研究成果中，可以发现凡是父母从小为幼儿讲故事，让幼儿接触书的，幼儿会比较容易爱上书。在他们对图画、文字有了些初步认识后，成人就需要进一步让他们了解书本的好处，促使他们对书产生感情。打下这样的基础，他们才会一辈子爱看书。凡是从小养成这种观念和习惯的幼儿，将来长大必定是个快乐的读书人。

让幼儿对图书产生兴趣，能达到手不释卷的程度，就需要给他们创造一定的条件，如提供适合他们程度的读物，安排舒适、自在的读书环境，保证专门的读书时间，让他们有与他人分享阅读心得的机会，给他们可以自主选择图书的权利。

（二）培养幼儿读懂图画书中画面内容的能力

对幼儿来讲，图画书是最好的阅读材料，当幼儿看见书中美丽的图画时，一定会好奇地想知道书里有什么好听的故事而产生对阅读内容的期待。

成人在指导幼儿早期阅读时，为了让幼儿能较好地理解图画的内容，首先要掌握幼儿理解图画的水平。法国心理学家比纳（Bena）的研究认为：幼儿对图画的认识能力从 3～15 岁经历了"列举""描叙""解释"3 个阶段，"列举"是指幼儿能认识和说出图画中的个别物体，罗列一些现象；"描叙"是指幼儿能认识和讲述图画中的人物及其动作；"解释"是指幼儿能认识和说明整个对象的意义。比纳等人认为，3～6 岁幼儿处在"列举"阶段；7～14 岁幼儿是"描叙"阶段；15 岁以后幼儿才能说明图像的意义和整个对象的意义，属于"解释"阶段。

我国丁祖荫教授的研究检验了比纳的观点，该研究结果指出，比纳的阶段论既有积极意义，又存在不足。丁祖荫教授对幼儿图画理解能力的研究把幼儿至低年级学生对图画的理解大致分为 4 种水平：

①认识个别对象的罗列水平；

②认识空间联系水平，能根据画面内容、空间关系来理解图画内容；

③认识因果联系水平，能注意图片中的因果联系；

④认识对象的总体水平，能完整地理解图片。

丁祖荫教授的研究发现，幼儿阶段大部分属于"个别对象"和"空间联系"阶段，少数属于"因果关系"阶段。认识对象一般要到小学低年级才能达到能完整地理解图片的水平。

培养幼儿读懂图画需要发展他们的艺术观察力，把美术符号转化为语言符号的能力，即培养幼儿能正确确定画面的对象的能力，使幼儿逐渐理解画面内容的空间联系，理解连环图画之间的关系，在读懂图画书中每一幅画大意的基础上逐渐会讲述图画书的主要内容，从而发展幼儿能把图画内容与真实生活经验联系起来的想象力。

(三)培养幼儿理解图画书中文字的能力

幼儿的早期阅读是以图画书为主的。他们不识字时，对文字的理解要靠成人的帮助才能将文字与已掌握的词建立联系。在识字以后，他们即可进入独立阅读阶段，成人只需在其有困难时给予帮助。幼儿对文字内容的理解只能是理解文字的含义，不能过早地让幼儿概括一本书的主题思想，因为这是幼儿力所不能及的。

培养幼儿认识图书中的文字，需要幼儿懂得口语与文字和图画的对应与转换关系。

首先，成人要引导幼儿对文字的注意。因为对幼儿来讲，文字不具有吸引力，用他们的眼睛来看，文字只是一些抽象的图案。这就需要靠成人的引导，让他们感觉到文字是教师和父母都很注意的东西，他们才会逐渐注意文字。开始，成人可以给幼儿指出书中带有感情的字，如"宝宝、爸爸、妈妈"等他们喜欢的玩具名称，并大声念出来，激发他们对文字的兴趣。

其次，成人要建立口语和文字的联系。幼儿在掌握词汇中已经建立了"字音—字义"的联结，在阅读有文字的图画书时面临的是"字音—字形"的联结，把大量已掌握的口头词汇转化为书面词汇。这是让幼儿认识文字的重要过程。当他们知道文字有意义时，他们就会把文字转化成语言。在幼儿不识字或识字很少时，成人在带领幼儿阅读图画书时，要善于运用图文对照的方式，最好一边读一边指着画面，引导幼儿认读文字，使其自然理解文字的意义，并启发幼儿能从书中找出自己认识的字，把它念出来。

(四)培养幼儿获得审美体验的能力

1. 发展幼儿的美感，引导幼儿欣赏图画之美

成人带领幼儿欣赏图画书时，一般容易关注图画书中的人物、情节，但对画面本身之美，常常会忽视。开始引导幼儿欣赏图画书时，成人就要以赞

美的口吻，引起幼儿对五彩缤纷的画面，活泼可爱的形象，鲜艳协调的颜色，画面整体的丰满、和谐等方面的注意，给幼儿渗透审美的意识。

2. 感受作品中人物行为的美

如图画书中爱国英雄的行为；《金斧头》主人公程实的诚实品质；《萝卜回来了》中的小白兔朋友之间的互相关心、爱护；《小羊和狼》中小羊的朋友齐心合力，帮助小羊战胜了狼。故事中经常出现许多美好行为的角色，这些都会对幼儿产生潜移默化的熏陶。

3. 能欣赏到文学作品中的语言美

艺术性词汇、韵律和节奏的美，能引起幼儿模仿说出这些语言的愿望。幼儿能通过表情、动作和抑扬顿挫的声音表达出作品的情感，从而加强作品对幼儿的感染力。

(五)培养幼儿阅读图书的基本方法和良好的阅读习惯

幼儿要养成以下阅读习惯：

①学会以正确的方式取、拿图书和一页一页翻书；

②学习从上到下、从左到右以及按画面排列顺序的规律阅读；

③坐姿端正，眼睛和书的距离适当；

④看完书后放回原处，并摆整齐；

⑤要爱护图书，看书时手要干净，不用手指沾唾液翻书，翻书时要小心，不撕、不拆。

阅读是一生的计划，但阅读习惯的养成越早越好，只有让幼儿亲身体验到阅读的兴趣，他才会重视阅读，而且终生与书为伴。

第二节　幼儿早期阅读的指导

一、为幼儿创设良好的阅读环境

《关于开展 2016 年全民阅读工作的通知》提到要开展好"书香校园"阅读工程试点工作。应正确理解"书香校园"建设的内涵："书"为适当图书的配备，属硬件范畴；"香"系指校园内读书的氛围。幼儿园应重视好"书香校园"

的建设，为幼儿入学后的阅读奠定好基础。

在幼儿园，各班都应有图书角，有条件的幼儿园可设公用的小图书馆，使幼儿经常接触各种书籍，不断扩大眼界，增长有关大自然、社会生活等各方面的知识，培养优良品德，促进观察、分析、想象及讲述能力的发展。更重要的是通过图书角（馆），培养好幼儿从小读书的兴趣、能力与习惯。

图书角（馆）应为幼儿提供优质和多样化的图书。为幼儿选择的书籍应以图为主或图文并茂。因为幼儿识字较少或不识字，对于文字过多的作品，幼儿难以独立阅读。选择作品时，成人除了要考虑内容是否有益于幼儿身心健康发展外，还要注意图书中的形象是否生动有趣，色彩是否鲜艳，质量低劣的图书不宜放在图书角（馆）内。

图书角除配有以上图书外，还应有画册。除购买专门画册外，主要来源应是教师（或幼儿）平时收集的图片。成人把它们装订成册，每册页数不要过多，以便于幼儿交换翻阅。

对于图书角内的作品，成人应经常注意及时补充。小班幼儿喜欢与别人看同样的书，每本书最好有复本。每隔一段时间，教师要更换书籍，除添置新书外，还可与别的班交换图书。对于已经没有人再看的书，教师即可收起来，以免损坏。

幼儿对图画形象、画面、色彩的兴趣、爱好、理解，有明显的年龄倾向，这是图画读物创作者、教师和父母必须注意到的。作品的深浅程度要符合他们的接受水平。他们不仅喜爱图画书生动的情节，鲜艳的色彩，而且喜欢图画书的样式多样化。

3～4 岁：可选择没有文字的无文图画，简单、连贯的图画书，画面可增加一些事物的细节，书中有供幼儿吟唱的儿歌；可逐渐选择配有散文的图画书，画面颜色鲜艳，背景要简单、清晰。

4～5 岁：增加反映周围事物的故事，拟人化的动物故事和充满幻想色彩的童话故事，故事情节曲折、完整；增加以图为主、以文字为辅的作品，让幼儿能在成人帮助下，借助自己认识的字阅读。

5～6 岁：随着生活经验的丰富，可以给幼儿多层面的选择，内容反映的范围可扩展到适合幼儿理解的古今中外、反映现实生活中真人真事、情节有一定曲折的作品，形式上图文并茂；文字部分可增加配有篇幅短小的散文作品，供幼儿念读。

以上所述尚属粗浅的、没能细化的建议，因为我国分级阅读研究起步较晚，分级阅读的标准仍处于见仁见智的阶段，分级阅读的标准还只能宜粗不宜细。作家的创作和出版者的出版计划中尚未进入按照不同年龄幼儿的心理特点、兴趣、需要、欣赏习惯等，进行创作和出版的阶段。学者应加强分级阅读标准的研究，以使儿童文学的创作更加科学，更能受到广大幼儿的喜爱。

二、教师应善于分析供幼儿阅读图画书的价值

当代有条件的幼儿父母已普遍重视为幼儿提供图画书。其数量较大，教师不可能熟悉每本书的内容。但教师必须熟悉幼儿园内为幼儿提供的图画书，特别是教师带领幼儿集体阅读的图画书，应对该书的教育与艺术价值有恰当的分析。但要说明的是，人们对读物的认识是会有差异的。例如，对《好饿的毛毛虫》（美国 艾瑞克·卡尔）一书的认识：有人认为书的内容涉及水果和其他食品，讲了蝴蝶的生命周期，讲了一个星期的概念和数字，是一本知识性的图画，但书中有的内容是违反科学性的；有人指出书中的蝴蝶出自"茧"是错误的，应该出自"蛹"时，艾瑞克·卡尔说："我请教过昆虫学家了，确实，在大多数情况下，蝴蝶是出自蛹，但不是全部。有一种稀有的帕纳塞斯（Pamassian）绢蝶，就是出自茧中。"艾瑞克·卡尔还说："我还有一个我的不科学的解释，我的蝴蝶是独一无二的，就像你所知道的那样，毛毛虫不吃棒棒糖和冰激凌，你在任何地方都找不到我的毛毛虫。"可以说，该作品是诗一般的感觉和童话的幻想融合在一起的。所以，读者不能单纯地把该图画书看成是讲"毛毛虫变成蝴蝶的过程"。但广大读者对该作品的主题思想的把握也千差万别。有的美国读者认为"该作品是让孩子了解'饿'是很难受的，要关心那些没有饭吃的人。"中国读者中多数认为：该书可以让孩子了解"星期"的概念；学习数的概念，能把数名与具体的物体的数量对应起来；丰富许多物体的名称；了解毛毛虫是怎样变成蝴蝶的；知道不能贪吃，吃多了肚子会痛。

怎样分析图画书作品，下面提供两个案例供参考。

案例一

对《萝卜回来了》(方轶群)的分析

作家方轶群创作的童话大多寓有较明显的教育意义，旨在培养幼儿良好的生活习惯和进行道德品质方面的教育。《萝卜回来了》是他在这方面较有影响的作品。内容是表现动物们有了吃的东西总是想到朋友"一定也很饿"的，这样，小白兔第一个送出去的大萝卜，最后又回到了小白兔手里。反复送萝卜的过程充分表现了"互相关心、互相爱护"的主题。方轶群虽然重视童话的教育功能，但从不在童话中生硬地说教，而是善于抓住社会生活中值得宣扬的品德，在生活原貌的基础上展开幻想，进行艺术概括，从而更深刻地体现出生活中的真实和作者的审美理想。送出去的东西又回来了，这种意外结局具有极大的偶然性。它使得作品洋溢着奇妙的氛围和浓厚的喜剧色彩，潜移默化地熏陶着广大幼儿。

《萝卜回来了》想象丰富，构思别致，作品的题目就很能吸引幼儿的好奇心："萝卜从哪儿回来了？""萝卜为什么回来？""萝卜回到哪儿啦？"

《萝卜回来了》结构严谨、巧妙，采用循环反复的手法，精心设置了情节、场景、语言的三个循环反复。首先是场景反复。动物们分别在雪地上找食物的场景和分别送萝卜的场景交替反复。"找"和"送"加深了幼儿对角色活动内容和场景的印象。其次是情节的反复。小白兔送萝卜给小猴，小猴送萝卜给小鹿……故事情节按预设的循环线索推进，对幼儿颇具吸引力。推进中使"互相关心，互相爱护"的主题变得具体、生动、感人。

《萝卜回来了》作品语言简练浅显，短句为主。作者认为：为幼儿写作，要考虑怎样写才能最简单、最明确、最优美、最浅显、最适宜幼儿阅读，恰到好处。他对句子的要求是：每句最好五六个字，至多不超过十个字，个别长句可达十五个字左右。《萝卜回来了》如其页面上的语言：

"雪这么大，雪这么大，天气这么冷，地里、山上都盖满了雪。"

"小白兔没有东西吃了，饿得很。他跑出门去找。"

"小白兔扒开雪，嘿，雪底下有两个萝卜。"

"他多高兴呀！"

"小白兔抱着萝卜，跑到小猴家，敲敲门，没人应答。"

"小白兔把门推开，屋子里一个人也没有。"

"原来小猴不在家，也去找东西吃了。小白兔就吃掉了小萝卜。"

" 小白兔把大萝卜放在桌子上。"

后面的语言基本是这个格式，只是动物的名字换了"小猴""小鹿""小熊"，食物的名称换了"花生""青菜""白薯"。

最后是：小熊跑到小白兔家，轻轻推开门。这时候，小白兔吃饱了，睡得正甜哩。小熊不愿吵醒他，把萝卜轻轻放在小白兔的床边。小白兔醒来，睁开眼睛一看："咦！萝卜回来了！"他想了想，说："我知道了，是好朋友送来给我吃的。"

方轶群的童话语言特色鲜明，全部用简单的短句组成，造诣极高，值得学习。这篇具有较完美的艺术形式和健康有益内容的作品，使其半个世纪以来一直活跃在幼儿文学欣赏与教育的领域。

案例二

对《逃家小兔》(美国 玛格莉特·怀兹·布朗)的分析

《逃家小兔》出版于 1942 年。70 多年来，它一版再版。2002 年美国还给其封面上贴上一个金色大奖章"60 年纪念版"。它早已不是经典不经典的问题了。日本版勒口上的一句导读语说："今天，《逃家小兔》已经成了童书中的古典。"

《逃家小兔》的内容很简单，表现的是一只兔子有一天突然对妈妈说他要"跑"了，要离家出走。而这个兔妈妈没有表现出惊奇，没有问一句"为什么"，很豁达地说："如果你跑了，我就去追你，因为你是我的小宝贝呀！"然后，一场在幻想中奇特的追逐游戏展开了。小兔子上天入地，不管他变成溪里的小鳟鱼、一朵小花、一块高山的大石头，还是一只小鸟、帆船、马戏团里的空中飞人，身后紧追不舍的妈妈总是能够抓住他。最后小兔子逃累了，依偎在妈妈的身边说："我不如就呆在这里，当你的小宝贝吧。"

《逃家小兔》之所以能受到多国幼儿的喜爱，是因为它的内容展现了伟大的母爱。小兔子顽皮、想象力丰富，妈妈跟着小兔子亦步亦趋上山、下水、走钢丝……无怨无悔，追逐、保护着小兔子的安全。兔妈妈的爱会使小读者们感动，会使他们感受到在妈妈身边的安全，给他们带来不用语言表达的愉悦。

《逃家小兔》能受到多国幼儿的喜爱，还有一个原因是书中有精彩的图画。画家把兔妈妈和兔宝宝画得既写实又浪漫，在画面衔接和处理上也颇具创意。例如，当小兔说："如果你来追我，我就要变成溪里的小鳟鱼，游得远远的。"妈妈说"如果你变成溪里的小鳟鱼，我就变成捕鱼的人去抓你"时，分别是两张黑白钢笔画，后面两页则合二为一，是一张全景似的横长的彩色跨页，没有对白，只有一幅彩色浓烈的想象的画面——小兔子变成了河里一条鱼，妈妈穿着黑色的长靴，一只手拿着一个鱼篓，一只手用力把鱼钩甩了出去，逗人发笑的是鱼钩上拴着一根鲜红的红萝卜。后面是两张黑白，后面又是两张合二而一的彩色。这种黑白与彩色的穿插和独具特色的手法，把故事一次又一次地推向高潮。最后一页彩色画面是兔妈妈和小兔子在树洞的家里，虽然没有文字，但暗示人们有什么比得上充满母爱的家更温暖呐！

70多年不朽的《逃家小兔》，不仅是小读者欣赏的佳品，也为各国儿童图画书作者、画家提供了良好的借鉴。

三、教师对幼儿早期阅读的指导

(一)教师在图书角对幼儿阅读的指导

教师要重视以师生共读的形式培养幼儿阅读的兴趣，引导幼儿积极主动地利用图书。例如，讲过某故事后，图书角正好有相应的书，教师就可提示幼儿去看；陈列新书后，教师可向幼儿简单介绍新书的内容，引起他们阅读的兴趣。如果不能逐本介绍，也可把它们放在引人注意的地方，引导幼儿自己去看，发展他们独立看、讲图画书的能力。

幼儿在看书时，教师要引导和鼓励幼儿与同伴共读，互相谈论和讲述书中的内容，这样不仅可以发展幼儿的语言，而且可以使幼儿更正确、深入地体会书中的内容。教师有时可主动给幼儿介绍内容较复杂的作品。当幼儿对书中的内容有了初步了解时，他们就会更有兴趣地去阅读，用语言把画面的内容联系起来。

(二)教师给幼儿讲书

要扩大幼儿的眼界，就要教师经常给幼儿讲以文字为主的作品或文字较多的图画书。教师常用的给幼儿讲书的形式有两种。

　　一种是教师与幼儿共读大型图书。这种形式可在图书角(区)内进行，也可用作为全班的教育活动；在进行中，可主要由教师讲书，也可以师生互动，有问有答的形式进行。这种阅读形式被称为分享阅读。

　　分享阅读讫始于 20 世纪 90 年代，北京师范大学认知实验室与美国伊利诺伊大学阅读研究中心合作，在中国开展分享阅读的研究和实践。该研究亦含小学生的分享阅读研究。奕阳教育研究院偏重于幼儿阶段分享阅读教材的开发与实施的指导。

　　幼儿园的分享阅读指的是利用心理学家和教育学家根据幼儿认知规律编写本土化的阅读材料，配合一定的教育方法，在家庭和幼儿园实施的一种类似游戏的"大书"阅读活动。其目标是引起幼儿的阅读兴趣，培养幼儿阅读能力，帮助他们养成阅读的习惯。识字是个"副产品"，图文结合的教材自然让幼儿有了文字意识，可为幼儿入学系统学习识字奠定基础。奕阳教育研究院指导全国多地幼儿园开展分享阅读的实施是一周一本书，一个学期有 18 本书(12 本教材加 6 本家庭读本)。每种书籍都配有指导手册，供教师和家长参考。几年下来，一个幼儿可有一百多本书的阅读量。

案例

《饥饿的狐狸》阅读活动计划分享

一、教学目标

①让幼儿喜欢这个故事，能用简单的语言叙述每页图画的主要内容。

②发展幼儿的细节观察能力，能根据人物表情动作推测心理活动和后续情节。

二、活动进行

(一)导入活动

　　教师指出今天要阅读的是有关狐狸的图书，请幼儿说说自己知道的有关狐狸的生活习性。谈话主要围绕故事涉及的相关内容展开，如夜晚外出、喜欢捕食家禽等。

(二)阅读封面

　　教师请幼儿根据封面的图画猜测故事内容。教师要注意引导幼儿观察、总结故事发生的时间和狐狸的表情，并据此推测故事后续发展的内容。必要时，教师可以在指读书名后，再次请幼儿根据书名来预测故事内容。

（三）阅读内页

提问主要围绕人物的表情、动作、心理活动展开，教师请幼儿用尽可能准确和丰富的词汇描述和形容它们的状态。在每页观察的最后，教师可请幼儿预测下面的情节发展。

（四）总结分享

教师一边逐页展示大书，一边用自己的语言绘声绘色地把故事完整讲述一遍，然后和幼儿一起把故事的主要内容回忆一下。

（五）角色表演

教师出示狐狸、黄狗和农夫头饰各一个，母鸡头饰若干，请若干幼儿上前戴头饰表演故事，教师指读大书当旁白。

（六）续编故事

教师启发幼儿想想狐狸被农夫发现后会发生什么事，然后根据自己的理解续编故事，也可以请幼儿回家后把自己编的故事讲给父母听，并让父母帮助用纸笔记录讲的故事。

以上6个环节不是在一次活动中进行的，而是在一周之内或者更长时间内完成的，且活动环节也不是固定的，要依图画书的内容而定。有的涉及人物行为动机的内容，即理解"为什么要这样做"的问题，就需要有"讨论"的环节。例如，涉及"后来怎么样了"，要经过分析、判断故事的结果，才有条件有"续编故事"的环节；要幼儿把故事内容表演出来时，教师就要考虑该作品是否人物较少、对话多、动作性强。

三、教师听幼儿讲图画书

教师应注意要鼓励幼儿把书中的内容用自己的话讲出来，或把书中的短语、儿歌念出来；在学习区设立听故事乐园，让幼儿通过录音带，一边听故事，一边跟着录音认读汉字。

四、教师指导单个幼儿看书

阅读应是个别行为，早期阅读因幼儿识字不多，需要有教师的帮助，但不适合总以集体教学的形式进行，因为阅读的关键是"个人读"。

早期阅读讫始的时间越早越好。对3岁以前的幼儿，教师在开始时可采用鲜艳的画面，引起幼儿对书的注意，培养幼儿对书的兴趣。幼儿学会说话以后，教师就可以教他们叫出画面中熟悉物体的名称，用问答方式让幼儿讲出书中有什么，在干什么。

3 岁以后，教师可以教他们学习从前向后一页一页地看书，可以与幼儿一起读有简单情节的作品。在阅读过程中，教师最好先启发幼儿讲书中的内容。如果他们不能独立讲出的内容，教师再给予帮助。

5 岁以后，教师应尽量让他们先自己琢磨画面，并产生把看到的内容讲出来的愿望。这时教师主要是引导幼儿能仔细观察画面，比较书中人物的行为、表情，以帮助幼儿正确理解书的内容；启发幼儿用恰当的词和句子，把书中的内容讲出来；当幼儿对画旁的文字感兴趣时，可以和幼儿一起，边看书边指着文字念；培养幼儿阅读知识与技能，让幼儿知道每本书都有封面、书名，看书要有顺序地从前往后看。

接近 6 岁时，教师尽量让幼儿独立阅读，发展其阅读的理解能力，鼓励他们把书中的主要内容讲给别人听，再认自己认读过的文字。不管幼儿讲得好不好，教师都应很有兴趣地听，然后给予肯定并指出不足。

四、亲子阅读

教育是个系统工程，幼儿发展受家庭、教育机构及社会三大环境的影响。对于幼儿来讲，三大环境对他们发展的影响力，以家庭为最大。

因为家庭是最自然的生态环境，幼儿的成长不能欠缺家庭天伦欢乐的生活气氛。家庭这个以血缘关系组成的、人一出生就生活在其中的社会群体，是幼儿最重要的安全基地。让幼儿达到早期阅读的目标，家庭担负着重要的责任。亲子共读是早期阅读的特殊形式。它是指在幼儿与父母亲密接触时一起看书，会让幼儿感到温暖、情绪放松、阅读兴趣倍增。

幼儿的早期阅读适合个别进行，最好的共读方式是一对一的阅读，这是在幼儿园难以做到的。所以，对幼儿早期阅读的培养，家庭承担着重要责任。

在最初接触世界的婴幼儿阶段，父母是鼓励幼儿阅读的主要力量。但是幼儿如果没有亲身经历过阅读的喜悦，只是在父母督促下才看书，这种阅读行为很快就会被其他活动取代。幼儿只有亲身体验、发觉阅读的乐趣，感受到书就像朋友一样能给自己带来欢乐和帮助，他才会重视阅读，能与书终身为伴。

为了让幼儿喜欢阅读，并让阅读成为幼儿生活的一部分，本书提出以下建议，供父母参考。

(一)父母对早期阅读应抱有正确的目的

一般说，父母对早期阅读抱有两种目的。

一是学习目的，即父母重视早期阅读的认知作用，仅偏重让幼儿从书中学到知识、认读文字。这种倾向反映了有些家庭混淆了成人阅读和早期阅读的界线，仅仅把阅读当成是一种获取知识和学习读写的手段。

一是兴趣目的。持兴趣目的的父母不强求幼儿完全理解书中的信息，幼儿没有压力，是从自身兴趣出发去阅读，能够专心注意地去看书，从而容易理解阅读的内容。

培养幼儿阅读的兴趣要从 1 岁左右开始。父母可以用色彩鲜艳的书引逗他们对书的注意和兴趣，逐渐给他们讲图画书。美国加州波罗亚托语言发展研究所的威克斯(Weekes)曾说："籍传统的方式是先让儿童学会说话，再以口语为基础学会阅读。实际上不一定非得如此。其实如果同时学习说与读，更能够相辅相成，相得益彰。儿童整个的语词范围都会扩大。"

3 岁以后，随着幼儿年龄的增长，父母要为他们提供不同程度的、丰富多彩的图书，有意识地引导幼儿注意到身边的各种书，培养幼儿学习积极主动地看书的习惯，以不断激发幼儿阅读的兴趣。

对早期阅读两个不同的目的，应该说抱有兴趣目的的父母正确。

(二)父母要以自身的阅读行为做幼儿的榜样

父母对早期阅读不仅要有正确的态度，而且还要认识自身阅读行为对幼儿的影响。幼儿喜欢模仿，父母是他们的主要模仿对象，特别是 0～6 的幼儿，父母是他们接触最频繁的人，父母的一举一动、一言一行都会对幼儿有直接的影响。如果父母总是要求幼儿读书，自己却一年难得碰上几次书，大部分业余时间消磨在娱乐活动上，那么在这种家庭氛围之中，幼儿就难以对书产生情感。相反，父母经常在幼儿面前读书，幼儿也会学着翻书，这样在不知不觉中就培养了幼儿的阅读兴趣，父母自身的阅读行为就做了幼儿的榜样。心理学家艾里克森(Erickson)曾说："父母对孩子的态度给儿童以后对社会的态度奠定了基础。"瑞典贝肯·罗斯(Behnke Ross)博士认为："在个性、社会性、智力发展和文化特征方面，父母是孩子的第一个和最重要的环境影响因素。"

父母除了以自身的阅读行为影响幼儿外，还应注意在家中有一定的藏书，让幼儿很容易看到书、摸到书。有时父母也可以向幼儿介绍自己的书籍，告诉他们这些书的内容是什么，长大了读这些书能给他带来什么帮助。这样做可以让幼儿养成一种观念：书是家中的一部分。

父母还要有意识地让幼儿感受到他们对书的珍爱。每次读完一本书或杂志时，不随手乱放，一定整齐地放在固定的地方。幼儿看到爱书人的形象，自然会学习、效仿父母对书的爱惜态度。

(三)父母在亲子活动中指导幼儿阅读

父母在树立良好榜样的同时，还应重视经常与幼儿一起读书，指导幼儿正确地了解画面，认读生疏的汉字。

幼儿都喜欢得到父母的关注，喜欢和父母温馨共处的时刻。把阅读作为重要的交流活动，可以让幼儿感到与父母一起阅读时，除了能看到好看的图画书，听到好听的故事，还有父母的关心。每当幼儿讲出图画书中的内容，找出认识的字时，会得到父母的称赞、鼓励，这就会使幼儿感到父母的重视。久而久之，书本便会成为幼儿日常生活中不可缺少的朋友，阅读自然成为幼儿喜欢又盼望的事。

1. 每天有固定的阅读时间

在家庭中，每天有固定的阅读时间才能使阅读持之以恒。三天打鱼，两天晒网，是养不成阅读习惯的。平时的阅读时间最好安排在晚上睡觉前，这个时间幼儿比较容易定下心来，不会被其他事情分散注意力。阅读时间的长短，要依幼儿的年龄而定，较小的幼儿15分钟比较适宜。随着年龄增长，父母再逐渐增加时间。阅读时的环境气氛要轻松、温馨，让幼儿觉得这是一天中最值得期盼的事情。

2. 设置适于阅读的环境

培养幼儿早期阅读的兴趣和能力需要有一定的物质条件保障。有条件的家庭可为幼儿在光线充足的位置开辟一个阅读角。阅读角内设有便于幼儿取放书籍的书柜或书架，有供幼儿看书用的桌椅，准备一张桌子和两三把小椅子，或者铺一块地毯(或软垫)和几个小靠垫，以供父母与幼儿共读时使用。

3. 选择好适当的读物

在为6岁前的幼儿选择读物时，从书的种类上来看，图画书应是首选。因为图画和幼儿的心是相通的，没有图画的书就和没有放盐的汤一样，无论多么有营养也不会使幼儿有胃口。通过图画看故事是幼儿欣赏文学的重要方式。经验已经证明，以幼儿为主要对象的图画书是打开幼儿阅读世界的敲门砖。

对于图画书的种类，不同年龄适合选择什么水平的书，本章已有介绍。在此仅就父母如何选择图画书做如下补充。

随着幼儿年龄的增长，心理发展水平的提高，父母在选择图画书时，必须注意幼儿发展的阶段性，针对幼儿成长的需要来选购。

1～2岁阶段：适合选择认识东西的、开本大、纸厚的字典式的画册；内容方面最好着重选择日常生活中常见的事物，不需要有连贯的情节，属幼儿认识周围东西的书；色彩鲜艳，不宜五颜六色，有两三种（红黄蓝）正色即可；形象要逼真，但不过分夸张或变形。

2～3岁阶段：适合选择以图画为主，不一定有连贯的情节，内容单一，色彩与实物相似，背景简单，语言朗朗上口、简短，有重复句的画册。

3岁以后阶段：幼儿对周围事物的理解力迅速发展，父母可以选择反映日常生活情节的图画书，提高幼儿的阅读兴趣。书中的形象仍要与实物的形状、比例相符，不适宜以抽象手法反映周围的事物，以利于幼儿认知能力的发展；色彩要柔和、明亮，对幼儿有吸引力。四五岁以后，随着幼儿生活经验的丰富，选择图画书时，题材范围应该广泛，不仅有日常生活的内容，也应适当增加科学、历史、民间传说等方面的知识；在体裁方面，不仅有童话、生活故事，还可增加历史与民间故事等体裁，以延伸幼儿的经验范围；在情节方面，应选择生动活泼、有曲折、带悬念的作品，以提高幼儿分析、推理能力和阅读兴趣；注意增加有创意的图画书，最好能够"画中有话""话中有画"，除了使幼儿有新鲜感外，还能启发他们的想象力，使他们产生更多的联想。

4. 发挥好亲子共读的作用

父母如何运用好图画书要依据不同图画书的特点，如"无文图画"适合不能理解情节连贯性的3岁前幼儿阅读。父母可先启发幼儿仔细观察图画，然后试着讲出图画有什么，能识别在干什么。如果幼儿讲得不正确或不完全时，父母再指点着画面内容讲给幼儿听。较大的幼儿阅读"无文图画"时，父母不仅要启发他们正确讲出画面内容，还要让他们发挥想象力，想象出画面上没有表现出来，但与画面有关的内容。讲"图文并茂"的图画书时，父母不要急着给幼儿念书上的文字，最好先从图画入手，让幼儿先观看图画，然后把图画的内容讲给父母听。幼儿讲图画的过程应以幼儿独立讲为主。在他们对图画理解不够深入时，父母可用启发性的问题予以提示。例如，幼儿不能讲出图画中的情节时，父母可问："他们（书中的角色）在做什么事，脸上什么表情？"（高兴、认真、着急、思考）。在幼儿对图画书中一页与一页的连贯性不注意时，父母也需酌情提问给予启发。在阅读完图画部分后，幼儿不宜马上进入文字的阅读，于次日进行也不迟。在阅读图画书文字部分时，一种方式是由父母逐页给幼儿读画面的文字；另一种方式是让较大的幼儿先找出自己认识的字，然后父母再读完整的句子，让幼儿自然学习生字。

为了丰富亲子共读的内容，扩大幼儿欣赏文学作品的范围，父母也需要不断地给幼儿欣赏一些纯文字的文学作品，选择优秀的、适合不同年龄水平的儿歌、儿童诗、散文、童话、生活故事、寓言、民间故事等。前三种属于有韵律的作品，幼儿可在父母的带领下朗诵，练习正确发音和用有变化的声音表达内容，体验朗诵韵律作品的愉快；后四种体裁属于散文体作品，适合有感情地讲述。这里所指的感情，需要用声音的变化、面部表情、眼神、动作来表达。父母在讲这类作品时最好不要死板地一字一句地念。故事书不是教科书，只要不破坏作品的完整性和连贯时，父母为了利于幼儿理解，可适当删加内容，用口语化的语言讲述，可使幼儿听得更亲切、更有吸引力。在作品中穿插有韵律儿歌内容的，可启发幼儿跟着父母一起朗诵。有较多对话的作品，父母讲过后可启发幼儿加上动作，进行故事表演。

在亲子共读中，虽然父母起主导作用，但也不宜总是由父母唱独角戏，最好以多种形式进行。父母有时可鼓励幼儿把在幼儿园听到的故事、看过的图画书，讲给家里人听；有时可让幼儿听磁带（或 CD 盘）中的故事，一起看动画片等。

父母重视让幼儿自幼和书交朋友，如把书作为礼物送给幼儿，以书取代玩具，这种礼物是让幼儿爱书最直接、有效的方法，让幼儿知道有了"好朋友"，要珍惜、爱护它们，要养成看书的好习惯。

书是我们的良师益友，家长和教师应同心合力使书成为幼儿的终身朋友，这将会使他们终身受益。

* *

📖 本章小结

本章第一节中所阐述的早期阅读理论部分的内容，大部分是引进西方有关理论的。早期阅读对幼儿身心发展的作用，早期阅读培养的目标，幼儿园与家庭对幼儿早期阅读的指导，则是我国近二十多年来对幼儿早期阅读研究与实践的成果。鉴于我国当代早期阅读的实践起步较晚，理论建设与实践经验均显薄弱，我们将本章所阐述的内容视为在我国目前条件下的认识水平，属于动态的内容，还需经过数年的研究，不断地建设与完善符合我国文化背景的早期阅读的理论与策略。

近些年来从国外引进的图画书中，不乏有许多精品，丰富了幼儿的精神世界，为国内作家创作提供了一些借鉴。国内图画书的创作与出版亦不断涌现精品。早期阅读的指导者——教师与家长，如何提高其欣赏水平，能挖掘出作品的精髓，最大限度地发挥作品的艺术价值，潜移默化地伴随幼儿成长，是早期阅读领域内尚需研究的课题。

🔍 思考题

1. 早期阅读可为幼儿的终身学习奠定哪些基础？
2. 简述培养幼儿独立阅读能力的策略与方法。

📖 建议的活动

成人应充分发挥每本图画书的作用，可依每本书的不同特点，开展一些延伸活动。下面的案例是北京第六幼儿园平志征老师，围绕阅读图画书《长大这件事》作品前后开展的系列活动。

案例

阅读图画书《长大这件事》

活动一：聊聊长大这件事（谈话活动）

升入大班后，幼儿即将成为一名小学生。这是幼儿面临的一个挑战。为此，在一次谈话活动中，我们和幼儿一起聊起了长大这件事。

笑笑说："我长大了以后，想当建筑师。"坤坤说："我长大了想当画家。"接着一个幼儿说："我长大了，要赚大钱!"当我问："你赚那么多钱干什么?"接着就有别的幼儿说："赚了很多钱就能买大房子了。""有了很多钱，还能买很多的东西，我将来也要赚很多钱。"……幼儿的回答让我始料不及，没想到年龄不大的幼儿，对赚钱有这么大兴趣。后来我找到一本《长大这件事》的绘本，就想借此引导幼儿理解什么是真正的长大。

活动二：大家一起读绘本《长大这件事》

《长大这件事》是一本语言结构简单易懂的图画书。在大组活动时，我们和幼儿一同阅读，并对其中幼儿有自己的问题和看法的内容进行讨论，引导幼儿理解长大的真正含义。例如，书中一页讲长大就是脸浸在水里的时间更长了。看到这一篇内容的时候，阳阳问："为什么说长大就是脸浸在水里的时间更长了呀?"幼儿自己解释道："因为小时候我们很怕把脸泡在水里，而长大了我们就喜欢在水里游泳了，而且锻炼的时间更长了，所以脸浸在水里的时间更长了。"格格说："因为长大了也是慢慢变勇敢了，而且当你长大了学会了这件事，你就觉得很简单，但是你小时候你没有学会，你就觉得很难。"原来长大了就是本领多了，更勇敢了，更坚强了。故事的内容还包括：长大，就是不乱啃东西了；长大，就是不再讨厌香波了；长大，就是能爬到更高的地方了；长大，就是敢从更高的地方跳下来，但跳下去会不会有危险要好好想想，这也是长大；长大，就是发现更多有趣的事情。通过阅读绘本，幼儿对长大的理解更丰富了，原来长大不仅仅是长高，变得富有，而是需要不我们不断地努力，不断地学习才能实现的。

活动三：制作我们的成长故事书

读完故事后，我就引导幼儿的讨论："除了书上说的以外，你们自己认为什么是真正的长大呢?"他们给出了不同的答案。

"长大就是更坚强了，在攀登架上能够爬到更高的地方，还能安全地下来。"

"真正的长大就是能发现螃蟹和水蛇，有时候也很有趣。"

"真正的长大就是敢碰一些小时候不敢碰的东西了。"

"真正的长大就是能帮父母做家务了。"

幼儿通过阅读，通过与同伴的分享，通过教师的提问和自己的思考，初步理解了什么才是真正的长大。幼儿就想把自己的想法记录了下来，产生了自己制作绘本：《我们的成长故事书》。

活动四：完成每个人的第一本书

幼儿为了制作自己的第一本书，主动到图书区翻看一本书中都有什么。在教师帮助下，幼儿知道了书有封面、环衬、页码；有的书全是图画，没有字；大部分书有画也有字。他们在制作自己的书时，先选择一本书模仿着画。幼儿的书都是画出来的。有的幼儿照着书中的字，模仿着画出一些象征性的字，最后大都请教师帮忙写上书名。大家陆续把自己的第一本书放在图书区内，互相交换着看，有时还把自己的书讲给别人听。幼儿在制作书的过程中，不仅体验到了阅读的快乐和制作的乐趣，更体验到了自己的自信与成长。

下面为部分幼儿"我的第一本书"的封面。

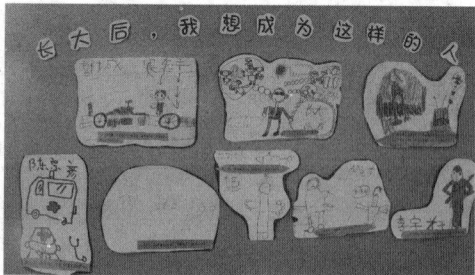

拓展阅读

"中国原创图画书"（文学卷）100本书目①

1.《萝卜回来了》　　　　作者：方轶群　　　　插图：唐云辉
2.《小蝌蚪找妈妈》　　　　作者：方惠珍　　　　插图：盛璐德
　　　　　　　　　　　　　　　　　　　　　　　　　　李全华

---

① 转引自祝士媛：《学前儿童语言教育》第2版，253页，北京，北京师范大学出版社，2011.

3.《两只棉手套》　　　　作者：金　波　　　　插图：李　莉

4.《我想》　　　　　　　作者：高洪波　　　　插图：程思新

5.《吃黑夜的大象》　　　作者：白　冰　　　　插图：李清月

6.《大狗和小兔枕头》　　作者：秦文君　　　　插图：王　可

7.《布娃娃过桥》　　　　作者：圣　野　　　　插图：杨　磊

8.《小马过河》　　　　　作者：彭文席　　　　插图：秦建敏

9.《圆圆和方方》　　　　作者：叶永烈　　　　插图：屈明月

10.《梨子提琴》　　　　　作者：冰　波　　　　插图：刘振君

11.《小溪流的歌》　　　　作者：严文井　　　　插图：雨　青

12.《梅花鹿的角树》　　　作者：葛　冰　　　　插图：杨　磊

13.《花的沐浴》　　　　　作者：郭　风　　　　插图：陈泽新

14.《小猪奴尼》　　　　　作者：鲁　兵　　　　插图：费　嘉

15.《夏天到来虫虫飞》　　作者：张继楼　　　　插图：张蔚昕

16.《岩石上的小蝌蚪》　　作者：谢　华　　　　插图：太阳娃
　　　　　　　　　　　　　　　　　　　　　　　　插画设计

17.《六个矮儿子》　　　　作者：沈百英　　　　插图：朱世芳

18.《花儿，一簇簇开了》　作者：樊发稼　　　　插图：王张莉

19.《爸爸和香烟》　　　　作者：周　锐　　　　插图：刘振君

20.《小蝌蚪找妈妈》　　　作者：方惠珍　盛璐德　插图：李全华

21.《小柳树和小枣树》　　作者：孙幼军　　　　插图：朱世芳

22.《雪孩子》　　　　　　作者：嵇　鸿　　　　插图：信　东

23.《春天在哪里》　　　　作者：葛翠琳　　　　插图：章　雪

24.《书本里的蚂蚁》　　　作者：王一梅　　　　插图：草　草

25.《小树熊出门》　　　　作者：汤素兰　　　　插图：朱丹丹

26.《笨小熊的魔力电话》　作者：刘丙钧　　　　插图：王祖民

27.《洗四十双袜子的小波波熊》作者：张秋生　　插图：徐开云

28.《小熊请客》　　　　　作者：包　蕾　　　　插图：赵光宇

29.《我们都是木头人》　　作者：郑春华　　　　插图：沈苑苑

30.《小猫钓鱼》　　　　　作者：金　近　　　　插图：张春英

31.《魔法师》　　　　　　作者：萧　袤　　　　插图：李　蓉

32.《渔童》　　　　　　　作者：张士杰　　　　插图：李　莉

33.《别踩了这朵花》　　　作者：冰　心　　　插图：赵晓音
34.《野猫学长寿》　　　　作者：贺　宜　　　插图：徐开云
35.《老鼠嫁女》　　　　　作者：鲁　风　　　插图：许玉安
36.《毛毛＋狗＋石头－石头》　作者：任溶溶　　插图：沈苑苑
37.《犀牛吞了针》　　　　作者：黄庆云　　　插图：钟　或
38.《乌鸦兄弟》　　　　　作者：金　江　　　插图：王祖民
39.《老鼠坐上火箭炮》　　作者：滕毓旭　　　插图：钦吟之
40.《糖房子》　　　　　　作者：野　军　　　插图：章　雪
41.《木偶的眼泪》　　　　作者：吕丽娜　　　插图：布克布克
　　　　　　　　　　　　　　　　　　　　　　　　　李　蓉

42.《森林来了美人鱼》　　作者：方素珍　　　插图：赵晓宇
43.《阿蓝的喜悦和烦恼》　作者：任大霖　　　插图：张春英
44.《蜗牛丁朵朵的新年礼物》作者：李　想　　插图：倪　靖
45.《大象救人》　　　　　作者：乔传藻　　　插图：于春华
46.《小雁归队》　　　　　作者：吴梦起　　　插图：秦建敏
47.《五彩小小鸡—木偶剧》作者：孙　毅　　插图：响马夫妇
48.《走在放学回家的路上》作者：桂文亚　　　插图：刘振君
49.《装满阳光的梦》　　　作者：李东华　　　插图：李红专
50.《找心眼儿的小猪》　　作者：张之路　　　插图：恩　明
51.《音乐树》　　　　　　作者：王宜振　　　插图：草　草
52.《小骆驼找妈妈》　　　作者：徐　鲁　　　插图：张卫东
53.《乌龟飞上天》　　　　作者：薛卫民　　　插图：于　宁
54.《没有牙齿的大老虎》　作者：冰　子　　　插图：陈泽新
55.《蚂蚁搬家》　　　　　作者：董恒波　　　插图：朱世芳
56.《华瞻的日记》　　　　作者：丰子恺　　　插图：刘伟龙
57.《红狐狸教算术》　　　作者：鲁　克　　　插图：费　嘉
58.《肚子上的小口袋》　　作者：澍　然　　　插图：魏永恒
59.《穿蝙蝠衫的小老鼠》　作者：赵燕翼　　　插图：高　晴
60.《爱忘事的熊爷爷》　　作者：王晓明　　　插图：王晓鹏
61.《象鼻竹》　　　　　　作者：吴　然　　　插图：董肖娟
62.《面包狼》　　　　　　作者：皮朝晖　　　插图：赵光宇

63.《小熊拔牙》　　　　　作者：柯　岩　　　插图：朱丹丹
　　　　　　　　　　　　　　　　　　　　　　　　倪　靖

64.《神笔马良》　　　　　作者：洪汛涛　　　插图：江健文
65.《寄到南极的孩子》　　作者：朱效文　　　插图：龚燕翎
66.《稻草人》　　　　　　作者：薛　涛　　　插图：唐云辉
67.《夏夜音乐会》　　　　作者：佟希仁　　　插图：程思新
68.《一粒种子》　　　　　作者：叶圣陶　　　插图：王　可
69.《骑狼的小兔》　　　　作者：翌　平　　　插图：刘振君
70.《三只小喜鹊说的》　　作者：陈伯吹　　　插图：钱锡青
71.《小浇浇和睡婆婆的奇遇》　作者：保冬妮　插图：朱世芳
72.《清清甜甜的菊花茶》　作者：董宏猷　　　插图：王祖民
73.《住在画里面的獾》　　作者：李丽萍　　　插图：裴　蕾
74.《荷花船》　　　　　　作者：毛芦芦　　　插图：黄恒聪
75.《好朋友》　　　　　　作者：萧　萍　　　插图：响马夫妇
76.《毛尔冬的洗头计划》　作者：肖定丽　　　插图：汪瑞梅
77.《长鼻象和短鼻猪》　　作者：熊　磊　　　插图：董肖娴
78.《秋天的歌谣》　　　　作者：鲁　冰　　　插图：杨　磊
79.《橡子飞飞》　　　　　作者：英　娃　　　插图：杜凌云
80.《雨中的花伞——儿童诗》　作者：钱万成　插图：李　蓉
81.《大风》　　　　　　　作者：武玉桂　　　插图：王子豹
82.《小面人》　　　　　　作者：常　瑞　　　插图：李清月
83.《超级巧克力先生》　　作者：林颂英　　　插图：李健插画
　　　　　　　　　　　　　　　　　　　　　　　　工作室

84.《老蜘蛛的一百张床》　作者：安武林　　　插图：钟兆慧
85.《从小事情看天气》　　作者：林　良　　　插图：蔡兆伦
86.《蚂蚁和围城》　　　　作者：北　董　　　插图：纪人萍
87.《大战霸王云》　　　　作者：庄大伟　　　插图：张　瑜
88.《圈儿圈儿圈儿》　　　作者：安伟邦　　　插图：赵金娇
89.《香甜可口的汽车》　　作者：郑允钦　　　插图：石子儿
90.《穿棉袄的夏天》　　　作者：曹文轩　　　插图：雨青工
　　　　　　　　　　　　　　　　　　　　　　　　作室

91.《变变变》　　　　　　　作者：李姗姗　　　　　插图：杨思帆

92.《铅笔树》　　　　　　　作者：张怀存　　　　　插图：钦吟之

93.《带轮子的小房子》　　　作者：李志伟　　　　　插图：恩　明

94.《兔子和乌龟第二次赛跑》作者：罗　丹　　　　　插图：黄　捷

95.《一支铅笔的梦想》　　　作者：张晓楠　　　　　插图：曹小影

96.《偷蛋贼》　　　　　　　作者：王立春　　　　　插图：冯建霞

97.《三个和尚的新鲜事儿》　作者：李少白　　　　　插图：陶菊香

98.《生日气球》　　　　　　作者：范锡林　　　　　插图：刘　静

99.《茶壶和茶胡》　　　　　作者：葛　竞　　　　　插图：高　晴

100.《小青蛙的大嘴巴》　　作者：胡木仁　　　　　插图：赵　蕾

第六章　幼儿前识字与前书写教育

《幼儿园教育指导纲要（试行）》将"培养幼儿对生活中常见的简单标记和文字符号的兴趣"和"利用图画、绘画和其他多种形式，引发幼儿对书籍、阅读和书写的兴趣，培养前阅读和前书写技能"列入语言教育的内容，《3—6岁儿童学习与发展指南》将"具有初步的阅读理解能力"与"具有书面表达的愿望和初步技能"列入语言领域的目标。故本教材在此次修订中，增添了"幼儿前识字与前书写教育"一章内容，重点阐述前识字与前书写教育对幼儿全面发展的意义，对幼儿进行前识字与前书写教育的可能性与特点，幼儿前识字与前书写教育的内容、方法与途径。

第一节　我国幼儿书面语教育的发展沿革

从我国古代至20世纪初，有条件的家庭一般从幼儿阶段开始，就在家中教幼儿认字、描字，读古诗和"三百千"一类的读物。20世纪初，我国开始设立幼儿集体教养机构。五四运动后，西方的儿童观、教育观等教育理论开始传入我国。我国的整体教育系统都发生了不同程度的变革。此时对幼儿教育阶段要不要进行书面语教育，怎样进行书面语教育，在教育界也产生了争论。这场争论自20世纪初至20世纪末，一直未取得共识。20世纪50年代有学者曾在报刊上就此公开论战。

20世纪50年代的论战中，反对方认为文字是抽象的符号，幼儿不宜进行这样复杂的脑力活动。系统的识字教育不仅包括认读，而且包括掌握文字的形、义、声和书写。对缺乏实际知识的幼儿来说，达到这个要求非常困难。因为汉字不论是结构还是词义都比较复杂，从幼儿的高级神经系统发展水平来看，幼儿还不宜进行这样的脑力劳动。他们认为，根据幼儿的年龄特点，幼儿应先认识实际的东西，如"茶杯"，成人可教幼儿正确说出它的名称、大小、颜色、用途等，不必教"茶杯"两个字，重要的是发展他们的感受力，扩大他们的眼界。若幼儿识字过早，容易刺激他们早熟，使他们喜欢安静地读、看、写，不喜欢多活动，影响他们的健康和全面发展。而赞成方则认为，一般4岁的幼儿就可开始认读汉字，也可以推迟一年左右。届时幼儿对于环境的认识已有初步基础，为了满足幼儿的求知需要，发展他们的思维，成人在幼儿阶段就应进行识字教育。

进入20世纪80年代以后，在改革开放的大好形势下，我国不少心理学界和教育学界的工作者与幼儿园合作，进行了幼儿认读汉字的实验研究。他们认为文字是语言的有形符号，识字对幼儿认识和思维能力、语言表达能力的发展有很大的帮助。因为识字以后，幼儿不仅能通过听觉器官接收信息，而且能通过视觉接受语言信息，这样就打开了进行社会交往的新渠道。幼儿既能从成人口头传授中获得社会与自然界的知识，受到品德与情感的熏陶，也可以通过自己的阅读获得以上的收获。个别心理学工作者通过个案研究，发现婴幼儿有惊人的学习能量，有一种特殊的图形知觉和记忆，在学会说话之前就可以认识一些汉字。实验者发现4～6个月的婴儿可学会以动作来区分不同的字形；1岁半左右的婴儿，不仅可以认识自己能说的字、词，而且可以理解尚不会说的字、词。例如，看到"吃"字，婴儿用手指口，咂咂嘴；看见"灯"字，婴儿用手指实物。1岁半婴儿每天用15分钟的时间，可学会3个汉字；4岁后的幼儿可学会6～7个字。

30多年研究、实践的成果，使我国幼儿教育界对幼儿是否应该开始书面语的启蒙教育，已取得以下共识：正规的幼儿语言教育既包括面对面进行听说交流的口头语言，也包括以书写形式表现的书面语言。因为口头语言与书面语言既相互区别，又相互联系，书面语言不仅是口头语言的一种记录形式，它还有口头语言无法代替的功能。例如，书面语言可以实现非面对面的交流，可以满足有语言障碍的残疾幼儿之间的交流。有人经研究提出，4～5

岁的幼儿已经获得日常语言交际知识的 90%，他们已有学习书面语言的需求，在很小的时候，就对书面语言产生了兴趣，常常会对周围环境中的文字感兴趣。通过书面语言人们可与不在眼前的人进行交流。由于文化的复杂性，仅用口头语言难以实现文化的长期保存和传递，而书面语言是实现文化保存和传递的最佳方式。只会口头语言而不会书面语言，或只会阅读书写而不会听说，语言交际都会受到限制，语言功能也难以充分发挥。因为书面语言指读和写。书面语言的基本单位是字，由字组成词、句，以及文章。书面语言的学习包括认字、写字和阅读、写话。其中认字和阅读属于接受性的，写字和写话属于表达性的。幼儿书面语言的产生与口头语言一样，也是先从接受性语言开始，随后发展成表达性语言的，即先会认字，后会写字，先会阅读，后会写作。

我国教育领导机构在进入 21 世纪以后制定的指导性文件中提到对幼儿期开始进行书面语的教育。《幼儿园教育指导纲要（试行）》中提出"培养幼儿对生活中常见的简单标记和文字符号的兴趣""引发幼儿对书籍、阅读和书写的兴趣，培养前阅读和前书写技能"。《3－6 岁儿童学习与发展指南》亦提出"具有初步的阅读理解能力""具有书面表达的愿望和初步技能"等新的语言教育目标。

第二节　幼儿前识字与前书写教育的指导

一、前识字与前书写教育对幼儿的价值

(一)有利于促进幼儿语言、智力的发展

文字是语言的有形符号，认读汉字对幼儿认识和思维能力、语言表达能力的发展有很大的帮助。因为幼儿识字以后，在成人口头传授的同时，也可以通过自己的阅读吸收营养。每个汉字都是音、形、义有机联系的符号刺激物，认读汉字对幼儿语言、智力的发展有以下作用。

1. 可以发展幼儿的视觉

幼儿认读汉字的过程是从笼统的认知逐渐发展到精确的认知。学会观察

字的细微差别，可以促进他们视觉的敏感性和空间知觉的发展，提高幼儿观察力的水平。这一能力对幼儿今后的学习和生活有很大的影响。

2. 可以发展幼儿的听觉

听力是发展幼儿语言的前提条件。认读汉字就要读准字音和声调，而读得准的前提是要听得准，所以认字、读字音是对幼儿听力的一个很好的训练。听力得到了发展，对提高口语表达能力，将来学习第二语言都很有帮助。

3. 可以发展幼儿的注意力和记忆力

幼儿认字要观察和记住字形和结构，在这一学习过程中，幼儿的注意力和记忆力无形地得到了很好的锻炼和提高。

4. 可以发展幼儿的思维能力

汉字分独体字与合体字。合体字有偏旁，幼儿在认识合体字时，自然就训练了分解、综合的思维能力。认字的过程对提高幼儿的思维水平有明显作用，思维水平的提高直接影响着幼儿的语言发展。

5. 可以发展幼儿的口语表达能力

口语和书面语是相辅相成的关系。口语得到较好的发展，就为学习书面语打好了基础。认字以后可以组词、造句，可以阅读浅显的文学作品，从中学习艺术性语言，利于幼儿口语表达能力的提高。

(二)有利于培养幼儿爱学习的情感和认真学习的习惯

幼儿认读汉字大都使用游戏形式，在玩的过程中认识了汉字，把枯燥的学习变成了有意思的游戏，这使幼儿觉得学习是件愉快的事。幼儿认识了汉字，甚至能阅读了，他们自然会产生一种自豪感与成就感，认为这是自己长大了的标志，因为他能像大人一样看书了。这样就可以潜移默化地使幼儿逐渐进入到学习境界中去，使他们自然产生爱学习的情感，逐渐形成好的学习习惯。这样的幼儿进入小学后，就不会觉得学习有压力、不习惯，他们可以很快地、有信心地、愉快地进入正式学习。

(三)为幼儿入小学学习做准备

20世纪90年代联合国儿童基金会与教育部的合作研究项目——"幼儿园与小学衔接的研究"发现，入学前没有学习书面语言的幼儿，入学后常常会出现以下一些问题：

①学拼音读音不准，读音节、声调有困难；

②空间方位知觉的困难；

③分辨形近字困难；

④分辨同音字困难；

⑤对图画、书面符号的理解比较差；

⑥辨别、归类偏旁困难。

因为初入学的小学生存在以上困难，明显影响小学语文的教学进度，所以小学教师希望成人在幼儿入学前，能从以下几个方面为幼儿入小学学习打下一些基础：

①培养幼儿的听力和习惯；

②加强幼儿的阅读活动，培养好的学习习惯；

③培养幼儿观察、分析、比较、分类的能力；

④发展幼儿空间知觉和方位知觉；

⑤加强幼儿手的小肌肉协调性的训练等。

二、幼儿认读与书写汉字的年龄特点

(一)汉字的特点

文字是以字形为标志的。字形是文字的存在形式，是把语言的听觉符号变为视觉符号的主要手段，是文字的基本要素。语言中的词利用文字标记下来之后，文字就成为词的替代符号，这种符号体现了词的音和义，因此，每个字都具有形、音、义三个要素。

汉字的特点是一个字一个图形，形音脱节，掌握汉字必须建立形—音—义的联系。汉字数量多，笔画(点、横、竖、勾、撇、捺等)和结构(左右、上中下、内外等)复杂。教幼儿正确辨认汉字，需要他们进行复杂的分析综合活动，要求其知觉、记忆、思维都要达到一定水平。但是幼儿知觉的特点是笼统而不精确的，不善于细致、有目的地观察。因此，幼儿认读汉字有明显的年龄特点。

(二)幼儿认读汉字的特点

一般汉字教学总是按照先独体字后合体字，先实词后虚词，先笔画简单的字、后笔画较多的字的顺序进行的。但幼儿认读汉字却有自己的特点。

1. 不受笔画多少的干扰

幼儿认读汉字常常把一个字作为整体的图形来认识。例如，幼儿一般分不清简化字的"爷"和繁体字的"爺"有什么不同；分不清"家"和"室"的区别，极易读错音。

在一个进行幼儿识字教学的实验中，开始教小班幼儿识字时，从笔画少的人、大、小、工、口、手、牛、羊等字开始，巩固率较高。但对笔画较多的、幼儿有兴趣的鸡、猫，巩固率同样高。这说明笔画不是孤立的，它与字义和字的结构相联系。中班以后，笔画多少对认读的正确程度没有明显影响。我们在中班曾经选笔画不同的几个字：十、土、木、米、鸡、苹、草进行研究，发展字形笔画的多少对幼儿识字没有多大影响。实验者对 3～5 岁不同年龄的 3 组幼儿，认读鸭、猫、糖，每组 5 人，进行实验。结果表明：笔画 3 画的"土"，错误次数最多，为 11 人次；而笔画 16 画的"糖"，错误次数较少，为 3 人次；11 画的"猫"字，错误次数也较少，为 4 人次。这是由于幼儿认字是整体感知，认字时对该字引起的事物联想的情绪性比笔画多少要影响大得多。鸡和鸭二字虽能引起幼儿兴趣，但由于字形相似，引起的混淆错误比平时要多。

2. 幼儿开始识字时常有一个泛化现象

字是视觉形象，幼儿对其感知的发展服从于从笼统到分化的规律。幼儿首先把字形作为整体形象来感知，认读两个字组成的词容易混淆。例如，幼儿认识了"眼睛"后，再给其出现单个的"眼"或"睛"时，他们会不认识，或者把"眼"读成"睛"，或把"睛"读成"眼"。有时出现一个字时，他们会读出两个字的音。例如，出现"面"字，幼儿读出来的是"面包"；给其出现"苹"时，他们会读成"苹果"。造成这种现象的原因，除与不理解字义有关外，也与幼儿常常把双音词或多音词作为整体来认识有关。这种现象被称为形误。

幼儿识字时，常常对字形的细节还难以分化。例如，幼儿容易分不清"木"字和"水"字，把"半"字读成"羊"字，难以辨别清楚字形类似，但多一个"点"、少一个"横"，多一个"横"、少一个"点"的字。

3. 对文字符号的意义理解水平低

由于幼儿对词义理解水平低，因此幼儿对字义认识的概括水平也就很低。对幼儿来说，字尚未成为真正意义的文字符号。另外，幼儿认字多为机械记忆，遗忘率高，迁移能力差。例如，字卡上的字出现在图画书上，很多幼儿不再会认。

三、幼儿前识字与前书写教育的性质与内容

幼儿尚未正式进入书面语的学习，对其进行的前识字与前书写教育仅是为正式学习书面语所做的准备，目的是让幼儿获得前识字和前书写的经验。

（一）前识字的经验

1. 培养幼儿对文字的注意力

文字对幼儿来说不具有吸引力，在他们的眼中，文字只是一些抽象的图案。这就需要靠教师的提醒、启发，让他们知道文字在生活中是非常有用的、人人离不开的东西，要从小学习文字。

2. 提高图形观察力

汉字笔画多，字形复杂，特别是汉字中有许多字形相近、字义有别、字音不同或相近或相同的形近字。例如，乌和鸟、免和兔，是一点之差；日和目，是一横之差；八和人，一个是笔画相离，一个是笔画相接；开和井，一个是笔画相接，一个是笔画相交；土和士，仅是一笔的长短有别。以上列举的字，差别细微。知觉笼统而不精确，不善于细致、有目的地观察的幼儿，认读形近字时极易泛化，这就需要教师通过各种形式来提高幼儿的图形观察力。

3. 认识一定数量的汉字

幼儿认识多少汉字为宜，尚未有统一的标准，对幼儿来讲也不需要规定认读汉字的数量。适合幼儿认读汉字的范围大致有以下几方面。

日常生活中常见、常用、易于理解的字。例如，名词可以与具体事物相联系，容易被理解和记忆，应为幼儿认读的重点；幼儿好动，容易理解动词，有的字还有共同的偏旁，如"跑""跳""蹦"，都是"足"字旁；与生活经验密切的字，如"吃""喝""玩"；幼儿思维具体形象，代表颜色的"红""黄""蓝"字；具体形象的字，如"日""月""马""牛"；带有情绪性的字，如"笑""哭"等。

图画书中常见字。例如，动物、植物、食物、交通工具、气候等方面的名称，与其相关的动词和形容词。

社会环境中的常见字。例如，车站、街道、广告牌子、节日横幅上的字，商店内外的字，以及其他能见到的常见字。这些字适合在幼儿对其有兴趣时，教师自然地教其认读，没有必要刻意地去教幼儿认读。

4. 知道文字都有具体的意义

幼儿可以念出声来，可以把文字与口语中的词对应起来，如看到"花"字，知道怎么读，并知道什么是花。

5. 初步了解文字的功能

人们可以用文字把想说的话写出来，写成一封信、一首诗、一篇文章；把这些信、诗、文章念出来，又变成口头语——话。

6. 建立口语和文字的关系

将字音和字形结合，是让幼儿认识文字的重要过程。他们知道文字有意义时，就会把文字转化为语言。学说话时他们已体会到声音与概念之间的关系，认字以后他们就可以建立声音、概念和文字更复杂的关系。

7. 让幼儿初步知道汉字结构的一些特点和规律

独体字：人、手、牛、马、水、火、日、月、上、下

合体字：江、河、说、话、你、们、森、林、吃、饭

教师在引导幼儿认识合体字时，要启发幼儿注意合体字的特点。例如，汉字"木"字旁的字大都与木有关，如森林、树木、桌椅；"氵"字旁的字大都与水有关，如江、河、湖、海。

8. 让幼儿形象地初步了解一些汉字演变的知识

日、月、牛、羊、马、山、手等字都是从象形字演变而来的。教师要让幼儿了解汉字有许多是象形字，字体与所代表的物体有密切联系。例如，"日"字是从太阳的形象转变而来的。认读这个字时，成人可以先画一个大太阳，然后再简化为"⊙"，最后再写出"日"这个字，让幼儿明白一些汉字的由来。

案例

陈鹤琴的"幼稚园读法字汇"

我国著名幼儿教育家陈鹤琴主张，幼儿是可以认读一些汉字的。现仅对其"读法"中，如何为幼儿选择汉字的方法做一介绍。

陈鹤琴先生主张幼儿在口语发展基础上认读汉字，即先学会一定的词，

掌握了这些词的字音后，再与字形建立联系。例如，根据南京鼓楼幼稚园对幼儿口语的常用词的记载，参考小学一年级第一册的生字表，选择幼儿会说、会用的常用词，将代表这些词的"字形"再出现给幼儿，"字"就很容易被幼儿记住。

该"字汇"选有 253 个字，是从 20 世纪三四十年代幼儿口语中常出现的词中选出的汉字。随着时代的发展，社会生活的变迁，人们使用的词汇也在不断丰富、变化。为当代幼儿选择认读的汉字时，注意从幼儿口语中能懂会用的词汇里选择汉字的方法，是可以被借鉴的。

下面是从字汇表 253 个中，选出的 108 个字，是仍然活跃在当代幼儿口语中的常用词。

花 鸟 草 木 水 火 山 天 春 夏 秋 冬 雨 树 河 太 阳 田

羊 猪 鸡 猫 马 兔 牛 狗 鸭 鱼 蝴 蝶 蜜 蜂 蚂 蚁 狐 狸

人 头 脸 嘴 脚 手 孩 家 哥 弟 爱 你 他 耳 朵 眼 睛 衣

服 饭 煮 洗 教 读 学 做 书 我 们 大 小 糖 针 线 游 戏

叫 唱 吃 坐 站 飞 笑 跳 跑 走 拍 洗 吹 打 游 写 画 看

一 二 三 四 五 六 七 八 九 十 绿 黄 黑 红 白 只 个 子

(二)前书写经验

鉴于幼儿手的小肌肉尚未发育健全，幼儿的汉字教育一般不要求幼儿进行汉字书写。《幼儿园教育指导纲要(试行)》只提道："利用图书、绘画和其他多种方式，引发幼儿对书籍、阅读和书写的兴趣，培养前阅读和前书写技能。"《3—6 岁儿童学习与发展指南》在"具有书面表达的愿望和初步技能"的教育建议中提出："在绘画和游戏中做必要的书写准备""帮助幼儿学习由上至下，由左至右的运笔技能""鼓励幼儿学习书写自己的名字""提醒幼儿写话时保持正确姿势"。

培养幼儿的前书写技能，指学习写字之前所做的、与写字有关的"手对笔的控制练习"，包括促进幼儿手的小肌肉协调性、对字形的空间知觉、方位知觉的发展。其大致内容如下。

1. 让幼儿初步了解汉字的结构

教师通过培养和不断提高幼儿的方位知觉，让幼儿掌握汉字分上下结构、左右结构及里外结构等。

2. 了解书写汉字的最初步规则

书写汉字要按照笔顺进行。在幼儿学习书写汉字时，教师要让他们了解书写汉字时的笔画要从上到下，从左到右，从里到外，并让他们尝试练习基本笔画。

3. 认识书写汉字的工具

教师要让幼儿了解写字时的工具有铅笔、钢笔、圆珠笔、毛笔等，并掌握学习用铅笔写字时的握笔要求。

4. 学习书写汉字的正确姿势

写字时的坐姿是否正确，影响幼儿的脊柱与视力发展。幼儿开始学习写字时的握笔姿势如不正确，养成习惯后，会难以得到纠正。

四、幼儿前识字与前书写教育的方法与途径

教师在对幼儿实施前识字与前书写教育时，必须熟悉幼儿认读汉字过程中的一些关键因素。字义的理解是认读的关键因素之一。幼儿认识事物是以感性经验为基础，以具体、生动的表象为依据的。幼儿认读汉字的过程是字义在头脑中所产生的表象和联想，与字音与字形建立起牢固联系的过程。在这个过程中选择的情境，形象越鲜明，记忆也就越牢固。例如，教"火"字，发"火"的读音时，成人可指出"火"字上面像火光，下面像两根木柴。字形、字音与字义的表象相结合成为幼儿识记的中介。全班幼儿不到 5 分钟的时间大都能记住了。反之，凡是幼儿不能理解的抽象名词或不容易理解词义的副词、连接词，幼儿就不易记住和使用。中班教的"很""还""爱"，大班教的"益""惜""怎"等字，是读错人次最多的字。幼儿对字义不理解，字形、字音就成为抽象的符号和声音，就很难被幼儿掌握和巩固。

兴趣是认读汉字的关键因素之一。兴趣使幼儿智力活跃，积极地感知、注意、想象和记忆。在带领幼儿认读汉字的过程中，成人必须善于捕捉幼儿兴趣的动向，才能在最短的时间中取得最好的效果。平时，幼儿一次识字最多学习 2～3 个字。一次中班在看过驯兽表演后，印象深刻，在次日进行总结性谈话时，教师一次教幼儿认识了 8 个字：狗、熊、狼、骑、行、圈、打、拍。过了 4 天，教师又教幼儿认了钢、丝、认、字 4 个字，并组成短句：狗、熊骑自行车；牛背小猴跳小圈；猴子和熊打伞，走钢丝；熊拍球；

小狗认字。幼儿学得愉快而积极。期末检查狗、熊、狼、打、拍、认、字等7个字，全班都能正确认读；骑、行、圈、钢、丝等5个字只有1人认错；就连平时识字巩固率低的3名幼儿也都能正确认读这12个字。

形象性也是有助于幼儿观察、记忆汉字的重要因素。在引导幼儿观察字形特征时，教师要引导幼儿注意"羊"字头上有两只角，"哭"字旁边一点泪，"笑"字头上像人微笑的眼睛，凡是与"口"的活动有关的"吃""喝""吹""唱""叫"等字，左边都有"口"，就能使幼儿把字形与实物、人的动作、表情等特征联系起来，形象地理解、记住一些字的字形、字义。

(一)创设汉字教育的环境

幼儿尚未进入正式学习的阶段，汉字教育应从培养他们对学字的兴趣开始，如在幼儿使用的生活用品和玩具上贴字；准备一些一面是图的字卡，让幼儿先当玩具玩，启发他们把相似的字放在一起(如"口"字旁的一组，"足"字旁的一组，"亻"旁的一组等)；在家中，可在幼儿睡觉的床边、墙上贴一些字；在幼儿园，每天可在白板上出现一些句子，或把认识过的字挂在墙上。布置一个识字的环境，不仅可以引起幼儿对字的兴趣，而且也可以自然地教幼儿认读一些字。例如，有的幼儿园经常在班上贴一个字幅——"天天读句"，让幼儿先读出自己认识的字，由教师教他们认读不熟悉的字。一个字幅要在班上挂若干天。字幅的长短依年龄变化，逐渐加深。例如：

小班：我爱爸爸，我爱妈妈，我爱爸爸和妈妈。

昨天我跟妈妈去公园，今天我要上幼儿园。

中班：国旗国旗真美丽，小朋友们热爱你。

妈妈给我买了一本新书，里面有许多好听的故事。

大班：今年我升大班，明年就要成为小学生了。

风儿，请告诉我，是哪一样花第一个迎来春天？

幼儿园可为幼儿布置一些形象、有情境的环境，让幼儿在生动活泼的环境中，自然地认读汉字，理解字的意义。

在家庭中，父母可以给幼儿写字条。开始时父母可以写一些表达感情的简单句子，如"妈妈爸爸爱你""请给妈妈帮忙，把……放好"。只要成人念几次这些句子，幼儿很快就记住这些句子的意思了，随之也认识了相应的字。写给幼儿的字条要工整，字体要大。

(二)用形象生动的方法教幼儿认读汉字

汉字的结构虽然像个图形，但它的实质是文字符号，对幼儿来讲，是个既抽象又枯燥的认知对象。幼儿思维的具体形象性和文字抽象性是一对矛盾。教师教幼儿认读汉字，应绝对区别于小学的识字教育，要用适合幼儿接受的特殊方法引导幼儿认读汉字。

1. 在日常生活中自然地教幼儿认读汉字

在汉字教育环境中，教师先引起幼儿对字的注意，在他们对看到的字有兴趣的前提下，再教他们认读。对幼儿认过的字，教师心中要有数，带他们外出时，教师可启发他们找出已认识的字，教幼儿认他们感兴趣的字。有时教师可把见到的与幼儿生活有关的招牌、食品广告上的字，街上的路牌等念给幼儿听。这样做不仅可以不断加强幼儿对字的兴趣，而且幼儿在自然状态下学习、复习，可收到明显效果。

2. 通过阅读图画书认读汉字

为幼儿创编的图画书大都配有简短的文字。但这些文字对幼儿来讲，只是一些抽象的图案，不具有吸引力。这需要教师引导幼儿对文字的注意。开始，教师可以给幼儿指出书中带有感情的字，如"宝宝""爸爸""妈妈"、食品或玩具的名称，激发他们对文字的兴趣，然后，再有意识地建立口语和文字的联系，把幼儿已经建立了"字音—字义"联结的口语词汇，转化为"字音—字形"的联结。在幼儿不识字或识字很少时，教师在带领幼儿阅读图画书时，要善于运用图文对照的方式，让幼儿逐渐知道口语与文字的对应关系，使其自然理解文字的意义，并启发幼儿能从书中找出自己认识的字，把它念出来。

3. 在游戏活动中认读汉字

汉字虽然具有形象性的特点，但其本质是抽象的符号。对幼儿进行汉字的启蒙教育时，教师可以运用幼儿最喜爱的活动——游戏，让他们在"玩"中学，"玩"中用，这可以收到事半功倍的效果。因为在游戏中教幼儿认读汉字，幼儿是在玩的过程中自然学得，没有压力。幼儿园可用集体游戏识字，如"送信"游戏，请"邮递员"以识字卡为"信"，在送信的过程中，幼儿有节奏地拍手，"邮递员"把信送到幼儿手里后，收到"信"的幼儿要读出字卡上的音。另外，"看谁读得快"是根据成人出示的字卡，让幼儿比赛读的速度；"看谁找得快"是根据别人读的音找字卡，比赛谁找到的字多。

案例

找伙伴

目的：

复习小动物的名称。

准备：

场地周围贴着有小猫、小鸡、小鸭、大象、小兔等名称的卡片。

玩法：

幼儿在场地一端站好，教师说："轻轻走，轻轻跑。我的小猫'喵喵喵'。"幼儿要立即向小猫的卡片跑去，边跑边学小猫的叫声或动作。依此类推。其余儿歌如：

> 爱吃小虫爱吃米，我的小鸡在哪里？
>
> 黄嘴巴，大脚丫，我的小鸭在哪儿呀？
>
> 大鼻子，长又长，我的大象在哪儿？
>
> 尾巴短，耳朵长，我的小兔哪里藏？

规则：

动作、叫声与指的名称卡片要一致。

小动物过冬

目的：

复习有关动物名称的汉字，熟悉有关动物冬眠的常识。

准备：

①羽绒服、皮袄、树洞。

②朋友们，明年春天再见。

③鸡、鸭、鹅、山羊、小兔、花猫、狗、熊、松鼠、青蛙、蛇。（字卡数量与幼儿数量一致）

玩法：

教师发给幼儿字卡后，提问。幼儿边走边答，把字卡贴在相应图片的下面。

教师：冬天到，北风吹，谁穿上了新的羽绒服？

手持"鸡"卡的幼儿边走边答：冬天到，北风吹，小鸡穿上了新的羽绒服。

教师：冬天到，北风吹，谁穿上了厚厚的皮袄？

手持"羊"卡的幼儿边走边答：冬天到，北风吹，山羊穿上了厚皮袄。

教师：冬天到，北风吹，谁在树洞里睡大觉？

手持"熊"卡的幼儿边走边答：冬天到，北风吹，狗熊在树洞里睡大觉。然后把字卡贴在图片下面。

最后，手持鸭、鹅、小兔、花猫、狗、松鼠、青蛙、蛇的字卡的幼儿将这些字卡贴到句条"朋友们，明年春天再见"的下面。

接龙

目的：

复习学过的汉字，进行组词练习。

准备：

根据本班幼儿水平，准备若干字卡。

玩法：

教师当龙头，请幼儿边读边接龙。接龙时，后一个词的第一个字和前一个词的最后一个字相同，如秋天→天晴→晴朗→朗读→读书→书本→本来→来去→去年。

延伸：

教师可将一首小诗断成若干段，写成字条。每个幼儿持一个字条，然后随着朗读，接龙成小诗。

4. 幼儿联想识字

这种方法是在幼儿识字过程中，通过建立联想来教幼儿识字的，如让幼儿借助联想分辨和识记形近字、同音字，借助联想识记意义相近的字，借助联想分辨和记忆一对对反义词，借助联想识记偏旁部首、归类字等。

形近字（字形联想）		同音字（声音联想）
爸——爷	吃——气	洋——扬
班——玩	人——天	心——新
妈——奶	鸡——鸭	东——冬
哥——歌	眼——睛	对——队
喵——猫	走——起	动——冻
法——去	人—入—八	班——搬

抱——拍　　里——果　　　　　　洗——喜

滑——游　　前——剪　　　　　　赶——敢

梯——椅　　到——倒　　　　　　干——竿

做——故　　座——坐　　　　　　里——理

和——积　　西——要　　　　　　出——初

绳——给　　秋——种　　　　　　斗——抖

走——起　　咩——响　　　　　　挥——辉

路——跳　　边——造　　　　　　注——住

利用偏旁部首联想

口：吹　嘴　听　叫　吃　吐　喂　哈　响　唤　吧

手：拍　抱　把　捉　操　换　指　掉　手　抓　拉

月：脸　脚　朋　服　有　朋　胡　胖　脑　腰　肥

女：女　她　好　娃　妈　奶　姐　妹　姨　姑　姓

足：足　跳　蹦　跟　跑　踢　趴　跨　跪　蹲　路

虫：蝴　蝶　蜻　蜓　蜂　蛙　蚊　蝉　虾　蚂　蚁　蛇

木：木　棉　椅　机　桃　杆　柿　样　杯　杨　桥

土：土　堆　坡　城　墙　填　坑　坏　坡　塔　地

氵：洗　澡　游　泳　江　湖　河　海　池　清　流

辶：送　连　远　遍　边　这　追　过　退　连　通

亻：你　他　做　住　体　佳　传　份　伴　信　件

食：食　饭　饱　饺　馅　饼　馒　饮　饥　饿　馋

金：铃　镜　铜　针　钢　钱　铁　钩　锅　错　锣

忄：怕　忙　情　快　怪　情　惜　慢　懂　懒　惰

火：火　煤　烧　炉　灯　炮　炒　炮　烤　煤　烟

牙：穿　芽　呀　牙　鸦　雅　邪

方：方　放　旗　旅　族　旋　施

利用形近字、同音字、偏旁联想识字时，教师可以将形近字、同音字做成字卡；有偏旁的字，可将每个合体字做成两个卡，一是偏旁（亻、氵、口），一是合体字的另一半，让幼儿进行"找朋友"的游戏。

组　词

双—双脚—一双手

游—游戏—游泳

洗—洗脸—洗手—洗脚

学—学习—学生

穿—穿衣—穿袜子

巧—巧手—手巧—一双巧手—一双小巧手

形近字联想

弟——第——梯——剃——递——涕

人——大——太——天——木——本

青——清——精——睛——晴——情

包——泡——跑——饱——袍

国——园——围——图

立——拉——粒——垃

雨——雷——露——霞

梨——架——茶

木——林——森

(三)通过各领域的教育活动进行前识字与前书写教育

幼儿园各领域的教育活动，除了语言教育活动外，还要让幼儿具体、形象地认读一些汉字。

幼儿在健康领域的活动中，可认识洗手、洗脸、洗头、洗腿、洗脚、洗澡、漱口、梳头，可认识食品、餐具、卫生用具、服装、睡眠等方面的汉字；在体育活动方面，可认识走、跑、跳、爬等动作的汉字；在社会领域的活动中，可以认识中国人、北京市、天安门、国歌、国旗、居住地的名称、家庭成员的称呼等方面的汉字；在科学教育活动中，观察植物、动物、季节特点等事物和现象时，就可自然地认识其中一些汉字；在音乐教育活动中，可认识唱歌、舞蹈、钢琴、打击乐的乐器名称等汉字；在美术教育活动中，不仅可以认识代表颜色、现状的字，而且在绘画活动中，还可以进行前书写技能的练习。因为绘画与写字都是手对笔的控制，都是手指、手腕等小肌肉群的活动，但绘画与写字幼儿对笔的控制又不完全相同。绘画时，只要把线条画在纸上就行了，对线条的位置、形态、长度没有严格要求；而写字时动作要精确，手对笔的控制能力要强。因此，对3～5岁的幼儿，教师多给提供绘画的机会就可以了，让他们熟悉各种笔、纸等的书写工具。对大班幼儿，教师要增加与书写活动接近的、特殊的"绘画"，即所画内容的"形"本身就是接近汉语拼音字母的字形、数字字形或汉字的某些笔画，如"河水波纹"与汉语拼音中的"m"接近，"小旗子"与"4"字形接近。教幼儿画的内容要从大到小，从简到繁。幼儿要多用铅笔练习书写，用签字笔画画，以免习惯用又粗又大的彩色笔后，对铅笔、签字笔不适应。

* *

本章小结

经过近百年的争论，30多年的实验研究成果已经证明，幼儿年龄阶段可以认读汉字已毋庸置疑；对幼儿实施前识字与前书写的教育，可以促进幼儿多方面的发展；幼儿阶段的心理特点，决定幼儿认读汉字有明显的年龄特点；前识字与前书写教育是为日后正式学习书面语奠定基础的，其内容与方法必须与小学的读写教育有所区别。即"前识字"并不等于真正意义上的"识字"，其目的是激发幼儿对文字的兴趣，帮助幼儿增强文字意识，主要在与生活内容相关的情境下，采用游戏化、随机化的教学，让幼儿感受文字作为图画之外的另外一种表意系统的功能和作用。

思考题

1. 思考对幼儿进行前识字与前书写教育的可能性与特点。

2. 对幼儿进行科学的前识字与前书写教育的内容与方法应体现在哪几个方面？

第七章　言语和语言障碍儿童的矫治

本章内容阐述了在运用语言方面有缺陷，不能正常进行语言交往活动的儿童的矫治。学习本章内容要掌握言语和语言障碍的类型特点，其产生的原因与鉴别；掌握言语与语言障碍儿童的心理特点；掌握言语与语言障碍儿童进行教育训练的要素：良好的氛围，需要长期的矫正，进行矫治的常用的方法等。

第一节　言语和语言障碍的概述

一、言语和语言的区别与联系

言语和语言是既相互关联又互相区别的两个概念。语言是一种符号系统，是人们交流思想的工具，属于社会现象。言语是人运用语言这种符号系统与他人进行交往或者独立进行思维活动的过程，属于个体现象。言语活动过程包括感受和表达两个方面，听别人讲话和看书面文字是言语的感受活动过程，自己说话和写字是言语的表达活动过程。

二、言语和语言障碍的概念

因为言语和语言是有区别的，所以言语和语言障碍也是有区别的。

言语障碍是指理解或运用语言的能力有缺陷，不能正常进行语言交往活动。语言障碍是指个体具有的语言学知识系统与其年龄不相称，落后于正常发展水平。在日常生活中，言语障碍和语言障碍常被统称为言语和语言障碍，或者是语言障碍。中国法规性文件中使用语言残疾一词，并将其定义为："由于各种原因导致不能说话或语言障碍，从而难以同一般人进行正常的语言交往活动。"

第二节 言语和语言障碍的类型

一、言语障碍的类型

言语障碍一般分为发音障碍、声音障碍、言语流畅性障碍三类。

(一)发音障碍

发音障碍又称构音障碍，是指发音的部位和方法不正确导致声母、韵母、语调的语音发音错误。常见的情况有以下几种。

①音的替代。即一个音的正确声母或韵母被不正确的声母或韵母所代替，如把"草 cǎo"说成"倒 dǎo"。

②音的省略。声母或韵母被省略，造成不正确的发音，如把"鞋 xié"说成"爷 yé"。

③音的添加。在正确的语音上加入不该加的音素，如把"齐 qí"说成"茄 qié"。

④音的歪曲。语音接近正确的发音，但听起来似是而非，如把"j"音发成介于"j"与"q"之间的音。

⑤声调异常。四声不准，如把"小鸟"说成"笑鸟"。

⑥整体性语音不清。如唇腭裂、脑性麻痹、听觉障碍儿童的发音整体上

不清晰，但难以明确属于哪一种错误类型。

(二)声音障碍

声音障碍是指说话时在音质、音调、音量、共鸣方面有异常现象。常见的情况有以下几种。

①音质异常。发音中有呼吸声、沙哑、假声带发音、尖声、颤抖声等。

②音调异常。习惯性音调过低或过高，音调范围太窄等。

③音量异常。说话声音太小或太大。

④共鸣异常。例如，鼻音过重或不足。

声音障碍会引起听话者的特别注意。

(三)言语流畅性障碍

语言流畅性障碍是指说话的节律异常，如口吃现象，说话者将某个音或某些音节不适当地重复、延长、停顿。有的是首字难发；有的是在说话过程中口吃，并且伴有挤眉弄眼、摆动手臂等习惯性多余动作。

二、语言障碍的类型

语言障碍的分类不太一致，有的分为语言发展迟缓、失语症两类，有的只包括语言发展迟缓一种类型。

(一)儿童语言发展迟缓

与同龄儿童比较，这类儿童的语言发展的时间晚、速度慢、程度低。其表现如下。

①语意障碍。词不答意，或者无法理解说话人的意思。

②语法障碍。句型和结构简单，有颠倒、省略、混乱等不合语法的现象。

③语用障碍。说话不符合沟通的场合或措辞不当。

④语形障碍。对字形辨认不清或有混淆现象，对词汇的结构学习有困难，如把"买自行车"说成"买骑自行车"，把"技能"说成"技力"。

(二)失语症

失语症见于脑血管疾病引起的大脑语言运动中枢病变的患者。患儿或者能听懂别人的说话而自己不会说；或者能看懂写字而自己不会写；或者别人和自己的讲话都听不懂；或者还有说话和写字的能力，但表达混乱，外人无法理解。

第三节　言语和语言障碍的产生原因与鉴别

一、言语障碍的产生原因

言语障碍是指构音、声音和语言流畅性方面的障碍。

①构音障碍的原因，包括：器质性损伤原因，如唇裂、腭裂；非器质性损伤原因，如辨音能力、听觉记忆能力、智力、教育环境欠缺。

②声音障碍的原因，包括：语言器官有器质性病变，如急慢性咽炎、声带结节、息肉、麻痹，喉部肿瘤；非器质性损伤原因，如好吃辛辣食物的饮食习惯，精神受刺激，不正确的发音习惯。

③语言流畅性障碍的原因，包括：器质性损伤原因，如脑伤、脑功能轻微异常；非器质性损伤原因，如不当的模仿，焦虑、紧张的精神因素。

二、语言障碍的产生原因

语言障碍是指器质性和非器质性的损伤。

①器质性损伤原因，包括：智力障碍、听觉障碍、中枢神经系统损伤。

②非器质性损伤原因，包括：语言学习环境不利，婴儿期母子互动关系不良，幼儿情绪障碍，缺乏语言学习动机等。

三、言语和语言障碍的鉴别

言语和语言能力的评定，围绕言语和语言组成要素的知识与技能，从语言的接受和语言的表达两个途径，使用标准化或非标准化测量方法进行，以鉴别幼儿言语和语言障碍的性质和类型。家长和幼儿教育机构教师可以使用简单的方法测查幼儿的言语和语言的能力。例如，在言语语音方面，使用包含汉语拼音声母、韵母的图片,在幼儿说出图片物品的时候记录其发音正确率情况。教师说出两个词语,其中一个词的发音不同,如"老人、好人""你早、洗澡",让幼儿辨别哪个词发音是一样的,哪个不一样;在语言表达方面,教师可以收集幼儿在自然状态下的语言表达素材,如与人对话、描述事情、讲故事时的语句长度、数量、完整和清晰句的数量,可以使用的相同词与不同词的数量,是否存在中断、重复等现象;在语言理解方面,教师可以使用一定数量的词、句子、短文,通过听和读的方式,观察幼儿对语言意义的理解程度。

语言和言语障碍的鉴别除了使用测量的方式,还需要配合进行听力检查、智力测验、日常行为观察、医学检查,有的应由专业人员和医生来做。

第四节　言语和语言障碍儿童的心理特点

言语和语言障碍儿童的心理特点也可以分为两种类型:一种是言语障碍儿童的心理特点,另一种是语言障碍儿童的心理特点。

非脑损伤造成的言语障碍儿童,一般智力水平是正常的,因此他们的认知心理与其他普通儿童没什么差异,存在特点的也主要是在情绪和个性方面。言语障碍在交际过程中会引起他人的注意和不舒适的感觉,以至出现不愿与言语障碍儿童交谈的现象,或者模仿取笑言语障碍儿童的现象。言语障碍儿童本身也会因自己的问题而害怕讲话,在情绪和个性方面,在人际关系方面出现心理异常。例如,自卑、焦虑、胆怯、退缩、孤僻等,这些是言语障碍儿童普遍存在的情绪和个性问题。

语言障碍儿童的心理特点要根据语言障碍产生的原因来分析。属于由听觉缺陷造成的语言障碍实质上是听力残疾者,语言障碍是他的第二性缺陷,其心理特点就是听力残疾儿童的心理特点;属于由智力残疾造成的,其心理特点就是智力残疾儿童的心理特点;属于脑损伤造成的语言障碍的情况非常复杂,或者类似于智力残疾儿童的心理特点,或者属于类似于失语症患者的心理特点;属于非器质性损伤原因造成的语言障碍,情况同样非常复杂,其心理特点难以用一种类型的残疾或障碍儿童的心理特点来概括,很可能是综合性的,需要具体对象具体分析。

第五节　言语和语言障碍儿童的教育训练

言语障碍只要不是因智力缺陷造成的，一般不影响文化知识的学习，而语言障碍会对学习产生不利影响。因此，在教育教学的要求上需有所区别。言语和语言障碍儿童在教育上首先有两方面的特殊需要。

一、需要一个有利于克服心理障碍的良好氛围

言语和语言障碍儿童容易受到外界的嘲笑，这对这两类特殊儿童会造成心理上的压力，心理上的紧张、焦虑反过来又增加了矫正障碍的难度。所以教师需要为他们营造一个比较和谐、轻松的学习环境，要教育普通儿童尊重他们，不能有意地取笑、模仿他们的语病，同时也要教育言语和语言障碍儿童树立长期努力克服障碍的信心。

二、需要接受较长期的言语和语言障碍的矫正训练

言语和语言障碍的矫正周期长，技术性强，难度也大，一方面需要安排专门的矫正时间进行针对性的矫正训练，如果有专门的言语矫正师负责或参与更好；另一方面教师可随教学的进行将矫正工作有机地结合进来。例如，对发音不准的儿童让他们注意听同伴的讲话，并对照模仿；对发音小的儿童则鼓励其大声说话；对习惯大喊大叫的儿童要进行降音训练；对口吃儿童进行言语节奏的练习，抓住无口吃的现象及时予以表扬和强化，并有意识地安排他们在公开场合讲话，帮助其克服紧张、焦虑的恐惧心理。

言语障碍的矫治主要是对构音、声音、语言流畅性方面障碍的矫治。

(一)构音——音韵障碍的矫治内容

构音有两个部分的内容：一是建立正确的语音，二是正确的语音的类化和认知变化。

建立正确的语音一般要经过几个阶段：觉察错误的语音，能区别正确的与错误的语音，认识正确的语音，练习目标语音。其间，教师可以利用图

片、字词卡片、字母卡片、发音图、录音机等教具提供正确的构音方式，并通过游戏、比赛、角色表演、唱歌、朗读等活动让儿童感受模仿正确的构音。

正确的语音的类化和认知变化，是让儿童将经过矫治学到的正确的语音自觉地整合进自己的音韵系统中，而不再只是局限于治疗时的孤立发音练习和知觉技能。因此，这需要让儿童的家庭介入，使儿童家庭中的成员及朋友都成为与之沟通互动的对象。同时，音韵障碍儿童要建立自我监督的能力，注意自己正确的或错误的发音次数。

(二)声音障碍的矫治

声音障碍产生的原因：如果是由发音器官病症如喉炎、声带结节引起的，就要先以医药治疗为主，然后再辅以正确的发声指导；如果是因不正确的发声习惯引起的，矫治的重点是教儿童恰当地使用嗓音，帮助其找到自己最佳的音调、音量、共鸣，改变原有的音质、音调、音量、共鸣类型。

声音障碍的矫治内容包括以下内容。

①听觉训练。通过听让儿童辨别不同的声音、不同音高的声音、好嗓音与坏嗓音的区别。

②放松练习。通过渐进式练习帮助儿童放松喉部的肌肉，体会比较紧张与放松的不同感觉，放松颈部肌肉，旋转运动头部肌肉。

③呼吸控制。学习正确的言语呼吸方式，指导儿童吸气时运用腰部和背部的力量，呼气时感受横膈膜的张力及推动。

④确定最佳音高。可通过唱音的方式让儿童找到一个用力最少、音量最大的音阶，此音阶即最佳音高。

⑤改变姿势。指导声音障碍儿童说话时保持正确的姿势，以改善发声。

教师还要经常教育声音障碍儿童正确地使用和保护声带，如有充足的睡眠；多喝水，少吃刺激性食物；避免高声呼喊、尖叫、唱歌；感到喉部不舒服时尽量少说话；避免在嘈杂或灰尘多的地方说话等，以保护好声带。

(三)语言流畅性障碍的矫治

语言流畅性障碍的矫治主要是口吃的矫治。口吃是最复杂的沟通障碍，形成原因尚无定论。其严重性又受到患儿心理状态和环境的交互影响。矫治的方式主要包括心理治疗和心理咨询，以此减轻患儿的心理压抑问题，改善患儿心态。目前的研究认为，可以培养口吃患儿流畅的说话。例如，通过调整气流，使言语气流顺畅；指导患儿轻轻地、和缓地、放松地说出第一个字；放慢说话的速度，适当拉长音节；指导患儿说话时构音器官轻轻地相触，消除紧张、不流畅的说话习惯。另外，也有口吃研究者提出"教导流利的口吃"的矫治观点，认为绝大多数口吃患者经治疗后仍然不能像无口吃者说话那么流畅，因此，矫治的目标定在改变口吃的类型，使其说话时不会显得那么不流畅，因为一般人说话时也会出现不流畅的现象，此即为"流利的口吃"。

三、语言障碍矫治教学常用的方法

(一)情景教学法

情景教学法是一种非结构化或低结构化的语言教学法。教师利用自然情景中产生的对话，将需要培养的或者是需要矫正的语言结构或沟通行为融入互动的过程中。儿童的兴趣和注意焦点决定语言介入的活动，师生之间沟通互动的相互回应是强化儿童兴趣和注意的增强物。在情景教学法中，最常用到的三种教学程序是"要求—示范""延宕时间回应""随机教学"。

"要求—示范"是指教学时教师在适当的时间，引导儿童注意某个物品或事件，让儿童针对该事物表达自己的意见，或者给予提示，促使其回应。如果儿童可以适当地表达，教师即提供儿童感兴趣的物品或是进行其想做的活动；如果儿童不能适当地表达，或者未做出回应，教师可示范正确的语言和沟通行为，帮助儿童学习。

"延宕时间回应"是指教师故意创造机会让语言障碍儿童不得不使用语言与人沟通，这样儿童才能得到其需求的满足。在互动的过程中，教师要等待一会儿，让儿童提出要求，教师做出下一个反应。如果儿童未做出回应，教师给予提示或者示范。如果多次提示或者示范之后儿童仍未做出预期想要的反应，教师则要满足儿童的需求，以免挫伤儿童的学习兴趣。

"随机教学"是指在自然环境中教师创造或把握沟通的机会，通过互动将语言信息传递给儿童，提供示范正确的语言应用方式和模仿、内化的机会。"随机教学"是以儿童为中心的，教师话题的介入需随儿童的兴趣与注意的焦点转换，话题可以很灵活。

(二)共同活动教学法

共同活动教学法是一种利用互动，系统地重复儿童先前经历过的事件或者活动，将语言介入目标含括其中，以此培养或者矫正儿童语言的一种方法。由于与经历过的事件，或与活动有关的沟通行为，或使用的语言可以预先建构，因此，在互动过程中教师能预知儿童的语言应用和行为表现。

因为儿童的生活经验在其大脑内储存了大量的表象，利用这些表象于语言矫正活动中，可以降低信息处理的负担，使儿童将注意力专注在语言学习上。如果儿童没有某项经验，或者其表象不很清晰，则儿童可通过模拟实际事件和活动，熟悉事件活动发生的顺序，逐步达到语言介入目标。

(三)归纳教学法

归纳教学法是一种高度结构化的、以教师为主导的语言教学方法。教学时，教师设计和安排有具体教学目标的沟通互动情境，让儿童在互动的过程中，发现和理解语言的意义和规则，进而达到培养或者矫正语言的目的。

* *

本章小·结

本章从理论层面阐述了语言障碍可分为言语障碍和语言障碍两种情况，言语障碍系指发音、声音、言语流畅性的障碍，语言障碍系指儿童语言发展迟缓和失语症；分析了以上不同类型障碍儿童的成因和鉴别，以及他们的心理特点；从操作层面上，介绍了如何矫治语言障碍的策略和方法；即需要有一个有利于克服心理障碍的良好氛围，需要接受较长期的言语和语言障碍的矫正训练；总结了语言障碍矫治教学常用的情景、共同活动、归纳教学法等。

思考题

从幼儿心理发展特点出发，在矫治有语言障碍的幼儿时，应创造一个什么样的心理氛围？

第八章　学前儿童语言教育评价

　　本章的第一节从理论上介绍学前儿童语言教育评价的意义和作用。学前儿童语言教育评价的原则，包含要有明确的价值观，要针对具体的目标进行评价，要有针对的作用，要有连续的程序，综合运用多种评价方法和工具；第二节从操作层面介绍学前儿童语言教育评价的框架与实施要点，含学前儿童语言教育评价的一般方法、学前儿童语言教育发展与语言活动的设计要点等。

　　教育评价，就是衡量教育工作的价值。对学前儿童语言教育的评价，不仅包括对儿童语言发展状况的评估，而且包括对儿童语言教育的过程、内容、方法、效果等的价值判断。

　　对学前儿童语言教育的评价，是随着对儿童语言发展和语言教育的认识的不断深化而发展起来的。

　　一般来说，西方国家均较重视儿童的语言发展及其评价。最先重视儿童语言发展问题的是意大利儿童教育家蒙台梭利（Montessori）。她在 21 世纪初就提出了听觉教育、命名、言语的分析等语言发展目标，并注意以此为依据，对儿童的语言发展做出评价。20 世纪 20 年代，英国儿童教育家伊萨克斯（Isaacs）在语言教育评价中，强调语言与儿童对某一客体或事件的积极探索之间的密切联系，而不只是注意语言本身的使用。20 世纪 60 年代以来，由于受语言学和心理语言学的新研究成果的影响，学者们认为，语言在人类思维以及在可教育性上有关键作用，而且儿童早期环境在语言能力的发展中也占举足轻重的地位。20世纪60年代末，美国研究儿童口语能力发展的专家凯兹顿(Cazden)，在研究了12种早期儿童教育大纲中的促进语言发展的目标后，形成了一份"幼儿园教育的规格明细表：早期语言发展的目标"[1]。凯兹顿等学者又根据这个早期语言发展目标明细表，提出了评价儿童语言发展的一套程序，包括：发音与语音的辨别，单词，基础语法，使用精确的语言(描述、讲述、解释)，应用语言进行交流，应用语言进行认知，操作语言(分析、转换和翻译、评价)，情感领域等方面。

对儿童语言发展的评价，西方运用标准化测验比较普遍。测验的适用范围不限于学前期，也包括小学年龄阶段。其中，口语技能的标准化测验的类别包括：智力测验中的言语测验，一般语言测验，词汇测验，语言使用测验，语音测验，阅读准备测验等。

我国的学前儿童语言教育评价强调把语言教育作为一个整体来进行评价，包括从儿童语言发展的状况来评价教育效果，通过对语言教育整体的各个部分及其相互关系的分析和判断来评价教育教学过程的实际运行状况。可见，语言教育的评价不限于对儿童语言发展水平的评价，还需要对语言教育本身做出价值判断，对教师的教和儿童的学的过程与结果做出评价。

第一节　学前儿童语言教育评价的意义与原则

一、语言教育评价的意义与作用

语言教育评价是语言教育整体结构中的一个要素，它通过对其他各要素的评论以及对语言教育整体运行中各个步骤的监测，对语言教育整体效果作

---

[1]　布卢姆，等：《教育评价》，36页，邱渊，王钢，夏孝川，等，译，上海，华东师范大学出版社，1987。

出评价，根据学前教育整体观点来考察语言教育整体结构，即语言教育目标、语言教育内容、语言教育活动、语言教育评价四个要素。

教育评价是语言教育整体结构中不可缺少的组成部分，是语言教育运行中每一轮(或周期)与下一轮之间连接和转换的环节。无论是幼儿园3年的语言教育，还是一个年龄班的语言教育，还是某一个活动的语言教育，都包含教育目标(或教育要求)、教育内容(包括具体的学习经验)、教育活动(或具体的活动过程)。

从一个年龄班的语言教育转入下一年龄班，或从一个活动转入另一个活动，都要经过教育评价，才能保持连续性，取得良好效果。以往在执行学年或学期计划以后进行小结，在实施某个教案以后写记录，都含有教育评价的成分。

教育评价在语言教育整体运行中具有监测作用。它可以发挥以下两种作用。

① 若能做到每走一步都做出评价，并以此为基础再走下一步，就可能避免不少"无效劳动"，使教师和幼儿的时间和精力花费在能取得实际效益的活动上。② 经常性的评价可为学期或学年总评价积累素材，也就是多运用形成性评价，尽量少用总结性评价。若是形成性评价的操作易行且有恰当积聚资料的方法，在一个周期末就可以着重再归纳和总结。

因此，教育评价能节省师生的时间和精力，提高教育效益，虽增加了教师暂时的负担却换取了长远的效应。教师多付出的劳动量能随着评价体系及工具的建立和完善而逐渐减少。

语言教育评价是语言教育基本观点向儿童语言发展转化的一种检验。学前儿童语言教育的目的是促进儿童语言发展。教育评价的任务是要弄清楚进行了某种教育后儿童是否得到了发展，是怎样发展的，或为什么没有发展。语言教育评价对语言教育目标、教育内容、教育活动都发挥着监测作用。

语言教育设计是根据语言教育基本观点，确定语言教育目标，根据已定的目标，选择语言教育内容，设计一个一个的活动。教师把所设计的活动付诸实践，引导儿童与人、事、物发生相互作用。在这个过程中，儿童的行为(包括认识、情感与态度、能力与技能等)才能得到改变。当然，这种改变并不是立竿见影的，而是逐渐发展的。这样，儿童是否真正投入了活动过程，关系到他是否得到了发展。因此，在语言教育整体运行中，语言教育活动中的教与学的过程是促进儿童语言发展的关键环节。

那么，教育评价怎样从设计到实施的全过程中发挥作用呢？

语言教育评价可以沿着两个方向进行：一方面，根据基本的理论观点来评价语言教育的目标、内容与活动，判断其是否具有理论上所认可的价值；另一方面，又需根据儿童语言发展的具体表现，来分析活动过程的效益，判断是否与基本观点相符合。这双向相互作用的评价过程，可以不断修正语言教育的设计和实施，从而提高语言教育的质量。

例如，有人在论述"学前儿童语言教育观"时提出语言作为交际工具是在儿童与周围的人、事、物进行信息交流的过程中发展起来的；语言教育既要渗透在儿童生活的各种活动中，又要用专门组织的相应活动使之落实到所有儿童身上，从而提高语言教育效益。据此观点，学者在确定学前儿童语言教育目标和年龄阶段目标时，都把语言的听和说（即倾听和表述）两个要素作为重要部分提出，并分解成便于应用的具体项目；在选择语言教育内容时，将儿童的语言学习内容分为专门的语言学习内容和渗透在其他活动中的语言学习内容两大类；在各子类中凡是可以提供听或说的经验的，都列出了"倾听"或"表述"的目标。教师在根据不同类别的内容设计各种学习活动时，就可根据其中的听或说的条目，选择相应的具体学习内容或教材来考虑活动的过程，使儿童能在实际倾听或表述的活动中练习听说，使听说能力逐渐得到发展。

在进行一段时间的语言教育后，教师如果发现儿童的听说能力有明显的进步（或没有什么进步），就可运用相应的评价工具对教育活动、教育内容、教育目标等进行检验，从中发现促进儿童听说能力发展或未能达到预期目标的原因。教师根据基本观点检验目标、内容、活动各部分之间的转换关系，从中找出语言教育的规律（或违反语言教育规律的原因）。

在当前幼儿园教师普遍感到语言教育改革比较困难的情况下，语言教育评价还可以作为剖析语言教育实践、形成语言教育整体结构和运行机制的一种手段。例如，教师或园长可用语言教育整体结构四要素来对照本班或本园的语言教育实践，从中发现薄弱环节，给予加强；也可用各种评价工具对幼儿的语言能力发展，对语言学习过程的设计和实施，对语言教育目标和教育内容等进行检验，从而发现优点加以发扬，找出弱点加以改正。

二、语言教育评价的原则

进行语言教育评价一般应遵循以下原则。

(一)要有明确的价值观

价值观关系到评价什么和怎样评价这两个方向性问题。语言教育评价的价值观，是由对评价目的、评价作用和对学前儿童语言教育的目的、任务等的看法所决定的。目前我国学前儿童语言教育方面，虽然尚未形成一套正式的评价体系或公认的评价工具，但参观访问、观摩教学、经验交流等活动也能反映出不同的评价思想。

1. 对评价目的和作用的看法

一种是"竞赛性"的，着重在活动组织形式的"新颖"和教学过程的"完美"方面，强调儿童是否能配合教师完成预定的计划；另一种是"研究性"的，从儿童是否能真正积极主动地学习来分析组织形式、教学过程以及教师发挥的作用。前者可能评出一些日常教学中见不到的"新颖""完美"的活动，但由于准备时投入人力过多，不切合实际，未能抓住基本教育观点，把教师当主角、儿童当配角，对改进教与学难以发挥应有的作用，还可能产生消极的导向作用。后者可能发现很多问题，但只要能从实际出发，进行中肯的剖析，提出积极的建议，对改进教与学是有实质性帮助的。

2. 对语言教育的目的、任务的看法

几种看法强调儿童在日常生活中自然地获得语言，着重测查儿童语言的发展水平；强调通过语言课学习各种教材来发展语言，着重测查儿童记忆教材的成绩；强调通过多方面教育促进儿童语言的发展，既要评价儿童语言发展水平，又要评价语言教育、教学过程，既要评价专门的语言活动中教师与幼儿的相互作用，又要评价幼儿在日常各项活动中运用语言的情况。

(二)要针对具体的目标进行评价

教育评价的作用是对教育目标是否达到以及达到程度及具体情况做出判

断。我国学前儿童语言教育的具体目标是有很大差异的。因为我国地域辽阔，民族语言和方言种类众多，加上各地的民情、风俗、习惯的差异，语言教育目标各有其特点，所以语言教育评价也必须有具体的针对性。例如，在不同的民族语言或方言地区，对儿童学习普通话的发音及某些词汇、习惯用语向普通话的转换方面评价的具体内容，应有各自的针对性，才能评到关键上，才有利于采取相应的教育措施，提高效果。

目前，对教育活动的评价不能针对具体的目标进行分析讨论。评价一个活动的教育效果首先要针对其目标（或称教育要求），要弄清楚该活动的目标与已经开展过的活动的关系，与达到年龄阶段目标的关系等，然后根据活动目标来分析活动内容、教材、教具以及活动过程，才能做到有的放矢，提高质量。就事论事的评论，评价者与被评价者缺乏共同依据或标准，就会导致"走过场"或"无效劳动"。针对具体目标进行的评价，即使发现不少问题，对下一步改进教学也是有利的。这里顺便提一下，若是有的幼儿园（班）尚未确定本园（班）各个层次的教育目标，就得花一定时间在原有实践的基础上确定明确的目标，这样做会收到长远的效益，有利于逐步完善具有本园（班）特点的语言教育整体结构，发挥其整体功能。

(三)要有诊断的作用

教育评价的目的是改进教与学，所以教育评价对教育目标的完成情况既要有量的显示，也要有质的评定，不仅能反映是否达到目标的数量和程度，还要能反映达到的各种具体情况，以便找出原因，有针对性地进行教育教学。例如，对儿童普通话发音的评价，教师在入园时用测查的方法来了解每个儿童的发音情况，对未发准的音要做记录，分析是属于发音器官不成熟、发音功能不熟练，还是方言转向普通话的普遍性困难（如南京话中"n""l"不分）造成的。这样，教师就能有针对性地进行普遍性的练习或个别辅导。

对语言教育活动的评价应针对该活动的教育目标来分析活动过程中教师与儿童相互作用的情况，来判断是否实现教育目标，可用便于量化的方法记录师生互动发起和应答。例如，教师发起→儿童应答，儿童发起→教师应答，儿童发起→儿童应答等。教师通过记录统计可以看出儿童是否处在积极主动状态，儿童之间是否有相互交往等。采用对活动过程进行实录的方法(手写笔录或摄像)，对记录资料进行深入分析，可看出师生互动的实际效果。我们不能把教师发起→儿童应答一律看作儿童处于被动状态。因为儿童还不习惯于主动投入活动时，只有在教师的启发激励下才能表现出积极性。这种对活动过程的实录和分析往往能取得颇有价值的评价效果。

(四)要有连续的程序

教育实践是一个不断运动的过程。教育评价必须有连续性和规定的程序，才能促进教育实践不断发展。语言教育评价的连续性反映在两个方面。

1. 对儿童语言发展的评价

学前儿童语言教育的年龄阶段目标是根据学前儿童语言教育目标结合儿童语言发展特点提出的。为了便于教师操作，我们按托幼机构的年龄分班分成阶段。在评价儿童语言发展时，所用的评价方法和工具应有连续性，不应以达到某一年龄阶段目标为限度。这样，教师可以从评价中看出同一年龄阶段中儿童之间的发展差异，便于有针对性地进行教育。例如，对儿童的普通话语音发展的评价，教师在入园初期用游戏方式进行摸底测查后，把各个儿童已能发准的音和尚有困难的发音分别记录下来，然后随时注意儿童的发音并做出记录，对困难大的儿童多给予个别辅导。

2. 对语言活动过程的评价

对语言活动过程的评价也要有连续性，要有一定的程序。例如，对儿童谈话能力的评价，教师可根据倾听和表述的目标，设计一系列由浅入深、多种形式的谈话活动，定期穿插在日常活动中或列入专门的教育教学活动中，着重对谈话能力的发展及培养的方法、过程等做出判断。教师对评价的记录资料要妥善保存，要形成制度，才能保证评价的连续性。在定期评价活动的记录中，关于活动设计和实施的改进意见是发挥评价作用的关键所在，应在以后的设计活动中被充分利用。

(五)综合运用多种评价方法和工具

对语言发展和语言教育各个方面进行评价，需要采用多种方法，设计多种工具，并且要综合运用构成整体，才能充分发挥评价功能。各种评价方法各有其特点，可达到不同的评价目的。

第二节　学前儿童语言教育评价的框架与实施要点

一、语言教育评价的框架

学前儿童语言教育的评价应包括两个方面的内容：一是对儿童语言发展状况的评价，包括对儿童的发音、词汇、倾听、表述等能力的评价；二是对语言教育活动的评价，包括对活动的目标、内容、方法、过程等的评价。对不同方面的评价内容应采取相应的评价方式或办法。

学前儿童语言教育评价的内容与方法的框架如下。

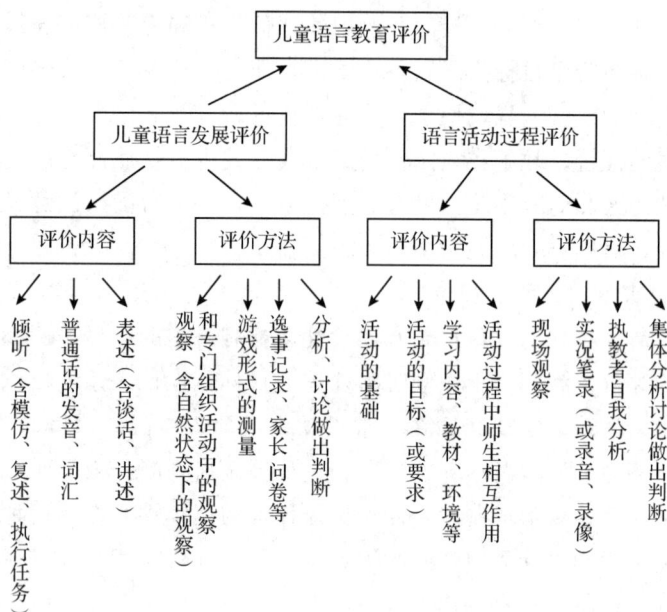

```
                        儿童语言教育评价
                   ┌──────────┴──────────┐
           儿童语言发展评价                语言活动过程评价
        ┌──────┴──────┐              ┌──────┴──────┐
     评价内容      评价方法          评价内容      评价方法
```

儿童语言发展评价——评价内容：
- 倾听（含模仿、复述、执行任务）
- 普通话的发音、词汇
- 表述（含谈话、讲述）

儿童语言发展评价——评价方法：
- 和专门组织活动中的观察
- 游戏形式的测量
- 逸事记录、家长问卷等
- 分析、讨论做出判断
- 观察（含自然状态下的观察）

语言活动过程评价——评价内容：
- 活动的基础
- 活动的目标（或要求）
- 活动内容、教材、环境等
- 活动过程中师生相互作用

语言活动过程评价——评价方法：
- 现场观察
- 实况笔录（或录音、录像）
- 执教者自我分析
- 集体分析讨论做出判断

二、语言教育评价的一般方法

进入 20 世纪 80 年代以来，教育评价理论有了新的发展。有的学者创立了"第四代教育评价"理论，提出了"共同建构"的评价思想，把评价看作所有参与评价活动的人的共同建构过程。①这些学者认为，以往的评价往往是由外部人员承担评价任务，而把实施教育的被评价的人员以及其他有关人员排除在外。其后果，一方面易形成评价者与被评价者之间的紧张、对立关系，影响评价工作的顺利进行；另一方面收集的资料不够全面，反映的情况不够深入，影响评价质量的提高。因此，针对上述情况，他们提出吸收所有与评价工作有关的人员，使不同的人员以不同的价值观，从不同的角度提出看法，以及用不同的方法提供事实，在相互交流中逐渐协调，从而得出较为全面的评价结论。

此外，从我国学前教育的现状看，要求专门人员从外部进行教育评价也是不现实的。要使教育评价真正成为教育整体中不可缺少的组成部分，必须运用教育实施者内部发展的评价力量，才有可能坚持进行下去。再从评价目的和作用来看，提高教师对自己的教育教学和儿童的发展进行评价的能力，才能真正改进教与学。这种内部的评价力量应包括该活动或该阶段教育的实施人员，以及托幼机构的领导人员、其他班级的教师，在可能的条件下还可包括家长及社区教育人员。这些人员组成一个整体，通过运用理论对教育实践进行分析、讨论，不仅能提高教育评价的水平，还有利于更新教育观念，提高教育整体质量。

关于儿童语言发展的评价，有些地方采用结合汉语加以修改的一些英语标准化测验。例如，"韦克斯勒学前儿童和小学生智力量表"（WPPSI）中的语言部分，"皮博迪图片词汇测验"（PPVT）等。由于汉语与英语两种语言多方面的差异，借用英语的测验或重新设计具有汉语特点的评价工具，都是非常艰难的。实验者应当十分谨慎地加以运用，并需要通过反复实践才能达到科学化。

近年来在我国幼儿教育领域里提倡的"幼儿发展水平观察评估"②，是一种既有科学性又切实易行的评价幼儿发展的方法。教师通过游戏、体育活动、上课、劳动、娱乐、散步和游览等各项活动，对幼儿进行观察，了

---

① 周朝森：《教育评价理论的新探索—'美国第四代教育评价'述评》，载《教育研究》，1992(2)。

② 转引自赵寄石、楼必生：《学前儿童语言教育》，229页，北京，人民教育出版社，1993。

解幼儿发展的实际水平，使评估工作渗透于日常生活之中，并与各项活动有机结合。这种评价方法有 3 个特点：①由教师亲自观察，从中获得幼儿发展的第一手资料；②把评价渗透在日常活动中，可节省教师和幼儿的精力和时间；③对日常活动不易观察到的情况，教师根据评价指标设计专门的活动，创造相应的条件促使幼儿自然地表现其发展状况。这 3 点是任何幼儿园的任何班级都具备的，评价的结果可为改进教和学提供依据。这种评价方法对评价幼儿语言发展尤其适合，它与语言在各项活动中的渗透性相符合。

所以，观察是获取学前儿童语言教育资料的主要方法。教师可以在日常活动中有目的地倾听儿童的语音、用词、语句结构、对话、看图书自发讲述等，从而听到有些儿童在集体活动中没有机会表现的语言。然而，要了解全班儿童普遍的语言能力，等待儿童自发地表现是难以取得效果的。这就要求教师根据某一项或几项教育目标，设计相应的活动，引发儿童产生某种语言行为，从而做出评价。

近年来我国的幼教杂志上刊载的一些关于幼儿园各种教学活动的设计和评析，既可为教学活动的设计提供参考，也可为教学活动过程的评价提供依据。各地幼儿园若能在开展活动以后对实施过程进行分析、评论，确认其效果，就可形成一种教学过程的评价方法。这种方法的构成将有利于提高语言教育和语言教育评价的质量。

评价中教师还应注意寓测量于语言游戏中，把教师对儿童的个别测查与儿童自我练习结合在一起。教师可根据教育目标编制多种游戏，还可为了解某些儿童的某方面语言能力专门设计一些游戏。

对儿童自发的语言行为的记录也是十分重要的。教师对一些特别能反映儿童语言发展或语言教育效果的事实要及时记录下来。当场实录往往难以做到，教师可在事后及早回忆并记录。若遇到儿童自发地讲故事、表演故事，而又有相应设备，教师可进行录音或录像，以供分析评价。

三、儿童语言教育评价的设计要点

评价需要使用一定的评价工具。所谓评价工具，就是指用来收集事实材料和用来做出价值判断的一套手段及其所采用的材料。语言评价既要反映事实的数量，又要反映事实的性质。因而，所用工具有的应便于量化，有的又需要有一定的对事实的描述。评价常需采用多种多样的工具互相配合。这些评价工具的产生与完善，需经较长时间的实践和研究逐渐完成。这里，仅对语言教育活动的评价和儿童语言发展评价工具的设计提出一些设想和建议。

(一)语言教育活动评价的设计要点

1. 定期开展评价

要求教师对所开展的语言教育活动每次都做出评价，这是不现实的，也是没有必要的。然而，定期进行评价是重要而有益的。

这种活动可能是专为了解儿童的发展而设计的，也可能是对某些内容、方法等的尝试。这类评价主要是由执教教师独立设计和实施的，可以比平时的活动花更多的时间深入而全面地思考，但最好在自然状态下进行，尽量避免人为地加工。有时这种评价也可由班级外部的人员(园长、其他班级教师、区(县)教研员、科研人员等)参与，采用集体研究的方式做出判断。

2. 对活动设计及其实施进行评价

活动设计是在原来的编写教案的基础之上发展起来的，其主要不同是把一个具体活动放在语言教育整体中来设计和评价的，因此，强调儿童的发展现状及活动的纵向、横向联系。设计一次谈话活动就要考虑儿童在谈话方面已有什么经验，已有什么技能，要求提高什么；要考虑上次谈话活动的设计和实施结果；要考虑儿童对谈话内容有什么感性经验，是否有话想说(开展过观察自然或认识社会生活的活动)，是否用其他方式表达过这些内容(美术、音乐活动)。活动过程设计重点应放在教师和儿童的相互作用上。教师要考虑怎样发挥主导作用来调动儿童的积极性、主动性。因此，对教师和儿童的行为要求不限于教师提什么问题，儿童该回答什么，或教师怎样示范讲解，儿童怎样完成任务。

3. 对活动过程的分析评议是活动评价的核心

观察者要重视对进行过程做记录，记录重点是教师和幼儿相互作用的行为表现，可以适当分工各有侧重地记录(有人着重记录教师的行为，有人着重记录幼儿的行为)，也可个人随意记录以便互相补充。观察并记录活动过程是搜集事实与分析判断的结合，其依据是活动设计中提出的目标和步骤。如果有条件录像，那么这有助于执教者自我分析，也为集体评议提供更多的具体素材。

4. 集体分析评议是活动评价的关键

评价重点围绕师生相互作用过程中教育影响怎样落实到儿童身上，由此来分析活动目标是否达到，以及内容、教材、教具、环境等因素所发挥的作用。评议的依据是活动设计的目标，评议指导思想是语言教育的基本观点。评议过程中分析讨论可以交流思想，集思广益，这样不仅有利于提高以后的活动质量，也有助于执教者提高设计、实施及评价活动的能力。

(二)儿童语言发展评价的设计要点

我们可以把普通话的发音和词汇的评价工具结合在一起设计一个游戏形式的测量工具，选择一批包含汉语拼音方案中的声母和韵母的常用词，配上简图，让儿童看图说词，教师做记录，特别要重视把发错的音、说错的词按原始情况记录下来，在要求儿童用普通话交谈一段时间以后逐个测量。对普遍发错的语音及说错的词，教师可用游戏或儿歌方式让儿童进行练习，以后就可在各种情况下注意观察并及时做记录。这种评价工具可参考现有汉语拼音的图书或卡片来编制。

对儿童倾听能力和表述能力的评价，主要是教师在儿童运用语言的过程中进行观察并做记录的。评价的根据是阶段目标中倾听和表述两部分的各条目。编制评价工具着重在教师怎样能观察到并记下儿童的有关行为表现。儿童的语言是渗透在日常所有活动中的所表现的语言能力，而且在自然状态下所表现的语言能力往往高于集体活动中所表现的语言能力。教师的困难在于，面对几十个儿童在各种情况下说的话，怎样收集到能说明教育目标达成与否的事实材料。教师可根据本年龄班语言教育阶段目标，分析学年或学期计划中所定的各种活动，可能观察到的儿童语言表现，来编制一份观察提纲和一份简易的记录表格。有些目标的完成可能需要专门设计活动来引发儿童的有关行为。这些活动也可与上述学习活动结合，只是观察和记录侧重于所要评价的儿童语言行为，而不需要做全面评价。有的目标可通过编制小组游戏或个人游戏来观察儿童的表现来实现。

教师可以在可能的条件下，编制儿童语言发展评价工具，因为我国目前还没有较成熟的语言评价工具可推荐。由于汉语本身的特殊性，借鉴其他语种的评价工具局限性很大。再从我国方言和民族语纷繁复杂的情况看，只编制一套全国通用的语言发展评价工具，是难以切合实际需要的。然而，同类方言地区或同一民族语地区，应逐渐地建立一套比较规范的语言评价工具。

我们建议教师编制评价工具，一方面为提高语言教育质量来发挥评价的作用，另一方面也可为各地区编制工具创造经验并积累素材。

＊＊＊＊＊＊＊＊＊＊＊＊＊＊＊＊＊＊＊＊＊＊＊＊＊＊＊＊＊＊＊＊

本章小结

　　学前儿童教育领域的评价尚未形成符合我国国情的系统理论和方法。就本章内容来讲，理论层面阐述的内容，部分吸收了国外的理论和经验，有的部分内容来自国内课题研究的成果。学习本章内容后，我们建议教育者能按照学前儿童语言教育评价的原则，以本教材提供的学前儿童语言教育评价的框架为参考，设计适合本园实际情况的语言教育的评价框架，采用适合本园特点的方法，进行儿童语言发展、儿童语言教育活动实施的评价，以利于准确地掌握儿童语言发展的水平，检验本园语言教育实施的成果与差距。

思考题

　　谈谈对幼儿园进行语言教育评价的必要性和作用的理解。

附　录

关于幼儿的外语教育

祝士媛

作为交际工具的语言，是各个社会约定俗成的语音系统。语言是社会现象，语言现象的复杂是客观存在的。在各个地域、各国之间进行交际，就需要人们在母语之外，学习能互相沟通的语言。例如，中国语言现象复杂，为了交流必须推广民族通用语——普通话；国际上，人们就要学习英语、法语等通用语言，否则无法交流。

由于客观的需要，在多民族或移民国家，一个人能说多种语言的现象很普遍。例如，东南亚国家的华人大都会讲华语中的普通话或方言，还会讲马来语、英语；有的人在方言中，还能随时转换着讲广东话、闽南话，充分发挥了人运用语言的能力。这一现象说明人具有掌握多种语言的潜力，如著名作家任溶溶能运用六国语言进行翻译。

一、关于外语教育与双语教育的界定

外语、双语是不同的语言现象。台湾张湘君教授曾对外语与第二语言，

以英语为例做了以下区别：英语作为外国语（EFL，English as a Foreign Language），与英语作为外语（ESL，English as a Second Language）是不同的。她认为英语作为外国语，"指的是外来语言，既然是外来语言，就不是这个社会的主流语言，也就是说它不是官方语言，不是报纸上用来沟通的语言，更不是老百姓主要讲的那种主流语言"。"英语作为外语，则指儿童学习了母语后，再学一种新的主要语言之一的语言，这种语言一般是很重要的官方语言。"在我国的方言地区，人们平时讲的方言（母语）是第一语言，民族通用语——普通话则是他们的第二语言。在英国、美国等英语国家内，中国移民学的英语就是他们的外语。

双语教育的特征是在同一教育机构中，同时以两种语言学习作为教学媒介，受教育者同时学习两种语言，并通过两种语言学习其他知识，即能在教育机构中，除母语外也能使用外语进行学习。

《朗曼应用语言学词典》中指出双语教育常出现的三种情况如下。

①浸入式双语教育。教育机构使用不是幼儿在家使用的语言进行教学。

②保持型双语教育。在幼儿刚入学时使用母语，然后逐渐地使用外语进行部分教学学科的教学。

③过渡型双语教育。在幼儿入学后部分或全部使用母语，然后逐步转变为全部使用外语进行教学。

实施双语教育的机构，有以下几种类型。

以教师分。"一个人，一种语言"（One person，one language）。在幼儿园班上两位教师中，一位教师在带班时一直使用母语（汉语或其他民族语），无论是组织幼儿日常生活、游戏，还是集体教学活动，其使用的语言始终不变；而另一位教师则在其带班期间，始终使用外语（英语或其他语言）。新加坡幼儿园大都是双语教育，班上教师的配备就是一名华文教师，一名英文教师。

以时间分。在一周中，有几天所有教师在全日活动中均使用母语，另外几天所有教师均使用外语。即教师在周一、周三、周五和在周二、周四使用不同的语言组织活动。也有的幼儿园，在一日当中，上午、下午教师使用不同的语言。

以学科（或领域）分。教师在某些科目（如语言、科学、音乐）的教学活动以及组织幼儿日常生活时使用母语，而在另一些科目（如数学、美术、体育）

的教学活动中使用外语。

以下两种情况不属于双语教育机构。

一种是幼儿园开设外语课，但在日常生活和其他活动中，教师和幼儿都不使用外语，这种情况只能说明该幼儿园开设有外语课。

另一种是幼儿自入园后，一直在一种外语环境中，教师和幼儿在所有活动中均使用外语，将母语排斥在他们的活动之外。这种幼儿园的幼儿可能会讲较好的外语，但我们不能称其为双语幼儿园。

外语教育是指教育机构中实施的一门外语课程的教育，通过外语课程帮助受教育者掌握所学语种的语言知识与技巧的教育。其形式有以下几种。

单科教育：每周各班有两次左右的外语教学。

兴趣小组：对学习外语有兴趣的幼儿参加，一般安排在周末学习。

校外学习：假日由家长带领幼儿去学习的形式。

二、对幼儿进行外语教育的意义

一是符合社会发展的需要。今日的幼儿是 21 世纪的栋梁，要他们成才，就要从幼儿期打好基础。如何打好基础，就要考虑 21 世纪的人才必须具备走向世界，进行国际交流、竞争、合作的能力，其中，流利地运用本国语和世界通用语言的能力是不可缺少的。此外，当今人类文明的发展正呈现出东方文化和西方文化互相渗透、取长补短的趋势，在学习外语的过程中吸收一定的西方文化，对提高本民族素质也是有利和必要的。

二是幼儿期是学习语言的最佳期。幼儿 3 岁左右能正确发出世界上各种语言的音，受母语习惯的干扰相对较少。国外学者基姆(Kim)等人在 1997 年所做的幼儿学习母语与第二语言的生理机制的实验研究表明：幼儿如果学了第二语言，其母语和第二语言的学习中心几乎是在脑部的同一位置上的；幼儿如果利用学母语的机制去学习第二语言，就会使第二语言的学习变得轻而易举；如果幼儿学习外语的时间较晚，到了幼儿后期，发音机制就要定型，说母语以外的其他语言时，就容易有口音了。因此，我们应该抓住幼儿学习语言的最佳期，开发幼儿学习语言的潜力，让他们能对一门外语的发音有所体验，多掌握一种纯正的外国语。

三是幼儿心理特点的优势。幼儿学习外语没有太多、太复杂的学习目的，他们的心理压力小，可以用很轻松、愉快、积极的心理来学习。再者，幼儿自我意识发展水平还较低，可以没有顾忌地张嘴学说外语，不怕说不好被别人笑话，敢于大胆地在集体面前进行语言实践。

三、对幼儿进行外语教育的不同观点

虽然国内外的专家、学者公认幼儿有学习语言的优势，但对幼儿期是否需要学习外语，一直存在不同的观点。

(一)提倡早学的观点

国外有些生理学、心理学、语言学方面的专家认为，幼儿学习语言能力较强，因为他们的大脑可塑性强，这种可塑性会随年龄增长而减弱。他们通过研究发现，幼儿因受伤或生病损伤了左半球的语言区后，仍有惊人的语言学习能力，而成人左脑受损后其语言能力却通常无法恢复正常。其原因是幼儿在语言区受损后，仍可用大脑的其他部分补偿语言功能，成人很难做到这一点。

奥地利动物学家劳伦斯(Lorenz)发现小鸡、小鸭或其他小动物出生后，对自己第一个遇到的对象产生依恋，总是跟随该对象。劳伦斯把这一现象称为"印刻"(imprinting)，印刻发生的时期就叫关键期(the critical period)。小鸡在出生 10～16 小时内会跟随第一个遇到的对象走动。如果刚出生时就把它们与母亲分开，以后这些小鸡就再也不会跟着自己的母亲走了。动物发展关键期的发现给了人们启示。关键期概念用到早期幼儿发展研究上，指幼儿最容易学会某种知识技能，或形成某种心理特征的时期。如果心理发展在关键期受到障碍，以后就难以弥补。科学地确定幼儿发展的关键期，可以充分利用关键期的良好时机，采取积极的教育措施，加速幼儿各方面的发展。但近年来许多研究表明，关键期虽然重要，但与此相应的行为形成并非绝对不可逆的，某些行为即使错过了关键期，只要经过一定的学习，仍可形成。所谓关键期实际上是学习最敏感、最容易的时期。幼儿在学习不同方面的知识时，有不同的敏感期。意大利教育家蒙台梭利认为，在敏感期内，幼儿对一定事物会表现出高度的积极性和兴趣，并且学得很快，而过了这个时期，这种情况就会消失。幼儿的感觉敏感期是出生到 5 岁，语言敏感期是出生后 8 个月到 8 岁，动作敏感期是从出生到 6 岁左右。

心理学和教育学方面的专家普遍认为，自然的语言学习只能在语言学习的"关键期"进行。这个关键期的起始年龄为 2 岁至青春期（13 岁）。他们认为，到了青春期，控制语言功能的左半球已经发育成熟，这种侧化使右脑不能参与外语学习。过了语言学习的关键期以后，人们对语言的掌握只能通过教师和学生艰苦的、有意识的教学和学习来获得，而且，学习者的"口音"（accent）现象很难被克服。

我国对幼儿外语学习的研究起步较晚，对幼儿外语学习的理论阐述较少。对幼儿学习外语持赞成态度的人中，心理学和教育学工作者认为，幼儿有学习语言的天赋，处于学习语言的最佳期，发音机制尚未定型，有条件正确模仿人类各种语言的发音，所以学习第二种语言越早越好，以为将来的学习、工作奠定良好基础。进行了英语学习实验的教师和家长，发现幼儿学习英语以后，不仅培养了对英语的兴趣，学会一些英语的词、句，而且在智力和非智力因素方面均发生了很多变化。例如，教师和家长讲的一些原话：

"幼儿学了英语以后，口语表达能力（含母语）明显提高了。"

"学习英语以后，大大提高了听说兴趣，听说自信，带动了听说的主动性，幼儿能自己主动寻找机会练习听和说，幼儿的语言潜能也就在这些听和说的过程中，一点一点地发挥出来了。"

"幼儿学习英语后，带动了他们认知、记忆、想象等能力的协调发展。"

"学会一种新的语言后，幼儿普遍产生一种成就感，增强了自信心。"

"学习英语后，幼儿比以前更活泼、大方、自信地参与社会交往，从不爱说话，一开口就脸红，变得肯说、爱说，喜欢与人交往，教不会说英语的幼儿说英语。"

看到幼儿学习英语后发生以上变化的教师和家长，都极赞成在幼儿期就要学英语。

(二)提倡迟学的观点

国外有些专家认为，外语不必早学，因为成人在学习语言方面比幼儿有更高的认知能力和更大的情感优势，成人比幼儿有更强的记忆力、分析能力和更强烈的学习动机。所有这些品质可能会使成人比幼儿更有效地在正规的课堂教学中进行学习。还有一些专家认为，如果说学习外语的时间越早越好，那也是学习者用了更多的时间。如果早学和晚学的结果相差不大，那么从幼儿园和小学开始学习外语，无疑是浪费时间。

国内有些专家和实际工作者认为，幼儿应先学好母语，再学习外语，不能操之过急；不否认幼儿有学习第二种语言的优越性，但认为没有必要，因为幼儿园不可能普遍学外语，大多数小学又不从一年级开始学外语，学了也不能衔接，届时还要从头学，有时间不如让幼儿游戏；现在的幼儿学的东西太多，不利于幼儿健康成长。

以上所述的两种态度，各有自己的道理。从幼儿生理、心理发展的特点来看，有条件的幼儿家庭或幼儿园，如果能对幼儿实施外语启蒙教育，对其今后学习外语定能打下较好的基础（特别是语音方面）。如果家庭或幼儿园没有合格的外语教师，就不必急于要幼儿学习外语，因为幼儿一旦学的是不正确的发音，以后纠正起来会很困难。幼儿期是否要学习外语，要依条件而定。

四、幼儿外语教育的特点

幼儿固然有学习外语的年龄优势，但能否取得理想的效果，还要看施教者的指导思想、内容、方法是否符合幼儿的年龄特点。对幼儿实施外语教育的主要特征是启蒙性，激发他们对外语学习和运用的动机。从这个基本特点出发，幼儿外语教育应注意以下几点。

(一)幼儿外语教育的启蒙性

对幼儿进行外语教育必须有正确的目的，即幼儿的外语教育不是系统地学习某门外语的知识体系，规定在一定时期内掌握多少英语单词、句子、儿歌、故事等，而是要培养幼儿对外语符号的兴趣，提高感知语言的敏感性；培养幼儿听音、辨音和语言转换能力；培养幼儿能成功地进行语言交往的信心，发挥幼儿学习语言的潜力。

幼儿的外语教育的主要途径不是集体教学，而是在自然的语言环境中，主动积极地自然习得外语与教师组织有目的、有计划的外语教育活动结合进行的。幼儿的母语知识和技能的获得主要是自然习得的，正式学习在其中的作用很小，这主要归功于自然的语言环境。一个人自出生之时起就处在一种母语环境之中，经过几年的主动吸入、加工，从而掌握了母语系统。我们在考虑幼儿的外语教育时，也要充分考虑习得的重要作用。幼儿掌握外语不能只靠教师教，而主要应在日常生活、与人交往、游戏、阅读、观察等语言环境中自然习得。为了加快幼儿掌握外语的速度，我们也要重视正式学习的作用，使幼儿同时通过习得和学习两种途径掌握外语。

(二)幼儿外语教育的兴趣性

兴趣是一种重要的内部动机，反映了个体认知、探索外界事物的需要。兴趣可以提高幼儿活动的积极性和坚持性。幼儿对外界事物的探索有赖于兴趣的激发，没有兴趣，就不会产生认识的需要，从而影响对事物认识的深度。幼儿受心理发展水平的制约，对周围事物的学习带有明显的情绪化倾向。当他们对学习有浓厚兴趣时，幼儿便会产生情感上的需要。对幼儿进行外语教育时，从内容到形式都必须考虑到幼儿的兴趣与需要的特点。

幼儿外语教育应以发展口语为主。幼儿外语教育应重视听说能力的发展，把重点放到活的语言材料上，为幼儿提供丰富多样的口语样本，创设各种感知、模仿和使用语言的机会，帮助幼儿自然地进行口语交往，即主要培养幼儿对外语的敏感性和运用外语进行日常交往的口语技能。在外语教育中，是否要学习书面语言要因地、因园、因人而异，慎重而行。因为文字是抽象的符号，幼儿不易理解，拼音文字的字母之间的差别有时是微小的，幼儿不易区别，如"b、d、p""g、q""m、n""w、v""c、e"等一组组的字母，就是幼儿容易混淆的。

采用适合幼儿年龄特点的内容和方法。对于幼儿外语教育的教学方法，在符合幼儿年龄特点的前提下，我们应该允许百花齐放，不断创造新的教学方式方法。

幼儿外语教育内容的选取，应适合幼儿的兴趣、需要和能力，应在幼儿已有的生活和知识经验基础上，选择词、句，使之尽量生活化，如起床就寝、一日三餐、问候告别、道歉致谢、年龄、外貌、问路、购物、地址、天气、交通工具等，让幼儿学了就能用，而且能多次重复，有效巩固。

幼儿的思维特点是具体形象性，而任何的语言符号都具有概括性特点。对幼儿进行语言教育就需用直观性来解决这一对矛盾。学习外语同样需要如此。实物、图片、表演、多媒体等直观手段，歌曲、儿歌、故事、短小的童话剧等生动形象的教材，应在幼儿外语教育中经常出现，使语言符号形象化。这既有助于幼儿对外语的理解和记忆，又能使外语教育活动活泼、丰富多彩。

游戏是幼儿的主要活动。教师教幼儿学习外语应经常采用各种游戏活动，让幼儿在动手、动口等活动中感受外语，运用外语，寓外语教育于游戏之中，让幼儿在没有外界压力的情况下，轻松愉快地变枯燥地学"语言符号"为玩"声音游戏"，在玩中学，在学中玩。这样既能满足幼儿玩的愿望，又可以使幼儿在高高兴兴的活动中自然习得外语。

案例一

图画游戏

目的：

复习身体各部位的名称。

规则：

按教师指令画画。

准备：

纸、笔。

过程：

①Now we are going to draw a boy. He has a round face.

②Tom has a long neck.

③Tom has two small eyes.

④And two big ears.

⑤And yellow hair.

⑥And a big smailing mouth.

⑦And a small nose.

⑧His clothes are too big for him.

⑨His arms and legs are very long.

⑩And he has big hands and feet.

注：此游戏也可以画其他物体和动物，如太阳、星星、月亮、书、汽车、大象、小猫、小狗等。

案例二

表演游戏——小狗又渴又饿

目的：

复习有关食品、饮料的词汇。

准备：

Doggy、Little Bear 头饰各一、小房子一座、食品。

过程：

Doggy，Little Bear 开着小汽车回家了：

"A car，a car，a car，car，car. Di-di-di，ch…"

Doggy(一进门，伸出舌头)："Thirsty，thirsty，I'm thirsty."

Little Bear：Juice or milk?

Doggy：Juice please. (喝完还不停扇风)Hot，hot，I'm hot.

Little Bear：Drink some water?

Doggy：No，thank you.

Little Bear：Have an ice-cream.

Doggy：Great，great，thank you.

Doggy(吃完后)：I'm hungry now.

Little Bear：Have some bread，please. Have a cookie，please. Have a sausage，please.

Doggy(吃完)：I'm still hungry.

Little Bear：Have a tomato，please. Have a banana，please.

Doggy：Juice please. (喝完还不停扇风)Hot，hot，I'm hot.

Little Bear：Drink some water?

Doggy：No，thank you.

Little Bear：Have an ice-cream.

Doggy：Great，great，thank you.

Doggy(吃完后)：I'm hungry now.

Little Bear：Have some bread，please. Have a cookie，please. Have a sausage，please.

Doggy(吃完)：I'm still hungry.

Little Bear：Have a tomato，please. Have a banana，please.

Doggy：Oh，I'm full. Let's go to watch TV.

Little Bear：Ok! Let's go.

(三)幼儿外语教育的情景性

情景是指幼儿园教师在组织幼儿学习时，有意识设计的各种景物、人物、场景或环境。对幼儿进行外语教育更离不开情景，要让幼儿在情景中学，在情景中用。教与学都处在一种有意义的情景中，可以增加语言实践的真实感。在一定的情景中感知外语，不仅可以激发幼儿学习兴趣，有利于幼儿通过视觉(看到表情、手势)、听觉(听到正确的语音)、情节理解外语的词句的意思，减少母语的"中介"，提高记忆力，还可以培养幼儿运用外语进行思维的能力。

为幼儿外语教育所设置的情景与戏剧表演不同，应与幼儿的日常生活、学习、环境紧密联系，要自然、逼真，富于美感，扮演的角色、情节要生活化。

(四)幼儿外语教育的渗透性

为了避免幼儿的外语教育变成一种科目的教学，教师应力求把幼儿的外语教育渗透于一日生活当中。例如，在体育活动中，教师有时可以运用英语口令组织活动，让幼儿在肢体活动中了解其意；在日常生活中，教师可与幼儿有些英语对话，如"Have some water，please""Turn right or turn lift"；活动区可设英语(或其他语种)图书角，里面摆放有情景对话的句子，幼儿阅读图画，教师带读句子，借图理解词句的意思；活动室内可开辟一个英语(或其他语种)主题墙，在上面散放着幼儿的照片，下面写上"My English name is…"(英文名字)，或写上"I am is…"(girl or boy)"I like…"(自己喜欢的东西、宠物)等句子，由幼儿口述英文的词，教师在主题墙下面备好的词卡中，选出相应的词卡填上。

幼儿学习外语不仅能多掌握一门交际工具，而且还能以外语为媒介学习其他领域的知识，接受多方面的教育。在学习外语的过程中吸收一定的西方文化，对培养幼儿的文明行为，整体提高受教育者的素质是个有利的条件。实施外语教育的幼儿园，既要研究如何适应幼儿学习外语的特点，引导幼儿生动活泼、有兴趣地学习外语，同时也要研究如何在幼儿学习外语的过程中，渗透其他方面的内容，丰富其知识，影响其文明行为习惯的养成，使幼儿外语教育成为21世纪素质教育的一个组成部分。

(五)幼儿外语教育的交际性

语言学习是一个互动的过程，培养幼儿初步的外语交际能力是幼儿外语教育的主要目标。英语教学法中的"交际法"认为，不仅教学内容应交际化，教学过程本身也应交际化。瑞士心理学家皮亚杰（Piaget）认为，幼儿所接受的社会互动的质量和数量将会极大地影响他们自身成长发展的速度。俄罗斯心理学家维果茨基（Vygotsky）的"最近发展区"理论也强调了高质量的交往互动，如在成人引导下的互动或与优于自身的同龄人的互动至关重要。语言学家哈利德（Halliday）也支持交际互动的观点，他认为："母语以及外语的学习，是一个认知的过程，同时也是一个互动的过程，它的表现形式就是自我与他人的接连不断的交流。"由此可以看出，幼儿外语教育必须注重交际性，要把外语作为交际工具来教、来用。一般来说，用外语交际的能力是"练"会的，而不是"教"会的。

幼儿学习外语不仅要掌握其语言形式，还要学会具体使用，不能用汉语的方式说外语。例如，有些幼儿对教师说："Good morning，teacher。"在讲英语的国家，称呼老师不用 teacher，而是在姓氏前冠以 Mr.、Mrs.、Miss.、Ms.，或直接称呼其名。教师在设计外语教育活动时，要有跨文化的交际意识，使幼儿初步了解和掌握西方国家简单的日常生活方式、社交礼仪和文化习俗，学习打招呼、称谓、介绍、称赞、致谢和道歉等方面的表述方式。

幼儿阶段的外语教育在我国的历史不长，无论在理论方面还是在实践方面都存在不少待研究的问题，其中有两大问题亟待解决。

一是对幼儿外语教育和双语教育概念的理解模糊，把幼儿外语教育与幼儿双语教育两个概念混为一谈。

幼儿双语教育是在移民国家中开始的，中国近年来才开始研究这一新课题，尚处于研究、探索阶段。对于什么是双语教育，幼儿学习双语的可能性与必要性，幼儿双语教育的特点与特殊方法等，学界还未取得共识。因此，我国目前真正实施双语教育的幼儿园还是凤毛麟角。绝大部分开设外语教育的幼儿园，都是属于外语教育的层次。

二是对幼儿园外语教育师资的任职资格没有明确的规定。目前我国幼儿园外语教师的状况如下。

设专门的外语教师。属科任教师，他们当中一部分是中国教师，多为师范专科学校英语专业毕业，或普通大学的本科毕业生；一部分是请外籍教师，这部分人中，原为幼儿园教师的，教得较好，其他人则因不了解幼儿特点而教得较差，特别是那些来自非英语国家的留学生，教英语的质量就难以保证。

原班教师教外语。他们懂幼儿教育,所用方法符合幼儿的特点,但在外语方面多为半路出家,语言质量难以保证,难免在发音方面出现错误,容易贻误幼儿。

目前,解决中国幼儿园合格外语教师的办法,最好是幼儿教师英语化,外语教师幼儿教育化。

中国幼儿的外语教育研究起步时间不长,虽然外语教育已显示出对提高幼儿语言的敏感性,提高幼儿学习语言兴趣方面有促进作用,但是有关外语教育的许多理论和实践问题,还有待我们进一步研究探索。因此,中国幼儿园的外语教育受诸多条件的限制,还只能在有条件的幼儿园进行实验,不宜大面积推广。

案例

幼儿英语教育的目标、内容[①]

——幼儿英语教育的总目标——

①激发与培养幼儿学习英语的兴趣。

②以听、说学习为主,帮助幼儿学会正确听音与发音,培养幼儿听说能力。

③引导幼儿掌握一定数量的单词、短句和句子,并能在一定情景下使用。

④渗透品德、情感等方面的教育,促进幼儿社会性发展。

⑤初步了解英语国家一些文化背景知识,扩大幼儿视野。

——幼儿英语教育的年龄阶段目标——

小班(3~4 岁)

认知目标

①能区分英语和汉语。

②懂得用自然的声音学习英语发音。

③知道要仔细倾听才能辨别英语的发音。

情感与态度目标

---

① 转引自祝士媛:《学前儿童语言教育》(第 2 版),192 页,北京,北京师范大学出版社,2011。

①乐意听教师与他人说简单的英语。

②乐意模仿教师说简单的英语。

③喜欢模仿教师及中、大班的哥哥、姐姐表演英语歌曲、英语短句等。

能力与技能目标

①能区别英语发音中的一些差别。

②能跟着教师学一些简单的英语单词和句子，发音正确、自然。

③能自然地演唱简单、短小的英语歌曲。

④能用英语向教师、同伴问好、道别。

中班(4~5岁)

认知目标

①知道英语是语言的一种表现形式。

②要用自然的语气、语调学习英语发音。

③知道要仔细倾听才能辨别英语发音及语气。

情感与态度目标

①能有兴趣地倾听教师和他人说英语。

②喜欢跟教师说英语，学唱英语歌曲。

③能专注地欣赏各种英语表演，参与一些英语游戏和简单的角色表演。

能力与技能目标

①能较专注地倾听教师和同伴的发音，能辨别一些发音和语调的差异。

②能大方地学说英语，发音清晰、自然。

③能大方、自然地演唱英语歌曲，担任一些简单的角色参与表演。

大班(5~6岁)

认知目标

①知道世界上有许多语言，英语是国际通用语言之一。

②知道英语的不同语音、语调可以表达不同的意思。

③知道英语在社会生活中的用途，与自己将来学习、工作的关系。

情感与态度目标

①能充满兴趣地倾听教师和同伴说英语，欣赏生活中自然、流利的英语和英语表演。

②积极、主动地学习，感知环境中可理解的英语信息材料。

③热情、积极地参与各种英语游戏、英语活动。

④积极尝试用英语与他人简单交往。

能力与技能目标

①能认真、专注地倾听教师、同伴述说英语，对他人发音、语调中的细微差别做出判断。

②能认真学习英语，发音清晰，语调自然。

③能大方、自然演唱英语歌曲，能根据故事内容扮演一些不同角色，模仿角色语言及情感表现。

④能在游戏、日常生活、外出活动的不同场合尝试运用一些简单英语句式与人招呼、交流。

—— 幼儿英语教育的内容 ——

有关"幼儿自身"的内容

①幼儿身体（如 eye，nose，ear，mouth，hair，hand，finger，arm，leg）；身高（如 short，tall，I'm growing）；性别（如 I'm a boy/girl）。

②幼儿的生日（如 cake，candle，I have a birthday）；姓名（My name is…）。

③幼儿的动作（如 walk，run，hop，fly，throw，kick，crawl，climb，swim，sing，dance，play，listen to，turn on/off）。

④幼儿的情感（如 happy，angry，sad，I'm happy，I like myself）；愿望（I want a book）。

⑤幼儿的日常生活（如 I brush my teeth，I wash my face，I dress myself，I eat fruits，I drink water）。

⑥幼儿的能力（如 I do many things，I help my parents）。

有关"幼儿园"的英语教育内容

①礼貌用语（如 Thank you. You are welcome）；常规用语（Sit down，please. Stand up，please）。

②一日生活各环节用语（如 Indoor Activities，Clean Up，Morning Snack，Outdoor Activities，Free Play，Lunch，NapTime，Wake Up，Learnnning Centers，Quiet Activities）

③区角名称（如 Housekeeping，Dramatic Play，Book/Language/Library，Water/Sand/Blocks，Art，Science，Computer，Woodworking，Fine Motor，Gross Motor）

④玩具名称及有关用语：室内小型玩具（如 Housekeeping toys，Dolls，

Dress-up clothes，blokes，puzzles，beads，art construction，clay），室外大型玩具的名称（如 seesaw，swing，slide）。

⑤幼儿园（kindergarten），教师（teacher）。

有关"家庭"的英语教育内容

①家庭成员的称谓（如 father，mother）。

②家庭餐具的名称（如 bowl，spoon）；家具的名称（如 chair，table）。

③家用电器的名称（如 radio，television，refrigerator，washing machine，telephone，computer）。

④房间的名称（如 home，room，kitchen，bathroom，living room）。

有关"社区"的英语教育内容

①餐饮场所及人员（如 Restaurant，Waitress）。

②游玩场所及人员（如 Zoo Zookeeper，Park，Ranger）。

③购物场所及人员（如 Supermarket，Cashier）。

④健康机构及人员（如 Hospital，Doctor，Nurse）。

⑤安全机构及人员（如 Fire Department，Firefighter，Police Dipartment，Police Officer）。

⑥学习场所及人员（如 Library Librarian，School Pupil，University Student）。

⑦通讯机构及人员（如 Post Office Mailperson，Newspaper Office Editor、Reporter）。

⑧交通场所及人员（如 Training Station Conductor，Dock Captain，Airport Pilot，Gas Station Attendant）。

⑨金融、艺术场所（如 Bank，Theater，Museum）。

有关"节日"的英语教育内容

①中国节日（如 Spring Festival，Lantern Festival，Dragon-Boat Festival，The Mid-Autumn Day，Teacher's Day，National Day）。

②外国节日（如 Valentine's Day，Mother's Day，Father's Day，Thanksgiving Day）。

③国际节日（如 New Year's Day，International Women's Day，International Labor Day，International Children's Day）。

有关"季节"的英语教育内容

①四季名称(如 spring，summer，autumn，winter)。

②四季服饰(如冬天的 glove，scarf)。

③四季特点(如春天的五颜六色 red，green，yellow，blue，black white；秋天丰收的水果 apple，banana，orange，pear，coconut；冬天的严寒冰雪 cold，wind，snow，ice；夏天的酷暑炎热 It's hot)。

——《学前儿童英语教育》(学前儿童英语教育指导编写组编，中国档案出版社)

3～6 岁幼儿口语表达能力的培养

王继芬

掌握幼儿语音发展的特点，有的放矢地进行语音培养

语音是语言的物质外壳，语言的交际作用是通过代表一定意义的声音来实现的。这种代表一定意义的声音就是语音。发展口头语言必须要求吐字清楚、发音正确，语言才能被别人感知、理解。因此，培养幼儿口语表达能力，语音具有重要作用。

一、调查、了解幼儿的发音情况

幼儿发音器官尚未发育成熟，声带较短、较薄，听觉的分析能力还较差。同时，幼儿还不善于协调地使用这些发音器官，因此，年龄越小发音越容易不清楚。语音的准确程度要随着年龄增长而提高。有的幼儿舌根音发不清，管"裤子"叫"兔子"；有的幼儿把"兔子"说成"肚子"，管"哥哥"叫"得得"，把"高高的白杨树"说成"刀刀的白杨树"；还有的幼儿舌尖音发不清，管"柿子"叫"戏纸"，管"老师"叫"袄鸡"等。我们根据幼儿语音发展的规律，把语音培养的任务重点放在 3～4 岁的小班。在一般情况下，小班幼儿对双唇音和唇齿音掌握比较好，如"爸爸(b—a)"，"妈妈(m—a)"，但对舌音则不易掌握，尤其是舌尖音，包括舌尖前音(z、c、s)，舌尖中音(d、t、n、 l)，舌尖后音(zh、ch、sh、y)，对舌面音(j、q、x)和舌根音(g、k、h)也不易掌握。唇音是上唇与下唇振动发出的音，幼儿听得见，容易模仿；舌音是在口腔内共鸣振动发出的，幼儿听得见，但看不见是怎样发出来的，再加上幼儿对发音器官运用不自如，一般都是舌音不如唇音发得好。我们要根据幼儿年龄特点，组织有趣的活动，教幼儿练习发音，让幼儿掌握发音的方法。

中、大班的幼儿在掌握语音上有了很大进展，但对某些近似的语音还发不准，如z、c、s与zh、ch、sh音发不清，n、l音区别不好。这就需要教师根据本班幼儿掌握语音情况，运用多种方式方法进行练习。

教师教幼儿正确发音，不仅要了解幼儿语音发展的一般特点，而且还要掌握本班幼儿语音发展的具体特点，知道哪个幼儿哪些音发不清，找出发不准音的原因。我们曾在大班调查了56个幼儿，其中，舌尖中音发不清的有7人，占13%；舌面音发不清的有6人，占11%；舌根音发不清的有1人，占2%。经调查统计，语音不清的共有50人次，而绝大部分问题集中在11位幼儿身上，占全体幼儿的19.7%。了解了幼儿哪些音发不清后，教师就要进一步找出发音不好的原因：是生理缺陷，还是教育问题？要一一进行分析。例如，上面提到的11人幼儿，绝大多数属教育问题。一个幼儿管"芝麻酱"叫"鸡麻酱"，家里人觉得好玩，顺着他也管"芝麻酱"叫"鸡麻酱"，而没有给其正确的示范，去纠正他的错误发音。其中3个幼儿都与外地老人生活在一起，老人不会讲普通话，幼儿的发音也随之有口音。有一个幼儿由于舌系带短影响了舌音。经与家长联系后，家长带幼儿到医院口腔科做了手术。手术后经过家长与教师的训练、教育，幼儿又认真的学习，很快掌握了舌部的发音。

二、培养幼儿正确发音，促进幼儿心理正常发展

发音正确、吐字清楚，不只是发展语言的重要任务，对幼儿心理发展也起着积极作用。语音正确、口齿伶俐，为幼儿与人交往提供了一个物质条件，他可以没有任何顾虑地用语言表达自己的意思。如果幼儿语音不清或不准确，往往自己说的话不被别人理解或遭到讥笑。伤害了自尊心后，他们就少说话或不敢说话，影响了活泼、开朗性格的形成，造成沉默寡言、性情孤僻。

　　例如，有一个幼儿，他动手能力很强，善于观察，但不爱说话。游戏时，他总是一个人活动或扶着树干，低着头踩着树坑的砖边绕圈圈，不跟其他幼儿一起玩。教师发现这一现象后，主动与他交谈，问他："你昨天到什么地方去了?"他小声地说："到动物园去饿(了)。""和谁去的?"教师又问。他说："和矮矮(奶奶)。"教师又问："看见什么啦?"他见教师能懂他的话，就声音大些了，兴致勃勃地说："看见大象呲早(吃草)，猴纸(子)爬三(山)，大袄(老)虎碎(睡)觉，……"教师试探着说："你愿意把在动物园里见到的事情讲给小朋友们听吗?"他摇摇头说："不!"教师问："为什么?"他又低下了头说："他们该笑我饿(了)。"教师明白了他不和别人交谈，不和别人一起玩，是怕别人笑话他语音不清。这个幼儿的顾虑对他性格造成了影响。又有一个幼儿，聪明伶俐、词汇丰富、自尊心强，但他发音不清，管"奶奶"叫"lailai"。教师纠正他说应该叫"奶奶"时，他脸红了，不好意思地说："其实，我会说，我学我爸爸呢。"教师告诉他："不会发'奶奶'这个音没关系，老师教你，你学会了，再去教你爸爸。"他同意了，照着教师的口型练起来，很快就发音准确了。还有一个幼儿，说话时总是有意识地把她发音不清的"老"字绕过去。每次见了教师打招呼时，就漫不经心地一滑而过。有一次，教师有意地问她："你还没问教师早呢?"她照旧快速地说："王师早!"教师听清楚了，她把发不准的音给绕过去了。教师告诉她："越是不会发的音，越要多练习，练练就会了。"她在教师的帮助下，努力练习，经过 3 个月的时间，终于会发"老"这个音了。她的姥姥来幼儿园告诉教师："我的外孙女会叫姥姥了，过去一直叫我'袄袄'，真得谢谢老师。"她也像获得了解放，故意叫着"王老师""刘老师"。由此我们可以看出，语音正确与否，对幼儿心理发展是有不同程度的影响的。

三、有计划地培养幼儿正确发音，提高语言表达的质量

　　幼儿时期是掌握语音的关键时期。我们要给幼儿创设良好的语言教育环境，在幼儿一天生活的各个环节中，抓住一切时机，让幼儿多听、多说、多练。

(一)树立发音规范的榜样，让幼儿模仿

　　幼儿学习语言是靠向周围人模仿的，周围人讲什么话，他就讲什么话。有个幼儿在日本生活到 3 岁，学会了一口日本话。他的父母感到忧虑：孩子

都不会说祖国语言了。于是他们决定把孩子送回中国，回国后这个幼儿在北京市东华门幼儿园，经过两个月的教育和环境的熏陶，就完全掌握了日常生活中的普通话。一年后，他学会了一口流利的普通话。幼儿周围的人中，有的人受方言影响，发音不准。在这种情况下，幼儿周围的成人必须注意发音的问题，力求成为幼儿学习语音的典范，不说或尽量少说家乡话，避免幼儿说话南腔北调。在幼儿发音不准时，家长不要觉得好玩而故意学幼儿说话："袄袄"（姥姥）"四不四"（是不是）"我七饭"（我吃饭）等，不要强化他们错误的发音。家长也不要故意用小儿语与幼儿交谈，什么"帽帽""吃饭饭""尿哗哗"等。在日常生活中，家长坚持以普通话的语音为标准，潜移默化地影响幼儿的发音。

(二)抓住一切时机，教幼儿正确发音

语音培养是语言教育的任务，但不能只限于在语言教育活动中进行。我们要在一日生活的各项活动中，抓住时机给幼儿创设各种练习发音的机会。

在集体活动中练习发音。为了使每个幼儿都能掌握普通话的标准语音，教师可根据本班幼儿掌握语音情况，有计划、有目标地组织集体活动，进行语音练习。例如，小班幼儿发不准"老师"的音，管老师叫"袄鸡"，或"老斯"，教师就可组织"打电话"的集体游戏活动，在互相称呼中练习发音。教师还可以编绕口令让幼儿练习。

如《谢姥姥》：宝宝会叫姥姥，/姥姥喜欢宝宝，/姥姥拿出糖果给宝宝，宝宝接过糖果谢姥姥。

在日常生活中进行个别指导，为了使每个幼儿都能发音正确，个别练习很重要。例如，带幼儿散步时，走到白杨树下，教师就说："这是高高的白杨树。"教师示范说了3遍之后，就点名说："小华，你说一遍。"小华说："刀刀的白杨树。"教师让小华看着他的嘴，把舌头放到口腔当中，用力说"g—ao高"。小华看清楚后，也按照教师的口型练习起来。

日常生活是进行个别指导的极好时机。成人要结合丰富多彩的生活内容，自自然然地教幼儿发音，纠正幼儿的语音，随时发现，随时纠正。

在游戏中练习语音。游戏是幼儿最喜爱的活动之一，是符合幼儿年龄特点的教育手段。我们注意将语音培养寓于游戏当中，在生动活泼的游戏中，让幼儿学说一些难发的音，引起幼儿学习的兴趣。例如，"种瓜"的游戏，教师让幼儿边说儿歌边玩、边练习。小姑娘，爱种瓜，/蔓儿顺秆往上爬，/长

绿叶，开黄花，/结个瓜儿送给他。

游戏规则为：一个幼儿扮种瓜人，手中拿一粒瓜子；全体幼儿双手捧在一起，做土地；种瓜人边说儿歌边顺着圈内幼儿走，一个个做种瓜状，在别人不注意时，把瓜子放在另一个幼儿手中。

歌谣说完，教师请一个幼儿猜，瓜子种在什么地方了。猜后，游戏重新开始。幼儿边说儿歌，边玩游戏，自然地练习了发音。

丰富幼儿生活，创造良好的语言环境

生活是语言的源泉，只有有了丰富的生活，才能有丰富的语言。在教育工作中，教师要给幼儿创设丰富的生活条件，增长幼儿知识，开阔幼儿视野，加深幼儿对周围事物的认识和理解，促进幼儿思维发展，培养幼儿口语表达能力。

一、掌握幼儿学习语言的规律，有计划地进行培养和训练

正常幼儿都先天地带来发音器官，但后天发展如何却各有差异，这是和教育与环境密切相关的。如果错过幼儿语言发展的最佳期，以后再弥补就困难了。因此我们要探索与掌握幼儿学习语言的特点和规律，有计划地进行教育。

(一)通过直接感知，在认识周围事物过程中发展幼儿语言

幼儿学习语言都要与周围的人、物、大自然、社会现象紧密相连，通过听、看、触、摸、尝、闻等直接感知，获得周围的知识。幼儿认识世界离不开语言，而语言不是空洞无物的声音，它与物体、动作，环境、事物密切相关。语言的发展提高了幼儿的认识能力，而认识范围的扩大、内容的加深又丰富了幼儿的语言。结合幼儿的这一特点，我们要注意发展语言交往能力与发展认知能力相结合，根据幼儿通过直接感知认识周围世界的特点，给幼儿创设条件、丰富生活内容。

冬天，教师可在班上的自然科学角里，种植一些白菜头、胡萝卜根。萝卜挖空后，教师可在里面种蒜，上水后种上小麦等，让幼儿仔细观察他们的生长过程，启发幼儿给植物画日记，记录它们的变化，并要求幼儿用恰当的语言表达出来，如"洁白的花瓣""嫩绿的叶子""绿油油的麦苗""萝卜中间长

着直挺挺的花梗，顶端还开着粉白色的小花，许许多多的小花围在一起，像个花团"。在下雪的时候，教师可让幼儿到院子里看雪景、接雪花，实际观察雪花的形状。幼儿可以观察到雪花有六个瓣，是一片片地、一团团地飘落下来的。教师可用语言启发他们，如"雪下得好大啊！雪花一片片、一团团落下来，软绵绵的、轻飘飘的，就像白色的鹅毛大雪"，引导幼儿欣赏房上、树上、地上白茫茫一片的美景。然后教师可向幼儿提一些具启发性的问题："这白茫茫的雪，像什么呀?"有的幼儿说："像雪白的棉花铺在地上。"有的说："像撒了一层白面。"有的说："像撒了白糖。"有的说："像铺上了一层厚厚的白绒毯。"幼儿根据自己的生活经验去形容白雪，欣赏雪景，相应地丰富了词汇。

春天，教师可带幼儿种植，让幼儿亲自动手松土、选种、种植、间苗儿、移植……在做每一项工作时，教师都是边干边讲，使幼儿知道这种劳动叫什么，相应地丰富幼儿词汇。教师从多种花草中选出"凤仙花""牵牛花""茉莉花"，让幼儿观察，比较它们的异同。幼儿说："茉莉花的花籽像个小地雷，牵牛花的花籽像橘子瓣，凤仙花的花籽像小米粒……"出苗了，幼儿观察得更仔细，兴趣更浓了，经常向教师提出一些他们关心的或不明白的问题，例如，"同一天种的花籽，为什么有的发芽，长出了四对叶子，而茉莉花还没有发芽呀?""为什么叶子长的不一样? 牵牛花的叶子上有着细细的毛毛，凤仙花的叶子和茉莉花的叶子是光滑的呢?""朵朵花儿开了，红的凤仙，黄的白的茉莉，紫色的牵牛花，像一个个小喇叭。"幼儿高兴地说："嗒嘀嗒，嗒嘀嗒，欢送大一班的小朋友们上学了!"幼儿经过长期细致的观察，与这些花儿产生了深深的情感。毕业后，回到幼儿园，他们首先拿起小壶浇花，收集种子，留给弟弟妹妹们明年再种。种植与照料花草，不仅丰富了幼儿的知识，也陶冶了幼儿的情操，使幼儿充分感受到大自然的美和自然界千姿百态的变化。幼儿生活内容丰富了，思路也就开阔了，可说的话就多了。让他们动手、动脑、动口，幼儿在直接感知中，丰富知识，发展语言。

(二)在语言教育活动中发展幼儿思维能力

语言与思维有着密切的关系，语言在思维活动中的主要职能是参与形成思维，没有语言思维就无法进行，而思维活动的成果必须用语言表达出来。幼儿思维能力的发展和语言能力的发展是同步进行的，幼儿掌握语言的过程也就是思维发展的过程，而思维的发展又促进了语言构思能力、逻辑性和语言表达能力的发展，这是幼儿学习语言的另一个特点。

幼儿园语言教育的传统模式是注入式的，这是由于幼儿学习语言的途径是靠"听"和听后的模仿"说"。幼儿背诵了一些儿歌、诗歌、童话、故事等文学作品，但如何运用这些教材发展幼儿的创造思维，幼儿园语言教育却考虑得不多。贯彻《幼儿园工作规程》后的教育改革，注意采用多种多样的形式，发展幼儿观察力、记忆力、想象力和思维能力，在培养幼儿运用语言交往的基本能力上，不单让幼儿具有模仿语言的能力，还要学习举一反三，会依照原有的语言范例，转换内容，表达新的意思。例如，教师带幼儿去天文馆参观之后，启发幼儿提问题。有的幼儿问："银河不是河，是由许多小星星组成的，小星星又是一块块的石头，银河里没有水，为什么叫'河'呀?"有的幼儿问："天上的石头是陨石，为什么有的掉下来，有的掉不下来呀?"有的幼儿问："月亮为什么没有一件合体的衣服，它怎么变呀"? 教师为了培养幼儿的求知欲就说："是啊! 月亮怎样变呀! 咱们一起找答案吧!"教师建议幼儿给月亮画日记。每天晚上站在一定的地方，观察月亮，并画下月亮的形状，实际上观察它有什么变化。从这天起，每天晚上教师和幼儿一样都去观察月亮，并画月亮。第二天，教师和幼儿一起交换昨天晚上月亮的形状。经过一个月的观察，教师让幼儿拿着自己画的月亮日记进行讨论。幼儿说："月亮老在变化，初一、初二看不见月亮，初三月亮像个小钩，初七的月亮弯弯的像只小船，初九的月亮像个半圆，十五的月亮就是圆圆的了，像只银盘。因为它老在变化，所以没有办法给它做合体的衣服。"在实际观察中，幼儿得出了结论，丰富了知识。

在日常活动中，教师应注意让幼儿动手、动脑，发展幼儿的注意力、观察力、分析比较和判断的能力，教育幼儿对周围事物经常保持主动、积极的态度，使之求知欲旺盛、爱动脑筋思索，能发现问题，提出问题，并从事物间的联系中初步做出正确的判断和概括，以发展幼儿的认知能力与语言能力。

在语言教育活动中，教师要注意采取综合教育手段，较好地达到教育目标。例如，讲"小蝌蚪找妈妈"的故事以后，教师让幼儿用撕纸的方法，用泥土和各种自然物，每人做一套故事角色：青蛙、蝌蚪、鹅、金鱼、乌龟等。做好后，教师让幼儿边演示边讲，加深幼儿对故事的记忆与理解，调动幼儿学习的积极性、创造性、想象力。在语言教育活动中，教师让幼儿学得主动、活泼，使其创造性思维得到发展。

二、让幼儿多看、多听、多说、多练

鲁迅先生曾经说过："孩子是可以敬服的，他常常想到星月以上的境界，想到地下面的情形，想到花卉的用处，想到昆虫的语言；他想飞上天空，他想潜入蚁穴……"（鲁迅：《看图识字》）幼儿的生活丰富了，思路也就开阔了。我们要经常把幼儿带到大自然和社会环境中去，让幼儿亲自体验，增长见识，从而发展语言。

（一）多看

教师在教学过程中，要有计划地带领幼儿直接观察，为幼儿多看创造条件。

教师可采用直观形象的方法，引发幼儿学习的兴趣。例如，有的教师给幼儿讲《要下雨了》的故事之前，先告诉幼儿："夏天天气闷热，多盼着下一场雨呀！在下雨之前，人呀、动物呀、天气呀等，都有一些变化。我们一看到这些变化，就知道要下雨了。你们找一找，看一看，下雨之前有什么变化，以后讲给大家听。"幼儿回家之后，在下雨之前，仔细地观察，认真地查找。教师讲完《要下雨了》故事之后，问幼儿："除了故事里小动物在下雨前的变化外，我们还怎样知道要下雨了？"幼儿根据自己观察判断的内容，亲身的体会，积极地发言。有的说："我每天听天气预报广播，电台、电视台都能告诉我们要下雨的消息。"有的说："我看见自来水管子上有小汗珠，就知道要下雨了。"有的说："天空中积云特别多，天阴沉沉的，燕子飞得特别低，就是快要下雨了。"还有的小朋友说歌谣："风来了，雨来了，蛤蟆背着鼓来了。""下雨前，刮风、打雷，小青蛙呱呱叫。"幼儿列举了许许多多他们生活中的经验。教师带着幼儿做了一朵"晴雨花"，一朵红颜色的皱纹纸花，上面涂上盐水，让幼儿观察它的变化，颜色变深、花瓣发蔫，就是要下雨了。由于空气中湿度大，晴雨花变化明显，因此幼儿学习兴趣很高。

有的教师教诗歌《弟弟问蓝天》时，不是单纯让幼儿背诵诗歌内容，而是让幼儿在理解内容的基础上有表情地朗诵出来。在教诗歌前教师带领幼儿参观了天文馆，在这里找到了很多答案："高高的月亮你离我有多远？""有 38 万多公里。""轻轻的云朵你会不会变雨点？"教师给幼儿做了云雨试验，让幼儿在直接观察中分析出答案。"闪闪的星星，你为啥数不完?"教师让幼儿夜晚在晴空中实际数一数，体验一下为什么数不完。"长长的银河，你有没有大轮船?"天文馆的讲解员给幼儿解答了这个问题。教师注意不仅是教诗歌，而是要让幼儿理解其意;不仅要让幼儿知其然，还要让幼儿知其所以然。

有的教师教幼儿词汇"五颜六色"时，把幼儿带到美丽的花坛前，让他们看看花儿都有什么颜色。幼儿边看边说:"红的、黄的、粉的、白的、紫的、橙色的……"教师再让幼儿数数有多少种颜色。他们边点边数，数出了十几种。教师告诉他们:"花儿真好看，五颜六色真漂亮。"幼儿马上理解了词汇的含意。走到另一个花坛时，幼儿自己就反映出来了:"这五颜六色的花儿多美呀!"

有的教师带幼儿养蚕。在将近30天的饲养活动中，幼儿仔细地观察了蚕的生长过程，还发现了一些问题:"蚕的眼睛在哪里?""蚕背上的那条线为什么一会儿深、一会儿浅?""蚕不睡觉困不困?"……在日常生活观察中，他们获得了很多课堂上得不到的知识，同时，培养了爱小动物的品质。有的幼儿在假日还跑到幼儿园给蚕喂桑叶;有的幼儿让爸爸摘桑叶，送到幼儿园来。

让幼儿多看，有计划、有目的地在教师引导下进行，这样才能达到教育目的。幼儿看一些实物，直接感知，在掌握了语言后，渐渐地才有可能间接地去认识世界。幼儿通过故事、文学作品、图片、图书等可获得现实的知识，因此教师也可以让幼儿看图片、看书，发展幼儿的观察力、想象力、语言能力。

图画读物是幼儿的精神食粮，是幼儿喜爱的一种文学形式。它形象生动可爱，色彩鲜明美丽，深受幼儿喜欢。充分发挥图书的作用，需要教师与家长的具体指导。有一次，班上有3个幼儿争着抢一本书看。上课了，一个幼儿把这本书藏在积木盒底下。教师很纳闷:什么书这样吸引他们?下课后教师好奇地问:"这本书叫什么名字?"3个幼儿摇摇头，连书名都不知道。"怎么这么爱看这本书?"一个幼儿抢先说:"我们爱看里面的画儿。"教师又问:"哪张画呀! 我看看。"他们很熟练地翻开一页。噢! 是一个皇帝光着身子照镜子。教师不解地问:"这有什么好看的?"他们3个人你看看我，我看看你，乐出了声，说:"我们爱看他的大肚皮!"原来是这样，教师告诉他们:"这本书的名字叫《皇帝的新衣》。"接着教师把书的内容讲给他们听。通过这件事，我们认识到：成人不能只给幼儿买书，还要教给幼儿看书的方法。幼儿不理解书的内容，也不能收到良好的效果。有的教师采用以下几种方法，指导幼儿看画书：先教幼儿看书的方法，拿到一组图画，要求幼儿先看数码，或按情节排好顺序，然后找出书中的主要角色，记住他们的形象，观察他们的动作，想象他们在干什么，联想组合成故事。例如，《看图说话》曾刊登过由 7 幅画组成的图画故事《上课》。教师指导幼儿先按顺序找好每一幅画，看完（一），看（二），看（三）……，第二步让幼儿看里面有哪些角色(有 1 只猫、7 只老鼠)，第三步让幼儿看它们在干什么，发生了什么事，看完后请幼儿根据自己的理解和想象讲述故事。一个幼儿这样讲："猫老师给老鼠学生上课，老鼠不好好听讲，猫老师批评老鼠，老鼠还不改，偷偷溜走了。猫老师不知道学生去了哪里，很奇怪……"教师问："你从什么地方知道猫老师很奇怪?"他说："它的头上画了一个问号(？)。"幼儿一个字都不认识，却能看出画中的内容，并能根据图画内容讲述，在这一过程中他们丰富了知识，发展了口头表达能力。

(二)多听

培养幼儿注意倾听的习惯，是发展幼儿口语的先决条件。

幼儿学习语言，首先要学会听，能够听得准确、听得懂，才有条件正确地模仿。培养幼儿良好的倾听习惯，是语言教育的重要任务。国外幼儿园普遍重视倾听的训练。每个年龄班都有练习"听"的设备，4 岁班、5 岁班都准备了图书与耳机。幼儿边看图书，边听耳机里传出正确、动听的语音讲述的故事。讲故事是向幼儿介绍文学作品的基本方法。因为幼儿不识字，他们不是文学作品的读者，而是文学作品的听众。将不识字的幼儿引入文学世界，就需要找人给幼儿讲，让幼儿认真地倾听，从而达到教育目的。

给幼儿积极创设的听的环境与条件可以是多种多样的，如给幼儿听录音故事，听别人讲故事；邀请幼儿谈话，互相倾听并交谈；带领幼儿听多种声音，如乐器的声音，自然界的声音(风声、雨声、雷声、叶子的沙沙声)，动物(猫、狗、羊、鸡、鸭、鹅、鸟）的声音。我们让幼儿听，听后让幼儿模仿、想象，并学着讲出来他们听到的声音好像在说什么。

让幼儿多听是为了发展幼儿倾听和区别周围声响的能力。另外，在"听"中我们也要培养幼儿良好的倾听习惯，要求幼儿会听、听得懂、认真听，不打断别人的话，这也是文明习惯的一种表现。

(三)多说

我们要给幼儿创设"说"的环境,让幼儿多练习说话。在日常生活中,教师应利用与幼儿接触的一切时机,与幼儿进行交谈,在交谈中建立师幼感情,使他们无拘无束,有话愿意讲出来。例如,有名幼儿对教师说:"老师,我妈妈说:'你升大班了,快上小学了,要卖苦力学习!'"教师问他:"什么叫卖苦力学习呀?"他想了想说:"我妈妈说:'考不上小学,就得卖苦力去。'"教师又问:"什么叫'卖苦力'你懂吗?"他摇摇头说:"不懂!"教师告诉他说:"应该说,要努力学习,而不是卖苦力学习。"关于幼儿用词不当的语言,常常是教师在与幼儿自由交谈中发现的,教师应及时纠正。

有的教师在和幼儿一起劳动时,教师一边擦一边说:"这雪白的墙上挂着什么呀?"幼儿说:"挂着一个漂亮的镜框。"这时有个幼儿走过来问:"老师,这'雪'怎么有白的,还有红的呀? 都是'雪',怎么有两个颜色?"教师反问他:"怎么有两个颜色?"他说:"您看,天上飘下来的'雪花'是白颜色的,可是,身上流的'血'怎么又是红的了?"他对同音不同义的"雪"和"血"混为一谈了。教师耐心地给他做了解释。他高兴地说:"谢谢老师,我明白了。"

教师应该善于利用幼儿来园、饭后、游戏、离园等分散时间,有计划地、有目的地与幼儿交谈。在交谈中,教师和幼儿易于进行感情交流,关系可更加亲密,幼儿有什么事儿就都愿意告诉教师。这不论对幼儿发展口语能力,还是形成对事物的正确态度,都有积极作用。例如,有一名幼儿告诉教师说:"老师,跟您说个秘密事儿,我爸爸跟我妈妈吵架了。妈妈一生气,昨天晚上带我回姥姥家了。今天我爸爸接我来,我不跟他走。爸爸坏,这是妈妈说的。"教师问他:"为什么吵架呀?"他说:"为我呗。爸爸说我不关心他,就打我。妈妈说他野,老打人,不会好好讲道理。"教师一听是为幼儿的问题,感到自己有责任。教师仔细询问了过程,并告诉他:"你吃完了饺子,应该在一边玩,不能打扰爸爸妈妈吃饭。你吃完饭了,就让爸爸跟你玩,这是你的不对,不能只顾自己不关心别人。你应该承认错误。"晚上,教师给他一个任务:爸爸来接时,要留住他,等妈妈来了再一起走。果然,他见到爸爸就主动说:"爸爸,别生气,我错了。"这时他的妈妈也来了。教师对他们三口说:"孩子不知道关心大人,是我们没有教育好,我也有责任。"这时,他妈妈马上说:"哎呀! 这怎么能怪您呢。"一家三口的紧张状态平息下来。幼儿说:"妈妈,咱们和爸爸一起回家吧,不去姥姥家了。"大家都笑了,三个人手拉手与教师再见后回家了。

教师在组织幼儿集体学习时，更要注意启发幼儿学习的积极性，避免教师说、幼儿听的"一言堂"，还要避免说得好的让说、说得不好的不让说的做法。教师应注意创设"说"的环境，给每个幼儿"说"的机会，让他们得到练习。

(四)多练

发展幼儿口语表达能力的任务，主要是培养幼儿正确发音、吐字清楚的能力，丰富幼儿词汇，教会幼儿按照汉语语法规则讲话。这些内容得在语言实践中落实。这就需要让幼儿多练习，重复地练习，逐渐地掌握。

有的幼儿音发不准，如果教师和家长注意及时纠正，那么幼儿就能掌握得快，说得好。幼儿还经常讲出不合乎语言结构的句子，如"老师，我要一朵花，红的"。教师就要给予纠正说："老师，我要一朵红色的花。"并让幼儿反复说两遍。这样，幼儿渐渐地就会说了。又如，"肥皂"，幼儿经常说成"胰皂"，"理发"说成"剃发"，"滑梯"说成"滑楼梯"等。凡属幼儿使用不当词，教师就给予纠正，并让幼儿重复地练习。

三、教育幼儿理解语言的实际意义和正确运用

语言是人类进行交往的工具，每一句话都代表着一定的含义和内容。虽然，由于幼儿的年龄特点，幼儿往往把想象的东西说成现实，但是，我们也要在语言教育中注意品德培养，要言行一致，说到做到。

(一)教育幼儿理解词义，言行一致

幼儿学习语言靠模仿。我们在语言教育中，不仅要教幼儿说，而且要教幼儿理解词义，恰当用词。例如，有的教师组织主题为"做个雷锋一样的好孩子"的谈话活动，就是要幼儿讲出自己向雷锋叔叔学习做了哪些好事，讲自己做过的。有的幼儿就不理解。一个幼儿讲："我星期天去动物园，回家时，看到一个大嫂东找西找，我问她：'您在找什么？'她说：'我的车票丢了！'我说：'您不用着急。'我到售票员那儿给她买了一张2分钱的车票，交给了大嫂。大嫂问我叫什么名字，我说：'我叫解放军。'"教师一听就明白了，他是在讲雷锋在火车站给大嫂买车票的故事，讲的很多地方不符合逻辑：幼儿称呼人一般不叫"大嫂"；车票没有2分一张的；讲话的幼儿刚刚6

岁，不可能是解放军。教师问他："你好好想想，你刚才讲的是雷锋叔叔的事呀，还是你做的事儿?"他说："有的是我做的事儿，上动物园是真的。别的是我想的。"教师告诉他："雷锋叔叔做了好事不说，我们没有做过的事儿，更不应该说。我们要向雷锋叔叔学习，做个诚实的孩子。"幼儿点了点头。还有一个幼儿上小学后，一天下午放学时，对教师说："崔老师，您早点回家吧，您都累了一天啦，您太辛苦了，您的孩子在幼儿园正等着您接他呢，班上的事您交给我吧。"崔老师一听，心里很感动，说："那好吧，你打扫完教室，把门锁好，把钥匙送到传达室。"崔老师随即下楼，进办公室，拿好书包，刚走到校门，就看到那个幼儿在跳皮筋，教室仍是大敞着门，室内卫生根本没做，只得重新安排好才走。崔老师见到其他幼儿园教师后说："这学生真会说话，会哄人，但不干实事。"由这件事，幼儿园教师想起了该生所讲内容的来源。那是在7月份，他们临毕业之前，幼儿园组织了一次看图讲述"送伞"的活动：教师把伞给学生打，另一个学生跑回家，又给教师拿来了一把伞，给教师伞时说的就是这番话。该生只知道模仿着说了这些话，却不知道用这些话指导自己的行动。因此，教师在幼儿园语言教育中不仅要培养幼儿理解词义的能力，还要培养幼儿言行一致，有良好的语言品质。

(二)教幼儿礼貌用语，培养良好语言习惯

礼貌是人们的道德准则，是人与人相处的规矩。礼貌包括两方面的内容：一是礼貌行为，二是礼貌语言。两者结合起来才能给人一种谦逊文明、恭敬有礼、落落大方的好感。一个人的说话用词、语调口气、举止态度，可反映出他的道德修养、思想面貌、文化水平和社会身份。礼貌也反映着一个民族的精神状态。因此，礼貌教育要从小抓起，使幼儿从小就会使用礼貌语言，有良好的语言习惯。培养幼儿的礼貌言行要从以下几方面入手。

教育幼儿要尊敬长辈；要求幼儿能用礼貌语言主动、热情、大方地打招呼、称呼人，会问早、问好、道别。

教育幼儿当遇到困难需要帮助时会说"请您帮我……"；受到帮助后，会说"谢谢"。

教育幼儿当自己不注意影响了别人时，会主动诚恳地道歉，说"对不起""请原谅"；而当别人影响了自己时，要能克制、谅解别人，会说"没关系，不要紧"。

教育幼儿当别人在谈话时，应不插嘴、不打断；成人和自己讲话时，要

专心地听，不打断成人讲话，不离开，不嫌烦；有急事需要及时谈时，要打招呼，说"对不起，我先说一件事（一句话）"；别人向自己提出问题时，要认真地回答。

教育幼儿有同情心，不嘲弄他人的缺点，不用语言中伤别人。

教育幼儿要有良好的语言习惯，讲话时声音要响一些，让人家能听见；速度要适中，不快不慢；语言要准确，吐字要清楚；说话时要看着对方，不要东张西望，漫不经心；不说粗鲁话，不骂人。

进行这些文明礼貌的言行规范教育时，教师要使幼儿直观地理解礼貌用语的含义，并会正确使用。例如，称呼问题，我们教给幼儿根据不同年龄、不同场合，会用礼貌语言称呼别人。看见老年人，知道称呼"爷爷""奶奶"；看见和爸爸、妈妈年龄相仿的人，知道称呼"叔叔""阿姨""伯伯"；看见像学生一样的人，知道称呼"大哥哥""大姐姐"；看见比自己年纪小的人，知道称呼"小弟弟""小妹妹"；当班上来了参观的人时，知道问"客人好"。

另外，利用故事、诗歌、唱歌等文学作品，向幼儿进行教育，培养幼儿的"语言美"，也是很重要的一种教育方式。例如，诗歌《客人来了》使幼儿知道妈妈不在家时，客人来了，要像主人一样热情有礼貌地招待客人，给客人倒上一杯茶，说"阿姨，请喝茶"；客人走时，送到门口，会说"阿姨，再见"。

幼儿从文学作品里学到的礼貌和言行后，教师要注意启发他们运用到日常生活中去，用礼貌语言进行交往。

通过多种形式和途径，培养幼儿口语表达能力

幼儿园语言教育的目标是发展幼儿运用语言交往的基本能力，包括三方面的内容：一是培养幼儿倾听的能力，使幼儿学会听，能够听得准、听得懂；二是培养幼儿口语表达能力；三是帮助幼儿做好读前准备。以上是幼儿阶段语言教育的总任务。不同年龄段还应有所侧重。对三四岁的幼儿，语言教育的重点可以放在正确发音上，让幼儿学会正确说普通话；对四五岁的幼儿，重点可以放在丰富词汇、纠正发音上；对五六岁幼儿，重点可以放在提高口语表达能力上。完成以上语言教育目标，不能仅仅依靠传统形式的语言课，教师要在日常生活、劳动、游戏以及在各个领域的教育活动中，注意丰富、发展幼儿的语言，共同完成语言教育的任务。

一、做好幼儿口语能力调查，深入了解幼儿的语言水平

为了有针对性地进行语言培养，教师除了掌握幼儿语言发展的一般特点外，还需要做细致的调查，了解班上每个幼儿的口语表达能力水平和存在的问题，做到心中有数、有的放矢地进行教育。调查主要包括以下三方面的内容。

幼儿语音调查。按照发音部位的不同，21 个声母可分为双唇音（b、p、m），唇齿音（f），舌尖音（z、c、s、d、t、n、l、zh、ch、sh），舌面音（j、q、t）、舌根音（g、k、h、ng），教师带读，幼儿跟读，教师找出幼儿发不准的音，并分析原因。语音调查不仅需要在小班进行，在中大班同样需要。

幼儿的词汇、句子调查。教师了解幼儿对各种词类、句式的掌握、理解、使用情况后，从幼儿讲话、叙述、谈话中分析幼儿的语言情况。

幼儿语言技能与修养调查。教师了解幼儿讲话时的表情、态度、声调、速度、举止、手势及突出的语病等。

调查后教师给予分析，并制订计划，采取有效措施进行培养与纠正。调查的方法主要有以下几种。

（一）访问

向原班教师或家长了解幼儿语言发展情况，如有的家长说："我的女儿因为大舌头和口吃，不爱说话。"平时我们就注意多跟她聊天，注意用慢速说话，让她跟着模仿，引导她多说话，多练习。有的家长说："我的孩子说话晚，发音不清楚，管'狗'叫'斗'。但思维敏捷。我说：'我的儿子变样了'，他马上来了一句：'我也换了一个妈妈。'我们对孩子很尊重，他说什么我们都认真地听，他每天从幼儿园回到家中都要汇报。他说话时，我们总是耐心听他说完。"……教师从家长那里了解幼儿语言发展情况，以有针对性地对幼儿进行培养与帮助。

（二）观察

教师采用直接观察的形式，跟踪幼儿，并随时记录幼儿说话的情况，然后进行分析。观察中教师也可以参与谈话活动，直接与幼儿接触。例如，有的教师问幼儿："你们升到大班了，又长大了 1 岁，准备怎样做个好孩子

呀?"一个幼儿说:"老师提什么要求,回家要告诉家长;回答问题时,声音要洪亮,不让老师费心,要听老师的话。"有一个幼儿说:"晚上妈妈来接我时,不能不说再见就跑走了,要跟老师说完'再见'再走,做个有礼貌的孩子。"从与幼儿的实际接触中,教师了解到幼儿的表达水平,发现问题及时给予纠正。除了直接地、自然地与幼儿接触能观察到幼儿某一方面的情况外,有时教师也需要安排一些符合幼儿年龄特点的调查活动。

(三)调查

运用游戏形式调查,即通过幼儿感兴趣的活动,了解幼儿发音情况。例如,"请你跟我读"的游戏,幼儿跟着教师学说"我和爸爸、妈妈拍皮球",教师可以测查幼儿双唇音的发音情况;教幼儿说绕口令:"四是四,十是十,十四是十四,四十是四十",教师可以了解幼儿舌尖音发音情况;玩"传电话"的游戏,教师跟排头说一句话,一个一个往后传,末尾的一个幼儿告诉教师他们组传的是什么话,看谁说的对。

通过诗歌朗诵会形式调查,可以使教师了解幼儿语言的技能技巧及复述能力。教师事先请幼儿每人准备一首诗歌,在朗诵会上单独进行表演,从中了解幼儿朗诵的技能技巧,进行记录或录音,及时给予分析。

利用讲述活动形式调查,可以使教师了解幼儿的口语表达能力。谈话的中心题目可由教师选择,如"我最高兴的一件事""我最喜欢的人"等。教师让幼儿自己来表述,从他们讲的内容中进行分析,了解幼儿的叙述能力。

利用看图讲述形式调查,可以使教师了解幼儿的观察和描述能力。教师发给每个幼儿一张图片,在幼儿自己观察和教师提示后,让每个幼儿独立讲出图片的内容,然后整理录音,了解幼儿的讲述能力。

经过几项调查后,我们根据记录给予统计,了解每个幼儿的语言能力。经过多年的调查与了解,我们发现在语音方面,大班幼儿一般问题不大,只有少数幼儿的个别音发不准,困难多在舌尖音上。因此,大班幼儿不需要用大量时间进行语音练习,只在日常说话中进行个别纠正和训练就行了。在幼儿掌握词汇方面,不论是在数量还是质量上,都不能满足他们表达的需要。给幼儿创设良好的语言环境,丰富各类词汇,发展幼儿讲述、复述、描述、概括讲话、正确回答问题等能力,应作为大班发展幼儿口语表达能力的重点内容。

二、利用多种形式，有计划地进行口语表达能力培养

(一)培养幼儿的对话能力

　　日常生活中的交谈是发展幼儿口头语言的重要形式，有利于教师掌握每个幼儿的语言发展水平。教师要根据不同情况，抓住一切机会，多与幼儿交谈，有目的地进行培养；对幼儿口语中的病句，不仅要能发现，还要及时纠正。在实际工作中，教师应注意多与幼儿谈话，加强师生之间的感情交流，提高幼儿语言表达水平。日常生活中的交谈，不受任何约束，我们想讲什么就讲什么，没有一定的组织形式，可以在任何情况下开始或结束。教师可与一个或几个幼儿谈话；幼儿可以随时参加，任意退出。交谈一般是对白言语、一问一答，或议论、或叙述一件事，告之与人。为了更好地表达自己的意思，说者可以用简短的句子，也可用表情、手势帮助说话。因此，在教育工作中，教师应要求自己每日必须在各种场合与幼儿普遍接触，利用一切机会与幼儿交谈，提高幼儿对话语言水平。例如，有的班上开展"做个讲文明、有礼貌的好孩子"的活动时，教师就利用来园、饭后、游戏、离园的分散时间，普遍地与每个幼儿交谈一次，了解他们是怎么做的，怎么想的；交谈中对他们讲的内容、运用语言好的地方提出表扬，并鼓励他们互相学习。有个幼儿因患面部神经麻痹，在家休息了两个月。这个幼儿平日很娇气，不大合群，但她生病后班上的幼儿都很关心她，给她写信，到家里去看望她，送给她小礼物……这些活动感动了她。病好后，这个幼儿进步突出，对其他幼儿比以前友好、谦让多了。利用这个机会，教师找她谈话，说："海燕，大家都说你进步了，对小朋友和气了，你怎么想的呀！"海燕说："我生病的时候，可想小朋友和老师了。过去，小朋友碰我一下，我非打他一下不可，小朋友都不敢跟我玩。我生病了，小朋友来看我，给我送玩具、手工折纸。他们也不嫌我。妈妈说我过去对小朋友不友爱，让我改。小朋友对我好，我也要对小朋友好。"她能用恰当的词句叙述自己的想法。这时，有个幼儿听见海燕的话，就说："我们做得很不够，还应该更好地向雷锋叔叔学习呢。"在日常交谈中，教师要注意多给幼儿讲话的机会，让幼儿充分用语言来表达自己的感情和思想。例幼，儿园的园长生病了，教师利用这件事让幼儿表达自己对园长的关心与想念。教师说："小朋友都很惦念景老师，今天我代表大家去看

望她,你们有什么话要说吗?"幼儿们马上热烈地说起来。有的说:"您让她好好养病,别惦记我们。我们都听老师的话。您问问景老师的门牌号码,我跟妈妈去看她。"有的说:"您告诉景老师,我们都想她,我爸爸会做木工活儿,我让爸爸给景老师做个小车,每天景老师来上班就不累了。"幼儿的语言是那么亲切、纯洁、生动。教师告诉他们:"你们的意思我一定带到,我替景老师谢谢你们。"

在与幼儿交谈中,教师要经常运用提问、递词的方法,启发幼儿进行生动确切的讲述。例如,有一名幼儿告诉教师说:"昨天,我爷爷的老伴儿来我们家了。"教师不解地问:"谁是你爷爷的老伴儿呀?"他不说话,教师又问:"是你爷爷的老战友吗?""不是。""是你爷爷的老同事吗?""不是。""昨天,你奶奶在家吗?"他说:"在呀!"问了半天,原来是爷爷的老朋友来了。由这故事教师可以看出这个幼儿不明白什么叫"老伴儿",按北京的风俗,爷爷的老伴儿应该是奶奶。

在和幼儿交谈中,教师可以直接听到幼儿对一些事物的看法。例如,有一名幼儿的父亲来接她回家。她看见爸爸来了,反而往活动室里边跑。教师告诉她:"你爸爸接你来了!"她说:"我不跟他走,我等奶奶,到奶奶家。"她爸爸说:"那好吧!我回家了。"她很平静。教师问她:"你为什么不跟你爸爸走啊?"她说:"他们不喜欢我,我也不喜欢他们。"教师又问:"怎么不喜欢你了?"她说:"爸爸说了不喜欢女孩子,喜欢胖小子。"开玩笑的一句话,引起幼儿这样的误会。教师向她进行了解释,并追回了她爸爸,爸爸带她一起回奶奶家了。通过互相交谈,教师了解了幼儿的思想状态,能及时进行教育,收到较好的效果。教师利用一切机会与幼儿交谈,让幼儿有话想跟教师讲,愿跟教师讲,在交谈中了解他们,发展他们的语言能力。

(二)运用游戏形式培养幼儿的语言能力

游戏是幼儿最喜爱的活动,是符合幼儿年龄特点的教育方式。将语言教育寓于游戏之中,在生动活泼的气氛中学习,会引起幼儿学习的兴趣。

为了丰富幼儿词汇,使劲儿正确使用词,教师也可为词汇练习编选一些游戏,在游戏中锻炼幼儿思维的敏锐性和语言的流畅性。例如,学习数量词时,教师组织幼儿们玩"帮小红搬家"的游戏。游戏开始前,教师把讲台布置成一个"家庭"模样:有家具、服装、床上用品、餐具、茶具、文具等。游戏开始时,每个幼儿拿一样,边拿边说:"我帮小红搬了一张桌子。""我帮小红搬了两把椅子。""我搬了一套沙发。""我拿一束花。""我拿一盆花。"幼儿把平日常用的量词运用到了游戏中。又如，"送动物回家"的游戏，游戏前教师布置好家禽、家畜或野兽的家。每个幼儿手中一张卡片，卡片上有一种动物。教师让幼儿正确使用量词：一头牛、一口猪、一只羊、一匹马，然后把卡片送到牛棚、猪圈、羊栏里去。

为了练习形容词、同义词，教师还可给幼儿编些小儿歌，和幼儿一起边说儿歌边玩游戏，如划划划，划小船，/小船在水中起波澜，/划到东，划到西，/划过山洞看东西。看什么东西要根据计划来进行。例如，练习形容花卉的同义词，就需要放一张图片，图片上是一个美丽的花坛。幼儿3人一组，2人手拉手搭成小船，中间一个幼儿是划船人，3人边说儿歌边左摇、右摇、前摇、后摇。说到看东西时，中间的幼儿就说："我看见一个大花坛，开着五颜六色的花。""花坛里盛开着美丽的花。""花坛里开着漂亮的花。""开着好看的花，五彩缤纷。"在游戏中培养幼儿口语表达能力，可采用多种方式。教师可组织幼儿的创造性语言活动，如在秋天带幼儿听沙沙作响的落叶声，启发幼儿想象"落叶在说什么"。幼儿说："秋天来了，秋风一吹，叶子落了下来，它们说'大树妈妈再见'。"有的幼儿说："落叶落在地下，被太阳一晒，暖烘烘的，它们玩起了'捉迷藏'的游戏。他们藏在这儿，藏在那儿，让秋风来找他们。"……

教师还可以带着幼儿在公园里采集各种形状、颜色的落叶，让幼儿自己设计图案，并组成一个有趣的故事，召开一个"秋叶故事会。"幼儿在捡捡、剪剪、贴贴、讲讲中发展创造思维，发挥想象力，自己讲述出来。这样，幼儿在游戏中发展了他们思维能力与语言能力。

(三)精心设计语言教育活动，有计划、有目的地进行口语能力培养

幼儿园语言教育活动是有目的、有计划、有系统地发展幼儿口语表达能力的，教师应设计好每个活动。目前进行较多的活动形式如下。

运用儿童文学作品提高幼儿语言的表现力。故事与诗歌等文学作品通过典型的人物、曲折的情节、生动的语言吸引和感染着幼儿。幼儿喜爱故事和儿歌，但由于不识字，因此不可能是文学作品的读者，只能是文学作品的听众。这就需要通过成人的讲授，把幼儿引入文学世界，使幼儿从中学到丰富的词汇、优美的句子，从而受到教育。因此，教师应注意加强文学修养，要用自己的声音、表情去感染幼儿，把幼儿带到文学意境中去。

我们每讲一个故事或教一首诗歌，都要先分析教材，不仅要考虑教学的方法，还要站在幼儿角度，考虑他们如何学习与掌握。例如，《小羊过桥》是我国流传很久的一篇课文，教育幼儿要团结友爱，对同伴要互相谦让，有礼貌。但这个故事是从反面让幼儿吸取教训、不相让就两败俱伤，都掉到河里去了。有的教师根据幼儿的特点，给幼儿树立一个正面的形象，又教了一首诗歌：《小白兔过桥》，内容是：小白兔，过小桥，/走到桥头瞧一瞧，/哎呀！山羊公公走来了，/摇摇摆摆跨上桥。/小白兔，往回跑，/走到桥头把手招：/"山羊公公，您先过桥！"/小河听了哗哗笑，/小鱼听了蹦蹦跳，/都夸白兔有礼貌。

小白兔与小白羊、小黑羊是个鲜明的对照，让幼儿从正反两方面受教育，知道什么是好，什么是不好，学习谁，不学习谁。讲故事中，教师要注意让幼儿接受新的词汇，不是只让幼儿记忆，而要让幼儿理解，并能运用。例如，《小羊过桥》的故事，有"鲜嫩"这个词。教师可让幼儿结合日常生活讨论："小山羊爱吃鲜嫩的青草，小朋友爱吃什么鲜嫩的东西？"幼儿根据自己的理解进行讨论："我爱吃鲜嫩的黄瓜。""我爱吃鲜嫩的芹菜。"有一个幼儿说："我爱吃鲜嫩的老倭瓜。"教师指出倭瓜是老的好吃。幼儿明白了，"鲜嫩"多用来形容青菜、植物，但也不是所有鲜嫩的食品都好吃。通过讨论，幼儿对"鲜嫩"这个词有了较全面的理解。

另外，在教幼儿儿歌时，教师要注意自己的语言修养。朗诵是一门艺术，是文学作品的再创造。朗诵得有声有色，就使诗歌变成了生动形象的画面，能更好地感染幼儿。教师在教幼儿朗诵时，不仅要让幼儿记忆内容，还要教幼儿语句的读法、口气、手势、眼神、动作及表情。在朗诵中，教师应注意培养幼儿的语言表情，教幼儿学会用声音表达不同的情感。教师对幼儿要一个一个地帮助，逐渐提高他们的朗诵水平，激发幼儿朗诵的兴趣，让幼儿掌握幼儿语言表现的技巧。

通过看图讲述及谈话活动，发展幼儿连贯讲述的能力。幼儿连贯、清楚的讲述能力的培养，需要在成人有目的、有计划的教育下完成。要求幼儿发音清楚、用词正确，能用完整的句子，大胆、自然、清楚地讲述出来，这些对幼儿来说还是有相当难度的。

在看图讲述活动中，教师要经常利用提问，带领幼儿观察图片，发展幼儿观察力，并要求幼儿把图片内容连贯、完整地讲述出来，发展幼儿的独白语言能力。

在谈话活动中，教师要培养幼儿能围绕谈话的主题展开思路的能力，巩固幼儿对所接触事物的认识，使幼儿能有顺序地、层次清楚地讲出自己的愿望、想法，发展幼儿对话语言的能力。

在谈话与讲述活动中，教师要注意选择的内容应是幼儿生活范围内的。脱离了实际生活，幼儿就没有亲身的感受，就不容易反映出感情。例如，"风雪送亲人"这张图片的背景是在轮船码头上，两位船上的工作人员送老奶奶回家。而北京的幼儿没有码头的印象，我们把它改成"在北京火车站的站台上发生的这件事"，幼儿就能滔滔不绝地讲述并想象其情景了。

在谈话或讲述的活动中，发展幼儿的连贯语言，教师经常需要用"递词"的方法，使幼儿讲得形象、生动、连贯。例如，有一名幼儿讲："喂，我下了一个蛋。"教师问他："母鸡下了蛋之后，怎么叫呀?"他说："咯咯哒，咯咯哒。"教师启发幼儿："那母鸡该怎么说呢?"他明白了，说："母鸡红着脸唱：'咯咯哒，咯咯哒，我下了一个蛋。'"这样就帮助幼儿讲得更逼真了。

为了让幼儿说话完整，有头有尾，教师需要教给幼儿一些"前言和后语"。例如，在讲故事之前，教师要求幼儿连贯地说出自己所讲故事的名字："我给大家讲个故事，故事的名字是……"讲完故事后，幼儿要说"我的故事讲完了，谢谢大家"，或说"请大家提出意见"。在谈话活动中，互相回答问题时答者要说"我来回答你的问题"。

当幼儿回答完问题时，教师要讲几句评语或感谢的话。例如：

"你回答得很好!"

"你回答得很正确!"

"你的回答我很满意!"

"谢谢你，回答了我的问题。"

幼儿会了这些语言，在适当的时候，就可以任意挑选使用，使得语言有来有往、连贯完整。

三、树立语言榜样，不断提高教师自身语言修养

幼儿学习语音、词汇、句子，都是向周围人学习模仿的结果。因此，我们必须给幼儿提供良好的语言榜样，供幼儿学习模仿，使幼儿有纯正、清

楚、丰富的语言。

教师的语言是幼儿模仿的榜样。教师应有意识地加强自己的语言修养，提高自己的讲话技巧，力求自己的语言规范化；对幼儿说话时，尽量清楚、简练、文明、礼貌、语气温和，让幼儿爱听、听得懂。教师在备课时，除了写好计划、做好物质准备外，还要做好语言方面的准备，把上课时经常要说的话，一句句记下来仔细推敲，不但要尽量使自己的话准确、严谨，而且要不断提高自己的语言质量，力求生动、形象。例如，向幼儿介绍蚕，教师不但要掌握一些有关蚕的外形特征、生长过程、经济价值等方面的知识和相应的词汇，还要注意搜集一些有关蚕的文艺作品，学习并丰富自己的语言。报纸上有这样一段话："一条春蚕一生中，最大的事情就是吐丝，吐完丝、做完茧，它就安安静静地进入了长眠。而把柔软、洁白、光亮的丝留给人间。"教师可用这样形象的语句来丰富自己的语言，使语言达到清楚、简练、优美，成为幼儿学习的榜样。

教师除了力求使自己的语言成为幼儿模仿的榜样外，还应注意从幼儿中选择语言榜样。对于哪个幼儿用词恰当，哪个幼儿说话清楚、声音洪亮，哪个幼儿发言态度自然、有表情，教师都要及时指出，启发别的幼儿向他学习。

——《幼儿语言教育》(祝士媛、王继芬著，科学出版社)

怎样讲故事(节录)

孙敬修　肖君

故事加工

一、口语化

故事稿是用文字写成的，是供人们用眼睛"看"的；而讲故事是要用嘴说的，说出来的话，是让幼儿用耳朵"听"的。这就需要你在稿子上做一番"字"变"话"的加工。

对于稿件中那些不适合人听的书面语，讲故事的人要尽量改得口语化，对于那些不通顺的书面语言，要挑出来，改一改。这项工作就好像我们做饭淘米的时候，从米里往外挑沙子。不挑出米里的砂子来，蒸出的饭，就会硌牙。故事里有不恰当的字或词，你说出来，也会"硌"耳朵。这里有一条原则，叫作："说着顺口，听着顺耳。"

我们对故事稿件的口语化加工，一般应注意以下几点。

(一)避免听来发生误解

有的字或词，印在书上，我们用眼睛去看，这些字或词是不会出问题的，可是用嘴说出来，让人用耳朵一听，就容易让人产生误解。遇到这样的字或词，讲故事的人一定要改一改。

如"这些产品全部合格"，人们容易听成"这些产品全不合格"。不如改成"这些产品全都合格"。故事中凡是见了"全部"容易和"全不"混淆的，讲故事的人都要改一改说法。

有个故事里说："非洲有一种树，汁液像牛奶一样，叫牛奶树。"这里"汁液"二字极容易被听成"枝叶"，树枝树叶怎么能像牛奶呢？你不如干脆改成："非洲有一种树，树里的水像牛奶一样，很好喝，人们都叫它'牛奶树'。"这样一改，又清楚，又明白，又不容易发生误解。

在汉语里，音同字不同、意又不同的字和词很多，人们听起来容易发生混淆和误解。例如，"董事"，容易被听成"懂事"；"福气"，容易被听成"服气"；"报酬"，容易被听成"报仇"；"河套"，容易被听成"核桃"；"敢情"，容易被听成"感情"；"季度"，容易被听成"嫉妒"；"技工"，容易被听成"济公"；"边际"，容易被听成"编辑"等。凡是遇到这样的字或词，为了使听众不发生误解，讲故事的人最好改一改说法，让他们一听就明白。

(二)把文字变成白话

讲故事和写文章不同。讲故事是一种口头文学，应该强调大众化和口语化。讲故事应尽量避免过于书面化的语言。

有的字、词虽然听上去人们也不大会发生误解，但不是口语，人们说起来别扭，听着也不顺耳。对这些字词，讲故事的人最好改成我们平时说的大白话。

如"这纯属无稽之谈"，幼儿一听该奇怪了："乌鸡，大概就是黑颜色的鸡吧？黑颜色的鸡怎么还会吐痰呢？"不如改成"这种说法一点儿道理也没有"

"没影儿的事""胡说八道"。

其他诸如"哑女开口了",不如改成"哑巴女人张嘴说话了";"有一位慈善的老者",不如改成"有两位好心眼儿的老爷爷";"乌鸦上了狐狸阿谀奉承的当了",不如改成"乌鸦上了狐狸拍马屁的当了";"此时",不如改成"这时候";什么什么"时",最好改成什么什么的"时候"。给幼儿讲故事,除非一定是叫他掌握的词汇,诸如"风餐露宿""沉痛""无可奈何""研究补充""威胁""凶相毕露""毒液""哭泣"之类的书面词语,讲故事的人最好少用或者不用,改换个大众化、容易被幼儿接受的说法。一个故事说:"大灾之年,妈妈只好给全家煮乳汁草吃。"以后整个故事再没出现"乳汁草"这个词,不如干脆改成"煮野菜吃"。

我们把这项口语化加工的工作称为"扫除障碍"。语言障碍不扫除,就会让听众听得莫名其妙,有的文字讲出来还容易造成听者与讲者之间的"心理隔阂"。

如故事中有这样一段话:"蔚蓝的天空没有一丝云,一条溪水从卵石间淙淙流过。溪边端坐着一位长者,面庞清癯,双目炯炯有神……"如果照文字念给幼儿听,幼儿感觉你不是在对他说话,自然失去了听的兴趣。不如改成:"呵,这天可真蓝哪!一点儿云彩也没有。有一条小河哗啦哗啦地流,这水可清亮啦!里边有好些圆石头,我们可以看得清清楚楚的。河边儿坐着一位老爷爷,虽然长得瘦一点儿,可是两只眼睛可有神啦……"

(三)去掉"谁说谁说"

印在稿子上,两人对话不交代"谁说谁说",容易产生混乱。可是讲故事可以利用声音艺术这一特点,靠着讲故事人运用不同的声调,不同的语气,不同的速度,把这句话是谁说的交代得更加清楚、生动。这样,在讲故事时,讲故事的人能省去"谁说谁说",要尽量省去。

例如,小红放学回来了,爷爷说:"小红,你回来啦?"

小红说:"我回来了。"

爷爷说:"你快做功课吧!"

小红说:"今天功课少,我已经在学校做完了。"

爷爷说:"那你就玩去吧!"

小红说:"哎!"

不如改成：

小红放学回来了，爷爷问她：

"小红，你回来啦?"

"啊，爷爷，我回来了!"

"你快做功课吧!"

"今天功课少，我已经在学校做完了。"

"噢，那你就玩去吧!"

"哎!"

在讲这段对话时，讲故事人学着老人的口气、声调来演爷爷，学着小姑娘的口气、声调来演小红，再加上故事中人物说话时，面向不同方向，就会把人物更生动地交代清楚了，而且故事可以更简练。可以说，这也是讲故事这种语言艺术形式的特殊处理吧。

(四)改掉不符合中国口头语言习惯的语法

如一个外国故事翻译稿上这样写着：

"我希望那里面是一只小猫!"她说。

可是匣子里却是一朵美丽的玫瑰花。

"啊，这花做得多么精巧啊!"侍女们齐声说。

"它不但精巧，"皇帝说，"而且美丽。"

这种表述语言的方法显然不符合我们中国人口头语言的表达习惯。一般来说，中国人口头语言表达习惯把"谁说谁说"放在该人说的话的前面，而不是放在他的话之后，更不习惯放在话的中间。这样的文字，我们要当故事来讲，只能做必要的口语化加工，让它符合我们的习惯。

另外，有些"走了过去""爬了下来""哭了起来""眼泪顺着面颊流了下来"等语句，亦不合乎我们的口语习惯。"了"字当作助词，表示动作已经完成，我们口语中一般放在句后，如"走过去了""爬下来了""哭起来了""眼泪顺着面颊流下来了"等。遇到前边所说的情况，讲故事的人最好也按照我们的习惯改一改。

二、合理化

(一)内容合理

我们讲故事时，经常发现故事稿中有不尽合理的地方，这也需要讲故事的人把把关。否则，一个故事的内容再生动，情节再曲折，教育性再强，人物再形象，情节或人物有不合理的地方，也不能达到好的教育效果。为什么呢？原因很简单：别人不信。

如一个描写小战斗英雄的故事，说他才十三四岁，可是在一次战斗中，只身一人抓住了 7 个敌人，缴获了 2 挺机关枪。听起来，敌人似乎是一群大笨蛋，这个孩子却神乎其神，这就不大合乎情理，不可信。现代故事，特别是真人真事，一定要注意符合实际。故事中出现曲折是允许的，但要在情理之中。

有些不合理的情节还会闹出笑话。例如，《小哈桑的故事》说，小哈桑一生下来，爸爸就死了。妈妈为了维持一家人生活，到外村去做帮工，"让小哈桑一个人在家里照料两个亲弟弟"。请问，这两个亲弟弟是从什么地方来的呢？

还有一个说北方冬天的故事，可是又说"小燕子在天上飞来飞去"；一个说小妹妹在夏天的故事，却说"她穿着一件美丽的毛衣"。

我们说，讲故事是对幼儿进行知识教育的一种好方法。可是，我们要是把错误的知识通过故事传授给了下一代，那将是一件多么可悲的事啊！可是，我们又不可能人人成为"万能博士"，不可能把世界上一切知识都装进脑子里。那怎么办呢？一是学，多学习，多涉猎；二是"知错必改"。如果你在讲故事时，发现了问题，修改一下就是了。

你发现了故事稿中不合理的地方，就要做必要的修改。例如，有个《捉獾》的故事，说三个小孩儿捉住了一个破坏庄稼的坏蛋，稿子上印着："那个家伙乖乖儿地跟三个小孩儿走了。"当时没有大人，坏蛋怎么会这么"乖"呢？它为什么不想逃走，或是反抗呢？这里显然不大合理。如果加上这么一句："它还想着对付的坏主意呢，可是一看三个小孩儿全拿着棒子对着它，这里又离村子不远，没办法，只好乖乖儿地跟着三个小孩儿走了。"这样不是就可信了吗？

　　还有一个故事，题目叫《一个老花匠》，说这个花匠的手艺特别好，把他做的纸花，插到花盆里，用水一浇就变成活的鲜花了，……如果这是一篇童话，这样讲是没人会反对的，可是这个故事不是童话作品，老花匠不具备能使纸花变活的条件。幼儿会说："手艺再高也不可能让纸花变活呀，纸花一浇水还不全坏了！"要想使故事合理，使故事可信，必须使这个老花匠具有可以把纸花变成活花的神力。如果你讲这个故事的时候，说："这位老花匠有一把魔扇，不但能把纸花扇成鲜花，还能把纸蝴蝶、纸蜜蜂扇成活的，让纸公鸡打鸣！"这可有意思啦！这样一讲，幼儿不会提抗议了，一定会听得更入神了。

（二）用词合理

　　除了内容不合理，需要加工之外，有的稿子中用词不合理，也需要讲故事的人把它修改一下。

　　如《月亮的故事》中，奴隶主说，"什么时候天上没有月亮了，奴隶们才能回家休息"。于是"小奴隶们想用一根长长的竹竿，把月亮摘下来"。这个"摘"字，就用得不妥当。"摘"这个动词，一般表示用手比较轻巧地取下一样东西，如"摘苹果""摘灯泡""摘帽子"等。而这里，用竹竿去"摘"不想要的月亮，显然不符合我们的语言习惯。如果改用"捅"字，就比较合适了。

　　中国的汉语里，表示手的动作的词很多。表示用手拿一样东西的词，可以有"揪、捏、掐、抓、押、挑、捞、捉、掏、握、拾、拖、拽、抄、拔、捡"等词；表示用手抛开一样东西的词，又可以有"扔、掷、投、推、掸、甩"等词。

　　我们用这些词，一定要用得十分准确，对于不准确的，要加以修改。例如，故事中这样的话："虫子咬了手，小明使劲把虫子扔掉。"这就不准确，应改成"……小明使劲把虫子甩掉"。"用网子捉蜻蜓"，就不如说"用网子抄蜻蜓"；"身上有土"不能说"打干净"，而应改成"掸干净"；"挨了一巴掌，小红摸着脸掉眼泪"，就不如说"挨了一巴掌，小红捂着脸掉眼泪"。

　　形容词的使用也应该准确。例如，说一个人长得好看，有美丽、漂亮、艳丽、英俊、妩媚、标致、俊俏等。故事中究竟应该用哪个词加以形容，必须统观全文，并涉及这个人的性别、年龄和性格。例如，一个故事说"幼儿园的李敏小朋友长得很英俊"，我们习惯上把"英俊"这个词用在年轻的小伙子身上，用在幼儿园小女孩儿身上，就显得有些不搭调。那么究竟该用其他一个什么形容词，则要通过全面分析来确定了。

总之，故事中各种词用得准确，你才能讲得更形象，同时，这也正是对幼儿进行语言和词汇教育的好机会。

以前人们根据第二人称尊称"您"。故事中年龄小的正面人物对年龄大的正面人物称呼时，一定要说"您"。稿子中凡是用了"你"字的，讲故事的人都要改一改。其他诸如"请"字，表示人物有礼貌，讲故事的人也要用上。这些既是对内容的合理化加工，也是对幼儿进行文明礼貌的语言教育。

三、儿童化

我们讲故事的对象是幼儿，所以必须时时、处处从他们的年龄、心理特征、知识水平以及各种特点，对稿件做些必要的加工，使之更能符合他们的特点。

(一)删去可有可无的内容

我们给幼儿讲的是故事，目的是使幼儿通过故事得到启发和教育。因此，与这一目的关系不大的内容，那些可有可无的东西，我们最好删去，以使故事更精炼。

故事中可有可无的数字、百分数能删去的就删去，不必要出现的地名、人名能省略的就省略。例如，《月亮的故事》是彝族的民间传说，说的是小奴隶们反抗奴隶主压迫的故事。广大汉族地区的幼儿本来就对彝族的事不大熟悉，而他们的名字又十分拗口。故事中除了小主人公小格格的名字及一些必要保留的名字之外，能省就省，能代就代。故事里有个人物叫木干，他老婆的名字叫那摩，巫师叫安娜瓦子，小格格的妈妈叫吉玛。照稿讲下去，越讲越乱，不如采取"替代法"。吉玛出场，就说"小格格的妈妈"；巫师就说巫师；那摩这个人物出现的时候，就说是"木干的老婆"。这样讲，一点儿也不影响讲故事的进展。用"替代法"之后，故事的人物脉络就清楚了。

还有的故事说："有这么哥仨，老大叫杜春仲，老二叫杜春云，老三叫杜春林……"其实不说他们的名字，一点也不影响故事效果。讲故事的人不如直呼"老大""老二""老三"，或者说"大哥""二哥""小弟"。

(二)应做必要的解释

给幼儿讲故事时，讲故事的人应该尽量明白，该解释的地方，就得解释几句。例如，有个讲益虫"壁虎"的故事，你张口就讲"壁虎"，有的儿童没见过，你就得解释几句：

"好，小朋友，我给你们讲一个《壁虎的故事》。你们知道什么是壁虎吗？壁虎，可不是动物园的大老虎，北京人管它叫"蝎拉虎子"，也就大拇手指头那么大，四只脚爬得挺快，还长着一条长尾巴。它们躲在房檐底下，专门捉那些蚊子一类的害虫。有这么一只壁虎……"

这样一改，故事中的人物有了形象感。随着你故事的进展，壁虎这个形象，在幼儿的脑子里就演开"电影"了。他们懂了，才有兴趣听下去。

又如，讲《小乌龟的故事》，可是北方的幼儿很难看到乌龟，那么你也需要有个形象化的"解释加工"。一个故事一开头是这样的："今天我给你们讲一个乌龟救小兔的故事。救小兔的乌龟可不是一个两个，可多了……"这样开头，不容易使幼儿一下子"进入情况"。你最好多啰唆几句：

"今天我给你们讲一个乌龟救小兔的故事。小朋友，你们见过乌龟吗？乌龟呀，能在水里游，也能在地上爬，4个小爪子，一条小短尾巴，长长的脖子，背上还有个硬壳。今天我要讲的就是乌龟的故事。救小兔的乌龟可不是一个两个，可多了……"

这样一改，既容易使幼儿明白，又显得生动。这些修改全是根据幼儿的不同年龄的不同知识水平进行的。

(三)删去不宜幼儿听的内容

我们给幼儿讲故事，对于不大适宜他们听的内容和他们不容易理解的内容，最好删去。如我们给幼儿讲武松的故事，只讲"武松打虎"那段就可以了，后边武松杀阎婆惜，还是不讲为好。你要是一讲，就得讲阎婆惜和西门庆那段事，就得讲武松为什么要杀他嫂子。如果不说明白，幼儿该问了，武松怎么还杀人呢？他是好人还是坏人呀？

(四)加强语言色彩

幼儿的感情色彩浓郁，我们给他们讲故事，要尽量色彩鲜明，尽量把抽象的语言改成色彩鲜明的形象语言。

如"天黑了，特别黑"，不如改成"天黑了。嚯，黑极了，对面都看不见人"；"天很热，热得厉害"，不如改成"这天儿真热，热得人喘不过气来，热得玉米叶儿都打卷了"；"这儿有一匹马，一头驴，还有一头牛"，不如改成：

"这儿有一匹大白马，一头小毛驴，还有一头'哞'——老黄牛"。

四、形象化

(一)变幻灯片为动画片

为了使故事讲得生动，形象化加工是十分必要的。我们把它叫作"变幻灯片为动画片"。例如，"柱儿看见桥上有挑担子的、背柴的、骑驴的、推车的，人真不少。"

这就像一张死"画儿"，放出来，充其量是一张"幻灯片"，因为它没有动感。如果你把它改成"柱儿抬头一看，嗬！石桥上来来往往的人真不少：有颤乎颤乎地挑着担子的，有弯着腰背着一大捆柴火的，有骑着小毛驴得儿哒得儿哒跑的，还有个推着'嗞嗞呱呱'的小车的小伙子"。这不就变成一个"动画片"了吗？

形象化加工的一个办法，就是多用象声词，它可以增加语言的动作感。

"流水了"，不如改成"水哗哗地流"；"刮风了"，不如改成"风呼呼地刮起来了"；"打雷了"，不如改成"嘎啦一声打雷了"；"下大雪了"，不如改成"下大雪了，大雪片子扑啦扑啦飘下来"；"小鸟叫"，不如改成"小鸟叽叽喳喳地叫……"

中国的象声词很多，讲故事时的人给幼儿讲故事可以根据内容需要，尽量多用象声词。

(二)把平板的叙述改成人物的活动和对话

如《小花狗找朋友》的故事有这样一段叙述："小花狗看到小青蛙，叫小青蛙一块儿去玩儿，小青蛙不肯上岸，而是要到泥里睡觉去。"如果照着稿子这么一讲，便显得平淡无味，可以改成这样：

"小花狗一看，哟，那不是小青蛙吗？他就喊：'小青蛙！小青蛙！'小青蛙把脑袋伸出水面，睁大了眼睛，奇怪地问：'什么事啊？'小花狗说：'小青蛙，这么冷的天气，别在水里游泳了，上来跟我一块儿玩儿吧！'小青蛙一听，'呱呱——'地笑起来：'呱呱呱，小花狗，我不是游泳，我要到湖边的泥里睡觉去，明年春天再跟你玩儿吧！'"

这样一改，形象多了，就像"小电影"似的，通过人物的活动和对话，通

过声音把故事中的角色再现在幼儿面前，使故事更生动，更能引起幼儿的联
想和共鸣。

五、修改的实例

为了便于幼儿具体了解故事加工中的形象化、合理化、儿童化、口语
化，我们特举修改的实例供参考——古文《司马光》的故事。
原文：

> "司马光幼时，与群儿戏庭前。一儿误坠水缸中，群儿皆狂叫惊走。
> 司马光以石击缸，缸破水流，儿得不死。"

改写的白话文：

> 古时候，有一个很有学问的人，叫司马光。他小时候念书很认真，
> 又爱动脑筋、想问题，十分聪明。不论遇到什么难办的事情，他从来不
> 大喊大叫，不惊慌失措。

> 有一天，汪家花园里头，许多小鸟在树上放开嗓子叫，好像在唱
> 歌；美丽的大蝴蝶在花丛中飞来飞去，好像在跳舞。一会儿，3个小孩
> 子——小华，小三儿，还有小三儿的妹妹小兰儿跑来了。小华一看树上
> 有鸟儿，他一弯腰，捡起一块石头就扔。他没扔着，小三儿也捡起一块
> 石头扔。小兰儿不拿石头扔鸟，她一个人掐花儿玩。

> 这时候，又来了一个小孩儿，一看这儿扔石头的扔石头，掐花儿的掐
> 花儿，他把手一举："你们怎么扔起石头来啦，要是扔到墙外头，掉到过路
> 人的头上怎么好哇？别再扔石头了！小兰儿，瞧你，掐下这么多花儿，叫汪
> 爷爷知道了，多不好哇？怎么能随便掐人家的花儿呢？下回可别这样啦！"

> 这个说话的小孩就是司马光。几个孩子一听，有的说：

> "又不让我们扔石头，又不让我们掐花，那玩什么呀？"

> 司马光歪着头想了想："咱们玩捉迷藏吧！"

> "捉迷藏？好哇！可是谁逮呀？"

> "你们都藏去，我先逮！"

> "好哇！"

> 司马光把眼睛蒙起来，等大家都藏好了，他就出来逮。

"嘿，小三儿，你在大树后头呐，我看见了，你跑不了啦！"

说着，司马光跑过去，三转两转把小三儿抓住了。

小三儿说："你们藏好了，我到山背后去闭上眼睛，数到十，我就要逮了！"

说完，小三儿就上山了。汪爷爷这个花园可好了，有假山，有小亭子，有大树，假山底下还有一个盛满水的大鱼缸。小三儿爬到假山顶上，把眼睛蒙着，就开始数：

"一、二、三、四、五、六、七、八、九、十！我逮了！"

说完就往下看："嘿，你们都藏好了吗？"

大伙儿也不言语。小三儿在假山上这儿瞧瞧，那儿看看。忽然，他发现小兰儿在亭子后边藏着呢：

"喂，小兰儿，我看见你了！"

说着，小三儿就要下去追小兰儿。谁知他不小心，脚下一滑，"扑通"一声，正掉在假山底下的大水缸里。小兰儿一看，大喊：

"不得了啦，哥哥掉到大水缸里了！"

大伙儿一听，都跑出来看，吓得小华、小兰儿直哭。司马光一看，小三儿两只手在水面上伸了一下，就沉下去了。"这可怎么办呢？"他们几个孩子个子都小，刚够着缸边儿，没法救小三儿。司马光就叫小华快去叫人来，小华哭着跑了。司马光想："要是小华叫人来迟了，小三儿就会被淹死啊，不能等！"他一拍脑门儿，想出个主意来：搬起一块大石头，使劲儿往大水缸上一砸，"当"的一声，把水缸砸了一个大窟窿。缸里的水"哗"的一声流出来了，小三儿也顺着水从缸里钻出来了。他趴在地上直往外吐水，过了会儿，"哇"的一声哭出来了。

这时候，小华把人叫来了。司马光一看，汪爷爷拄着拐杖也到了。他走上前去说：

"汪爷爷，我为了救小三儿，把您的水缸打破了，我赔您吧！"

汪爷爷摸着胡子，点点头说："是啊，水缸是有用的，不能随便把它打坏。可是，为了救人一条命，非打破缸不可。你打得好，打得好！孩子们呐，你们看！你们有的只会哭，只会喊，可司马光遇到事情，不哭也不喊，会想办法，你们应该跟他学呀！"

说着话，小三儿的妈妈也赶来了，一看小三儿还活着，搂着儿子就哭了。汪爷爷说：

"小三儿他妈，别哭啦，快给孩子换换衣服吧！"

小三儿的妈对司马光说，"司马光，你真是个聪明的好孩子，要不是你，我们小三儿就没命了，我得谢谢你呀！"

司马光一听，不好意思了："大妈，您快回去给小三儿换衣服吧！"

说完，司马光一溜烟跑了。这群孩子一边走，一边想着汪爷爷说的话，都决心向司马光学习：遇事不哭不叫，要好好想办法。

关于讲故事技巧的运用

一、声音和字音

讲故事是一门语言艺术。因此讲故事的人的嗓音运用及语言运用，是十分重要的。当然有关这方面的问题很多，不可能都谈到，这里我们只能谈谈最起码的条件，即嗓音洪亮持久和字音正确。

(一)声音洪亮、持久

讲故事要靠声音来表达，应该让所有的人都能听得到，听得清楚。有的人讲故事慢条斯理，嗓子很小，听的人十分费劲，这当然不好；但也有的人，为了让每个听众都听到，便扯开喉咙，声嘶力竭，是"喊"故事，而不是"讲"故事，讲得时间不长，嗓子便嘶哑了，这当然也是不可取的。所以，讲故事者运用好自己的嗓音，运用好自己的发声器官，用好气息，用好共鸣腔，使嗓音甜美。虽然长时间讲故事，但声音总有亮度，十分持久，这当中也有个科学技巧问题。

在人的身体上，对发声起作用的器官有：声带、口腔、咽腔、鼻腔、胸腔、膈肌、腹肌等。嗓音便是这些器官互相协作、共同劳动的结果。

声带是发声的源泉。随着气息流动的冲击，声带便会发生震颤，声音便发出来了。但是，声带本身发出来的声音是十分细弱的，而且很不动听。声音要大，要优美，就要靠口腔、咽腔、鼻腔、胸腔共鸣才行。所以，我们又把口腔、咽腔、鼻腔、胸腔称为共鸣腔。它们的作用是扩大和美化声带发出的"喉原音"。一般来说，发高音，以头部腔体共鸣为主，这种声音高亢明亮、丰满铿锵；发低音，以胸腔共鸣为主，这种声音洪亮有力、音质丰富。

我们讲故事的嗓音，有时高，有时低，单用头部腔体或胸腔共鸣是不行的，必须学会混合共鸣。嗓音能高能低，忽而高亢明亮、丰满铿锵，忽而洪亮有力、音质丰富，便是十分自如地运用各个共鸣腔共鸣的结果。用好共鸣腔，嗓音会甜美、洪亮、持久，反之，便会声嘶力竭。我们要讲好故事，必须要学会嗓音共鸣。

除了要掌握嗓音共鸣之外，还有用气问题。声带不震颤是不可能发出声音的，而声带的震颤总是气流冲击的结果。这个气息的发源地便是肺。储存在肺里的空气，在呼吸运动中形成气流，通过气管到达喉腔，冲击声带，在人体神经系统的指挥下，和其他发音器官共同协作，才能发出声音来。

生活中，我们把气吸到胸部就可以说话自如了。可是在讲故事时，特别是面对许多儿童，要使他们都能听见所讲的人和事，讲故事的人用气量就要加大。所以，运用日常生活中说话那样的呼吸方法就不行了。我们要练习气吸得深，气往下沉，用气压下膈肌，使胸腔的上下径加长、扩大，这样气便吸得多。中国民族演唱演员称这个方法为"气入丹田"。呼气时，收缩腹肌，膈肌上推，将气压出，用气震动声带，再加上共鸣腔的运用，嗓音便会洪亮而持久。

讲故事的人不仅要很好地学习和运用这种呼吸方法，而且要学会控制呼吸和气息，使听众觉得你讲每一句话都不费力，即使说一段长话，仍有余力、余气。这个道理，和歌唱家唱歌用气是一样的。

嗓音洪亮、持久，这是我们讲故事的人必须具备的一项基本功。讲故事的人千万不可忽视了共鸣腔和气息练习，可以练练唱歌，练练可一气说完的绕口令。

(二)字音正确

准确的字音是准确表达故事内容和思想内容的一个必要条件。讲故事的人讲起故事来，虽然声音洪亮，但口齿不清，嘴里像含着热茄子，很多关键性的字、词被含含糊糊地吃掉了，幼儿听不懂讲的内容，他们怎么能喜欢听呢?

讲故事是对幼儿进行语言教育的一种方法，那么使用什么语言就不是一件小事了。我国的方言十分复杂。如果各用各的方言讲故事，就必然会有许多人听不懂，而影响交流，影响讲故事的作用的发挥。要消除方言隔阂，使更多的人能听懂所讲的故事，受到教育，就必须推广全国通用的普通话。父母和教师讲故事，都非用普通话不可。

那么，怎么样才能掌握好普通话呢？这就需要两个字：一是"学"，二是"练"。学好、练好普通话的窍门是什么呢？一是要学好"声母""韵母"，二是要学好普通话的"四声"，三是要掌握好普通话的音变。

学好声母和韵母。普通话的绝大多数字音，都是由声母、韵母两个部分组成的。例如，"小花猫"三个字，"小"字的声母是 x，韵母是 iao；"花"字的声母是 h，韵母是 ua；"猫"字的声母是 m，韵母是 ao。因此读一个字，讲故事的人要把字头、字腹、字尾读全，不能把"电台"，说成"电塔"；也不能把"拔河"说成"爬河"。

有人以为，北京人讲的都是普通话，声母、韵母是没问题的。其实并不是。老北京人在发音吐字时，含混不清现象十分严重。例如，有的北京人把"我告诉你"说成"我告荣你"；把"我和他"，说成"我焊他"；把"我说"，说成"我师啊"，有的干脆把"是不是啊"，说成"刷——"。这些有的声母没读对，有的是韵母读错，有的则把中间几个字音全"吃"掉了。造成这种现象的原因是发音吐字时嘴皮子懒，没把每个字音的字头（声母）、字腹（介音）、字尾（韵母）读全。

另外，北京一些女同志，常把"新鲜"（xīn xīan），读成"sīn sīan"；把"江姐"，读成（jiāng jiě），读成（ziāng ziě）；把"前清"（qián qīng），读成（cián cīng）。这是在说话时尖团音不分所致的。在普通话里，z、c、s 三个声母是不能和 i、ü 这两个韵母拼读的，i、ü 之前的声母只能是 j、q、x。要想克服尖团音不分的毛病，只有找出自己的毛病，进行正确的练习才行。

普通话的声母有双唇音（播、坡、方），舌尖中音（低、通），舌根音（科、酣），舌面音（机、七、西），舌尖音（织、吃、湿、人）；韵母也有开口音（抛、非），齐齿音（家、侵、心）。合口音（温），撮口音（薛、晕、圈、区）。因此，讲故事的人应该根据发音特点，掌握要领，多多练习。

学好四声。有四声是汉语普通话的一大特点。汉语字音有不同变化，因此极富音乐感。讲故事的人也应该充分利用这个特点。如果讲故事四声读错了，意思就可能满拧了。下面这几个例子充分证明了这点。

"保卫大上海"，会听成"包围大上海"；

"你要鼓励他"，会听成"你要孤立他"；

"他很有抱负"，会听成"他很有包袱"；

"他在看书"，会听成"他在砍树"。

还有人说话四声不分，把"买马"，说成"卖马"；把"买马"，说成"买麻"。这样不但会让人听不明白，甚至会闹出笑话来。

由于历史的原因，同一个字可能有不同的声调。为了统一读音，普通话审音委员会制定《普通话异读词审音表》，规定了异读词的读音规范，如下面几个词：

教室(shì)，不能读"教 shǐ"；

混淆(hùn xiāo)，不能读"hǔn yáo"；

火焰(yàn)，不能读"火 yán"；

吐(tǔ)露，不能读"tù 露"

质(zhì)量，不能读"zhǐ 量"；

乘(chéng)客，不能读"chèng 客"。

掌握和运用儿化韵。儿化韵是普通话中的一种语音现象，就是在一个字的后边，缀上一个"儿"字。可这个"儿"字不单独成音节，而是和前头的音节合在一起，使前一个音节的韵母发生音变，成为卷舌的韵母。

例如，下面一段文字看上去是很通俗、口语的。

"我抱着一只小兔，拿着一根冰棍，进了大门，里边还有一个小门。"

可是有人讲起这段话来，十分不受听。为什么呢？他没有把这段文字中该儿化的地方儿化出来。这段话应该这样读："我抱着一只小兔儿，拿着一根儿冰棍儿，进了大门，里边还有一个小门儿。"这样听着就口语化、自然了，反之就拗口、别扭。

普通话在如下四种情况时往往要用儿化韵。

第一，表示小。例如，"小孩儿""乒乓球儿""小鸟儿""冰棍儿""小兔儿""挑刺儿""蛐蛐儿"等。

第二，表示可爱。例如，"月牙儿""红花绿叶儿""吃个香瓜儿"等。

第三，使动词、形容词等名词化。例如，"没救儿""烟卷儿""拐弯儿""挡着亮儿""叫好儿"等。

第四，叠字。例如，"盖盖儿""钉钉儿""画画儿""好好儿""慢慢儿""高高儿"等。

除以上四种情况外，普通话中还有些约定俗成的儿化韵，如果不按儿化韵读，就会变成另一种意思。例如，"八哥儿"是一种鸟（鹦鹉）的名字，要是不加儿化韵，就成了"行八的哥哥"的意思了；"打头儿"是"开始"的意思，要是不加儿化韵，就变成"打人的脑袋"的意思了。

掌握儿化韵的方法是多听、多学、多练。一般来说，北京人讲话儿化韵偏多，而一些外地人又不大容易加得恰当。例如，北京有个地名叫"前门"，有的外地人到北京来，为了显得说话带有京味儿，有人问他上哪儿去，他说："我去前门儿！"这就闹出了笑话。

二、重音和停顿

重音和停顿是语言表达的一个重要手段。如果你的语言重音、停顿处理得当，你的故事一定会讲得清楚明白、生动吸引人。反之，如果你讲故事时，对重音、停顿不注意，不讲究，甚至发生重音、停顿错误，听众就会听不明白你说的是什么，有时还会产生错误的理解。所以，正确处理重音和停顿，是讲故事的人应该十分注意的问题，也是我们讲好故事的基本功之一。

(一)重音

重音也称重读，是语言中重读的音，可分为"词重音"和"语句重音"。

1. 词重音

词重音是把一个词或一个词组里的某个音节读得重些、强些。

中国普通话里有两个字组成的词，有的两个字的音量相同，如《司马光的故事》中的"认真""脑筋""惊惶""许多""好像""唱歌""蝴蝶""跳舞""说话"随便等。

有些词，就要重读其中的一个音节。例如，"惦记""先生""朋友""姑娘""脖子""眼睛""狐狸"木头等词，一般把前一个字重读，把后一个字轻读（也是一种音变）。如果颠倒过来，说起来很别扭，听着也不习惯。

有些词，要重读后一个音节，如"奶酪""口福""淘气""洗澡""害臊""放心""大家""脑门"使劲等。这些词如果重读了前一个字，也是说起来不顺口，听起来不顺耳。

中国普通话里，有的词或词组由 3 个字或多个字组成，这里也存在该重读哪个字的问题。

有的重音落在第一个字上，如"艺术品""闹得慌"科学家等。

有的重音落在第二个字上，如"一家子""碰钉子""车轱辘"钱串子等。

有的重音落在第三个字上，如"核桃仁""玻璃杯""黄鼠狼"差不多等。

4个字以上构成的词或词组，一般重音都放在最后一个字上，如"实事求是""针锋相对""以身作则""天文望远镜""东方造船厂""中国人民解放军"奥林匹克运动会等。

有人以为，这些词或词组，哪个字重读，哪个字轻读，只是个习惯问题，就是读错了，只不过听着不顺耳，没什么大不了的。其实不然，由于讲故事是让人听的，"听"和"看"不一样。有些词前后两字哪个重读、哪个轻读搞错了，意思听起来就会发生变化。

例如，"布置"，会听成"不知"；"部分"，会听成"不分"；"凡人"，会听成"烦人"；"仇人"，会听成"愁人"。

相反，"装甲"，会听成"庄稼"；"老师"，会听成"老实"；"律诗"，会听成"律师"；"河套"，会听成"核桃"。

有的词由相同的字组成，重读其中不同的字，会有两种不同的含义。

例如，"地道"，重读后一个字，是地下通道的意思，如"打地道战"；重读前一个字，便成了"好"的意思了，如"这东西真地道"。

"地下"，重读后一个字，是在地面以下的意思，如"建设地下工程"；重读前一个字，便成了"地面以上"的意思了，如"把球放地下"。

"大意"，重读后一个字，是大概的意思，如"段落大意"；重读前一个字，便成了"疏忽"的意思了，如"他太大意了"。

2. 语句重音

所谓语句重音，是指我们讲故事或说话时，把能够强调我们说话的意思和感情的某个字、某个词，或几个词着重地读出来。语句重音是在词重音的基础上产生的，按照它形成的语句特点，可分为逻辑重音和感情重音。这两种重音可不像词重音那样简单、容易，它要根据人物、时间、地点、背景等多种情况的变化，综合起来进行判断和确定才行。

逻辑重音：能够突出句子主要思想或特殊含意的字、词要重读，使它符合我们语言逻辑的重音。

例如，"我不能去"这句话：

重音放在"我"字上："我不能去。"意思是："他能去。"

重音放在"不"字上："我不能去！"意思是："说不去就不去！"

重音放在"能"字上："我不能去！"意思是："不是我不想去！"

重音放在"去"字上："我不能去。"意思是："他来倒可以。"

有的幼儿在朗读或者讲故事的时候，往往不注意重音问题，背起稿子来容易"上调儿"，把不应该重读的字重读了，使人听不清楚他要讲的内容。

例如，有的同学讲《乌鸦和狐狸》的故事，他这样读重音：

"一只乌鸦，得到了一块奶酪，躲在一棵大树上，准备好好地享享口福了。"

按照逻辑重音的正确读法，应该是：

"一只乌鸦，得到了一块奶酪，躲在一棵大树上，准备好好地享享口福了。"

一般来说，故事中第一次出现的人名、地名、时间以及关键性的事情、东西要重读，才能给幼儿留下较深刻的印象；按照故事情节的发展讲故事，他们的思路才能清楚。

《乌鸦和狐狸》这个故事，开始的一段，交代了故事中的两个主要人物——"乌鸦"和"狐狸"，交代了事情发生的地点——"大树上"和"大树下"，交代了产生整个故事矛盾冲突的东西——"奶酪"。那么，讲故事的人应该把这几个词设计和处理成重读，后面故事随情节的发展，也要不断地分析和设计才行。逻辑重音找对了，那么只读逻辑重音这几个字或词，幼儿就可大致可以明白这句话的意思。相反，只读不应重读的字或词，幼儿根本不明白这句话到底想说什么。

有些词的重音按语言习惯是确定的，但把这些词放在不同意思的话里，重音也会发生变化。

"象棋"这个词，一般重读"棋"字，可是故事中涉及其他几种棋时，就要把"象"字重读，如"我不想玩跳棋，我要玩象棋"。

"苹果"这个词，一般重读在"果"字上，可是故事中涉及其他果子时，就要把"苹"字重读，如"我要吃苹果，不要吃沙果"。

"水缸"这个词，一般重读在"缸"字上，可是为了区别于别的缸时，就要把"水"字重读，如"我让你刷水缸，你怎么把油缸刷了？"

"花园"这个词，一般重读"园"字，可为了区别别的"园"时，就要把"花"字重读，如"我以为你在菜园，怎么跑到花园来了？"

所有这些重音，讲故事的人必须根据内容，根据语言逻辑来确定，不可有丝毫的随意性。

感情重音，即人们在说话的时候，除了表达一定的思想含义之外，还会因为表达感情的需要，对句子中的某些字或词加以强调，这种重音称为感情重音。讲故事时感情重音正确运用，可以使故事讲得有血有肉，充满生气。

感情重音要建立在逻辑重音的基础之上，讲故事的人不可把二者对立起来。实际上，讲故事时，逻辑重音和感情重音往往是重叠在一起的。所以，句子中逻辑上要强调的地方，常常也是感情上应该强烈的地方。

例如，《李时珍的故事》最后一段：

"李时珍花了整整 27 年工夫，终于把《本草纲目》写成了，为世界药物学做出了卓越的贡献。"

（字下标"."的为逻辑重音，标"。"的为感情重音。）

第一句，"整整"二字与"27"同样突出，"整整"二字会把李时珍"历尽艰辛"的漫长岁月说得更有血有肉，充分表达读者对李时珍的敬佩之情。把第二句"终于"二字做感情重读，能充分表达读者对李时珍完成任务的欢欣之情；第三句把"卓越"二字感情重读，会表达读者为李时珍"欢呼"的深情。

例如，"你应该这么办"，"应该"二字是逻辑重音，一般这个词的重音放在"该"字上，如果把词重音放在"应"字上，那么就变成"你应该这么办"，表达了充分肯定的语气。

这里就出现了重音的主次之分，处理方式不要总是一个模式。一种语调，讲故事的人要根据内容和感情妥善而生动地处理。

我们要求幼儿有感情地讲故事、朗诵，能够把重音读正确，教师和家长首先要按故事情节和内容的需要，把重音读正确；要想把正确的重音读出来，必须加强讲故事前对作品内容的分析，对重读音进行正确的设计才行。

3. 重音的表现方法

有人以为，重音就是在这个词或字上加大音量、用力强调就可以了。实际上，这只是表现重读音的方法之一。如果只用这一种方法，就会使你的故事讲得呆板、单调、不生动、不吸引人。除了加大音量重读之外，还有许多更妙的表现重读的方法，这就需要读者根据内容和感情的需要，下一番认真分析和设计的工夫了。

我们在讲故事时，常用这样几种特殊的重读方法。

突然轻读法。在讲故事时，把应该重读的字或词突然轻读，往往更能引起儿童的注意，达到更加突出的重读效果。

例如，"一只乌鸦，得到了一块奶酪，躲在一棵大树上，准备好好地享享口福了。这时，大树下来了一只狐狸……"

这里，第一次出现的"反面人物"狐狸，显然应该强调重读，如果你讲故事时，把"狐狸"二字突然轻读，反而会引起儿童的好奇心，效果会更好，他们的印象会更深。

突然放慢法。这种方法也能起到更加突出重音的效果。

例如，《司马光的故事》，司马光把小三儿从缸里救了出来，汪爷爷和小三儿的妈妈全来了。司马光对汪爷爷说：

"汪爷爷，我为了救小三儿，把您的水缸打破了，我赔您吧！"

这里"打破""赔您"是逻辑重音，要是一般地重读，也就显得一般化了。如果你用"突然放慢法"："汪爷爷，我为了救小三儿，把您的水缸打——破——了，我——赔——您——吧！"这几个字不用加大音量，而是突然放慢，一则同样起到了重音效果，二则也把司马光终究是个孩子，以为要受惩罚的心态完全表达出来了。

前后停顿法。例如，《乌鸦与狐狸》的开头："一只乌鸦，得到了一块奶酪。"

这里"乌鸦"和"奶酪"，应是逻辑重音。但你对这两词不加大音量，只在数量词后加一个停顿，也会起到突出重音的效果：

"一只ˆ乌鸦，得到了一块ˆ奶酪，……"（ˆ表示停顿）

再如，狐狸奉承乌鸦说："那羽毛，那脖子，简直像天堂上的梦！""羽毛""脖子""梦"应重读，如果你采用停顿法："那ˆ羽毛，那ˆ脖子，简单像天堂上的ˆ梦！"不但同样可以达到突出的目的，而且把狐狸一边奉承，一边编词儿的狡猾嘴脸更充分地表现出来了。

（二）停顿

由于人的气力有限，话是要一句一句地说的，因此我们在讲故事时一定要有停顿，换口气，这是讲故事的人生理上的需要。但是，换气、停顿应该在什么地方呢？有的人为了怕分散幼儿的注意力，讲故事如开机关枪，"哒哒哒哒哒"，不到万不得已绝不停顿、换气；有的人则三字一停、五字一顿，完全不是在讲故事，而是在"唱故事"，把故事讲得支离破碎。

实际上，停顿是讲故事的重要技巧之一，它是为更准确地表达语言意思服务的，也是表达思想感情的需要。所以该停在哪儿，讲故事的人就需要认真研究了。

中国老百姓很早就悟出了停顿十分重要的道理了。不是有这么个笑话吗？

从前，有个媒人给一个男人介绍了个对象。这个男人问女方长得怎么样，媒人没说话，在一张纸上写下了这样几个字：

"麻子无头发黑脸大脚不大好看"

这个男的一看："噢，麻子无，头发黑，脸大脚不大，好看。挺好！"可是接过门来一看，女的是个丑八怪。这个男的急了，找媒人说理，说媒人骗了他。可是媒人说："我一个字也没写错呀！你听我给你念念：'麻子，无头发，黑脸，大脚，不大好看！'我写得很明白嘛！"那个男的一听，傻眼了。

你看，只是停顿不同，出现了两种完全不同的意思。

所以，我们不能小看停顿这件事，拿到故事稿，要分析和设计停顿。讲故事，一般有这样三种停顿。

1. 语法停顿

这是由汉语语法结构本身所形成的一种自然停顿。稿子以标点符号分句，以内容分段。那么遇到各种标点符号，一般都要停顿，遇到一个段落完毕，更要停顿。停顿时间的长短要根据语法结构及内容需要来定。大体上，顿号、逗号较短，分号、句号、冒号、破折号适中，问号、惊叹号、省略号稍长，段落之间停顿应更加长些。这是比较容易掌握的。

例如，"小红帽的外婆过生日的那天，小红帽戴上帽子，挎着竹篮儿，竹篮儿里是给外婆的礼物，有水果、饼干、奶油、鲜花儿。她高高兴兴地上外婆家去了"。

这段可以按标点符号，自然停顿。停顿时间不能生搬硬套，要从实际出发。有时为了讲故事需要，见了标点符号也不停顿，段落之间停顿反而比一般标点少，下面会涉及这些问题。

2. 逻辑停顿

这种停顿是语言逻辑和思维逻辑的需要，目的是把语句的意思更清楚、更准确地表达出来。

例如，《小红帽》故事，结尾有的句子稍长，按语言逻辑、思维逻辑的要求，为了把事情交代得更清楚，可做如下的停顿：

"小红帽这个故事⌒有两种不同的结尾方法，一种⌒是说小红帽和她的外婆⌒都叫狼吃了，一种⌒是说小红帽和她的外婆⌒没有被狼吃掉⌒还把那只狼给打死了。"

这种停顿要和语法停顿相配合，只不过停顿的时间长短要按内容加以区别。

如果不考虑逻辑问题，停顿带有随意性，讲故事的人不加分析，想停哪儿就停哪儿，会把一句话的意思表达错。

例如，故事中有这样一句话："他打败了另一个选手得了冠军。"

讲故事的人就要根据上下文的意思分析一下，究竟是谁得了冠军。停顿不同，意思完全不同：

"他打败了⌒另一个选手得了冠军。"——这表明"另一个选手"得了冠军。

"他打败了另一个选手⌒得了冠军。——这表明是"他"得了冠军。

逻辑停顿要有不同的处理方法，下边将会讲到。

3. 感情停顿

根据讲故事者或故事中人物感情的需要，使语言节奏发生了变化，可能延长或者改变语法停顿，我们一般称之为感情停顿。

例如，"刘文学正往前走，忽然发现⌒海椒地里的有个黑影，他紧走了几步，仔细一看，啊！是⌒他！"

这段话中，"忽然发现"后做一感情停顿，是一种"认真看看"的需要；"是"和"他"之间的停顿，充分表达了刘文学的惊讶情感。

"抓起一把沉甸甸的，……"这句话中间并无标点，可是讲故事时，在"抓起一把"与"沉甸甸的"之间停顿一下，"抓起一把⌒沉甸甸的，……"便有了真抓起一把试了试分量的感觉。

有时为了感情的需要，虽有标点但仍不停顿。

例如，"这个小胖子，实在忍不住了"。中间的逗号不做停顿，而是一下子连下去，把小胖子"实在忍不住了"的感情也融汇到故事语言中去。

感情停顿是十分重要的。这种停顿处理得好，不但可以使幼儿受到感情的渲染，而且会使讲的故事更加口语化，更加生活化，能起到更生动、更吸引儿童的效果。

例如，《妈妈，抱抱我！》故事中，这是一个托儿所的幼儿说的，在"抱抱我"之间做了停顿："妈妈，抱⌒抱⌒我！"这不仅适合故事中人物的年龄特点，而且符合幼儿心理需要,更能把幼儿爱妈妈,向妈妈撒娇的情态表达出来。

4. 停顿的表现手法

停顿是语言表达的需要,但停顿的方法则是千变万化的。讲故事的人切不可一板一眼,像切豆腐块儿似的没一点儿变化。

干脆停顿法:该停的地方,不可犹豫,干脆停一下。

例如,"还有个小伙子ˇ推着小车……"

这句话"小伙子"后应有停顿,可采用干脆停顿的方法。

例如,《爱钱如命》:"有一群小孩儿正在人家门口扔铜子儿玩儿呢!"这句话"在人家门口"后应有一个停顿,也可采用"干脆停顿法":"有一群小孩儿正在人家门口ˇ扔铜子儿玩儿呢!"

这样停顿,不仅使语言干净利索,而且可以与重音表现方法结合起来,起到突出后边"扔铜子儿玩儿呢!"的重音。

连停法:为了使讲的故事藕断丝连,话断意不断,有的地方虽有停顿,但气儿不能断。

例如,《爱钱如命》,金老虎说话不小心,把铜子儿"咽到肚子里去了,噎得老家伙直翻白眼儿"这句话中,"咽到肚子里去了"之后应停顿,可采用"干脆停顿法",而下一句"噎得老家伙"后,也应停顿,就不宜用干脆停顿法,而应用"连停法"了:把铜子"咽到肚子里去了,ˇ噎得这个老家伙ˇ直翻白眼儿"。第二个停顿,话断气不断,话断意不断,再配合上表情,更能表现金老虎贪财挨噎的可笑样子。

"拉长声"法,这是我们给幼儿讲故事常用的一种停顿方法。这种方法既不会把故事讲得支离破碎,而且符合儿童的情趣和习惯。

例如:"我看了,有小柱子、小华子、小二儿、小芳,还有小翠,他们全来啦!"

这句话中每个顿号都应该有个停顿,否则就会让小听众听不清究竟是谁来了,但是如果你全采用干脆停顿法,听着就不自然、不亲切。如果你把"干脆停顿法""拉长声法"和"连停法"相结合,"有小柱子——小华子——小二儿——小芳ˇ还有小翠,他们ˇ全来啦",可以加强语言的音乐性和节奏感,更显得自然、亲切,更符合幼儿讲话的习惯及心理。

例如,《司马光的故事》中,"假山底下有一个盛满水的大鱼缸。""假山底下"后可以停顿,但不宜采取"干脆停顿法"。如果你采用拉长声法:"假山底下——有一个盛满水的大鱼缸。"不但同样收到停顿的效果，而且会使得幼儿更有兴趣地听下去。你在拉长声的时候，儿童会在想："有个什么呀？"

停顿的方法还有很多，希望大家去创造和设计，不要光用一种方法，从而使我们讲的故事更口语化、更自然、更丰富多彩。

三、表情和动作

我们平常说话，总是很自然地配合上表情和动作。讲故事是一门语言艺术，为了内容和感情的需要，更要以表情和动作相配合，讲故事的人千万不能毫无表情动作地成了一尊石膏像，成了一个木头人。那样，你的语言再清晰，重音停顿再正确，故事也不会讲得生动，也不会吸引人。表情动作主要体现在眼神、面部表情、头部动作、手势及脚步移动等全身形体动作几个方面。

(一)眼神

"眼为神之苗""眼睛是灵魂的窗户"，讲故事的人不可不注意对自己眼睛的运用。在日常生活中谈话时，你总是注视着对方的眼睛。你讲故事时，面对着众多的听众，听众们注视着你的一言一行，特别是注视着你的眼睛。

初学讲故事的人，总觉得很紧张，眼睛总是看着天花板，看着地面，看着墙角，看着桌子，或是毫无目的地乱动，越来越紧张，幼儿的注意力就会分散，听不懂你讲的是什么。

一般来说，讲故事时，眼睛有三个作用。

第一，可以用它和听众直接交流。当教师的人都知道，教好一堂课的一个重要环节是组织教学。有经验的教师在讲课时，总是时时用眼睛注视着学生，不但用自己的眼睛去表达思想、内容，而且用自己的眼睛从学生的眼睛里了解学生的反应。讲故事也是这样，也要通过眼睛了解听众的反应，和听众交流，达到"组织听众"的目的。

常给幼儿讲故事的著名演员曹灿同志说得好，讲故事"眼睛要有神，不能无精打采；要和善，不能凶狠。这样，才能使孩子亲近，才能使孩子愿意听"。这种眼神不是装出来的，"必须要有良好的心态，而有此心态又与良好的职业道德分不开。你必须从内心里爱孩子，才能有和善的眼神；你必须有讲故事的欲望，才能吸引孩子"。这就是说，眼睛里情绪的表达"必须要有内心的依据，心中有这种真情实感，眼睛里才能表达出来"。只有内在的充实，才有外在的体现。内心的情感，便是眼神的基础和前提。没有那些情感，你想装也是装不出来的。你带着这种心态走到幼儿面前，内心充满了为幼儿讲故事的渴望和激情，那么你眼中就会有由衷的爱。你要时时用你的眼睛去和听众沟通心灵，除了故事表演的需要外，你的眼睛时时不能离开听众。

如讲《乌鸦和狐狸》的故事，你一上台，先要用眼睛扫视一下幼儿，意思是说，我来了，要给你们讲故事了，请你们注意听。然后，一张口："一只乌鸦，得到了一块奶酪……"你的眼睛仍要看着幼儿，表示你在给他们讲，同时了解幼儿是否在注意听你讲。在整个故事的进行中，有时为了介绍故事中物体或人物的方位、故事中人物对话，你的眼睛要看着不同的方向，但你的眼光要时时回到儿童中去，一定不要忘记幼儿是你交流的对象。眼光离开儿童，只是暂时的。

如故事讲到乌鸦"躲到一棵大树上，准备好好地享享口福了"，说到"一棵大树上"这几个字时，你可以用眼睛看着斜上方，表示大树和乌鸦的位置，但"躲到""准备好好地享享口福了"，便要把眼光对着幼儿，表示你是在给他们讲，用眼睛时时抓住幼儿的注意力，唤起幼儿的共鸣。

当故事结束时，你说"记住，千万别让拍马屁的人钻了我们心里的空子"，眼睛更要看着幼儿，把道理讲给他们听。

眼睛的第二个作用是介绍故事中人物和场景的位置，用眼睛的视像，唤起幼儿的想象，把幼儿带入故事的情境中去。

这个时候，你的眼睛一定要视之有物。当你说到高山、大海、老鹰飞翔、骏马奔腾时，你必须首先在自己的脑子里出现视像，才能使幼儿也好像真正看到了，得到形象化的真切感受。

平时，我们看到的景、物、人都是具体的，是客观的图像通过视网膜反映到大脑的。而你在讲故事时，高山、大海、老鹰飞翔、骏马奔腾并没在你的身边，并没在舞台上。这就要靠你把过去见到的这些物体的形象，具体地出现在脑海里，靠着想象，似乎真正看到了，你的眼睛才能"视之有物"。

如你讲《乌鸦和狐狸》的故事，当你讲到："这时候，树下来了一只狐狸，一阵香味钻进了他的鼻子，他舔舔嘴巴，眼珠一转，计上心头。"首先你要用你的眼光确定狐狸的位置。如果你原来把大树上的乌鸦设计在你的右上方，表明在大树上，那么，你最好把刚上场的狐狸设计在你的左下方，当你说"树下来了一只狐狸"的时候，用眼睛瞄一下你的左下方，让听众明白，狐狸在这儿！接着，你讲"它舔舔嘴巴，眼珠一转，计上心头"，你的眼睛里首先要有这只狐狸的具体视像，并用你的眼睛把狐狸的狡猾、贪婪，绘声绘色地表现出来。你还要用眼睛把"眼珠一转"想鬼点子，然后"计上心来"，细致入微地表现出来。当然，这一切还要配合你的面部表情和动作。这样，幼儿才能和你一起"入戏"，才能因为听你的故事，而在脑子里演出一部活生生的电影来。

眼睛的第三个作用是抒发你和你故事中人物的感情。

人的眼睛是可以说话的，人的七种情绪都在眼睛里。人脸上有耳、目、鼻、口。我们常听人说"他的眼里喷出愤怒的火""他的眼睛充满了悲愁""他的眼里闪动着欢乐的光""他的眼睛流出缕缕哀思"，还有诸如"惊恐的眼神""柔情的双眼"等。可我们从没有听人说过这类话——"他的耳朵充满了愤怒""他的鼻子露出无限欢乐""他的嘴流出缕缕哀思"。为什么？因为只有眼睛能表达出人的各种情绪，眼神的闪动体现着感情的变化，那一闪、一动，往往胜过几百句语言的说明。

讲故事人的眼神，不仅能表达喜怒好恶，而且能表达故事中人物的感情和性格。它可以表现人物的"善良""智慧""诚实""勇敢""聪明""机智"，也可以表现人物的"奸诈""虚伪""狡猾""邪恶""贪婪""愚蠢"等。

如你讲《皇帝的新衣》，不仅要用你的眼神表现你对幼儿的爱，表现你给儿童讲故事的强烈愿望，表现你对故事中人物的同情、讥讽、嘲笑、厌恶等情感，而且在人物出现时，要表现皇帝自作聪明的愚蠢，文武大臣逢迎拍马的虚伪，两个裁缝贪婪诡诈的狡猾，街头小孩天真无邪的诚实。而所有这些眼神，又都是你和人物心态的表露。

(二)头部表情

头部表情中，眼睛是第一重要的，但是，其他器官也不是可有可无的，配合眼神的手势、形体动作，都可以帮助表情的表达。

如《乌鸦和狐狸》，狐狸来到大树下，"一阵香味钻进了他的鼻子"，这里为了惟妙惟肖地表现狐狸的馋劲儿，你可以设计一个用鼻子闻，咽一下口水的表情动作。

"他侧过耳朵一听"，你可以设计一个把脖子歪一下，配合眼神，做一个认真去听的表情动作。

"那是一座很高很高的山",除了用眼睛看之外,你势必要配合一个抬头、仰脸的表情动作。

此外,眉毛的一皱、一扬,都能配合眼神做出不同的表情来。

使眼睛、鼻子、嘴和眉毛做出表情来,离不开面部肌肉的作用了。面部肌肉除了能直接控制以上器官外,它本身的一紧、一松,一张、一弛,也能表现出恶相、喜相、悲相、惊相来。著名电影表演艺术家谢添同志的变脸表演,充分体现了他表演的功力。他站在台上,不说一句话,利用面部肌肉的控制,配合上不同的眼神,一会儿成了贼眉鼠眼的小偷,一会儿变成了饱食终日的官僚主义者,一会儿成了诚实的小伙子,一会儿成了慈祥的老人。谢添同志的脸,可以变成完全不同的几种性格、几种职业、几种年龄、几种心态的人物的脸。

我们在讲《孙悟空三打白骨精》的时候,是不是也能通过眼神和面部肌肉的控制,塑造出孙悟空、猪八戒、沙僧和由白骨精变成的大姑娘、老太太、老头子的不同脸谱来,从而使我们讲的故事更形象、更生动呢?演员们都有这种本事,我们当教师、做家长的应该向他们学习。

(三)手势

手势是帮助人们语言表达的一个重要手段。我们平时说话时,总是用不同的手势来帮忙。可是有些讲故事的人经常感到手没处放,显得多余,因而僵硬,这常常是紧张的表现,同时也是平常练习少的结果。

其实,讲故事最离不开手势。它不但可以配合语言、眼神、表情表现出大、小、高、低,而且还可以表示别的含义,如两手一摊——表现无可奈何;一只手攥拳向下一挥——表现决心已定;"你们听明白了吗?"把手指向听众——帮助了你和观众的交流;"悟空,你走吧!"把手垂下一挥——表现了唐僧要撵徒儿走的悲痛心情。总之,一举手一抬腿无不在帮助表达自己语言的情感和内容。

例如,"猴子蹿上树去,一伸手就摘下一个大梨来"。在说到"猴子蹿上树去"的时候,你把头向上一扬,好像看见猴子上树了;在说"一伸手"时,你可以配合一个右手向上一伸"做"摘的动作;在说"就摘下一个大梨来"时,右手自然放下来,手里好像攥着一个东西,举着让幼儿看。这样几个动作配合了语言,幼儿就好像真看见了一只猴子上树摘梨的样子了。

　　讲故事，手势动作是必要的，但要做得自然、贴切，要少而精，千万不能一字一动，一词一比划。

　　手势动作必须是内容和情绪的需要，要和语言有机地结合，重要的是要自然。有人讲故事时，设计了必要的手势，但手势十分僵硬，有的却像舞蹈动作，这都让人看上去不自然、不舒服。另外，手势和语言要同步进行，不能超前摆上去，也不能话都说完了，再把手势一做。这种手势不能起到配合语言的作用，而是为了手势而手势，和语言分家了。这样的手势不如不要。

　　手势应该准确，高、矮、大、小要恰到好处，可以稍有夸张，但必须要可信、适度。如果你讲《猴王吃西瓜》，"猴王得到了一个大西瓜"，你手一比画，既不能比成一个小香瓜，又不能比成一个大桌子；同时要注意，你第一次说"大西瓜"做了一种"大"的手势后，以后凡讲到这个"大西瓜"要重复这个"大"的手势时，要基本上前后一致，不能比画出来的"西瓜"忽大忽小。

　　再有一点，故事中人物说话的手势，一定要与人物年龄、性格等相协调，孙悟空的一招一式要区别于猪八戒，孙悟空和猪八戒的手势又不能和白骨精的相同。这就需要讲故事的人事先细细琢磨、认真设计了。

　　既然手势是帮助语言表达的重要手段，那么就要和语言时时有机地配合。对于故事无关的习惯性动作，讲故事的人一定要注意克服。有人上台讲故事，总不停地揪衣服、撩头发、拧扣子，显得十分紧张，也分散了幼儿的注意力。有的人的手势看来和语言配合着，可总是重复着同一个动作。有人讲话时不停地用一只手的手掌向下砍："同学们"，砍一下；"今天"，砍一下；"我给你们"，又砍一下；"讲个故事"，再砍一下。整个故事就这样不停地砍，我们把这称为"切刀式"，这实际上也是一种习惯动作。有的人讲话时不停地向上举一个拳头："同学们"，举一下；"今天"，举一下；"我给你们"，又举一下；"讲个故事"，再举一下。整个故事就这样不停地举，我们把这称为"耍锤式"，这也是一种不必要的习惯动作。因为故事内容和语气的需要，偶尔"砍一下""举一下"，是必要的，如果老是"砍"，老是"举"，就不是手势，而成了毛病了。还有的人，讲故事时老用一个手指头点，他犯了"切刀式""耍锤式"的毛病。这些毛病像"后来呀、后来呀""反正、反正、反正""你猜怎么着，你猜怎么着""啊！啊！啊！"等语病一样，都在练习讲故事时必须克服之列。

(四)形体

讲故事与语言配合的动作，除了头部动作和手势动作之外，还有和整个形体动作有机配合的问题。除了故事情节需要的弯腰、侧身外，脚步也要适当移动。一个故事讲下来，双脚纹丝不动，显得呆板。但脚步的移动同样要服从故事的需要，不可以毫无目的地移来移去。即使根据故事需要，脚步移动和其他动作也要适当，不宜过大，更不宜忽儿向东，忽儿向西。

总之，表情动作要和故事语言有机配合，浑然一体，要做到心到、话到、眼到、手势动作到。为了使你的动作表情自然、恰当，讲故事的人事先也要下一些设计的功夫，特别是初学讲故事的人，更不能对此掉以轻心，临时上台，临时乱做表情。

——《怎样讲故事》(孙敬修、肖君著，语文出版社)

主要参考书目

[1]北京市科学研究所．陈鹤琴全集．南京：江苏教育出版社，1989.

[2]陈帼眉．学前心理学．北京：北京师范大学出版社，2000.

[3]陈帼眉．学前心理学．北京：人民教育出版社，1989.

[4]陈帼眉，姜勇．幼儿教育心理学．北京：北京师范大学出版社，2007.

[5]陈帼眉，刘焱．学前教育新论．北京：北京师范大学出版社，1996.

[6]冬雪．婴幼儿科学汉字教育识字游戏集．北京：华语教学出版社，2000.

[7]顾明远．教育大辞典．上海：上海教育出版社，1990.

[8]郭春彦．家庭阅读环境对幼儿早期阅读能力影响．北京：北京师范大学，1997.

[9]金忠明，邵育群．孩子一生的阅读计划．上海：少年儿童出版社，2000.

[10]刘晓晔．早期阅读与儿童语言教育．北京：北京语言大学出版社，2016.

[11]庞丽娟，李辉．婴儿心理学．杭州：浙江教育出版社，1993.

[12]《学前儿童英语教育指导》编写组．学前儿童英语教育活动指导．北京：中国档案出版社，2007.

[13]杨文．幼儿英语教学法．北京：中国古籍出版社，2006.

[14]赵寄石，楼必生．学前儿童语言教育．北京：人民教育出版社，1993.

[15]中国学前教育史编写组．中国学前教育史资料选．北京：人民教育出版社，1989.

[16]中国学前教育研究会．中华人民共和国幼儿教育重要文献汇编．北京：北京

师范大学出版社，1999.

[17]周兢.学前儿童语言教育.南京：南京师范大学出版社，2001.

[18]周兢，余珍有.幼儿园语言教育.北京：人民教育出版社，2004.

[19]朱慕菊.入学前读写教育.北京：中国少年儿童出版社，1995.

[20]朱智贤.心理学大词典.北京：北京师范大学出版社，1989.

[21]祝士媛.低幼儿童文学.北京：北京师范大学出版社，2015.

[22]祝士媛，张美妮.幼儿文学.长春：吉林大学出版社，2000.